Die Finanzsicherheiten-Richtlinie (2002/47/EG) und ihre Umsetzung in das deutsche Recht

AF884078

Europäische Hochschulschriften

Publications Universitaires Européennes
European University Studies

Reihe II
Rechtswissenschaft

Série II Series II
Droit
Law

Bd./Vol. 4645

PETER LANG
Frankfurt am Main · Berlin · Bern · Bruxelles · New York · Oxford · Wien

Marco Schlaegel

Die Finanzsicherheiten-Richtlinie (2002/47/EG) und ihre Umsetzung in das deutsche Recht

PETER LANG
Internationaler Verlag der Wissenschaften

Bibliografische Information der Deutschen Nationalbibliothek
Die Deutsche Nationalbibliothek verzeichnet diese Publikation in der Deutschen Nationalbibliografie; detaillierte bibliografische Daten sind im Internet über <http://www.d-nb.de> abrufbar.

Zugl.: Jena, Univ., Diss., 2007

27
ISSN 0531-7312
ISBN 978-3-631-57188-0

© Peter Lang GmbH
Internationaler Verlag der Wissenschaften
Frankfurt am Main 2008
Alle Rechte vorbehalten.

Das Werk einschließlich aller seiner Teile ist urheberrechtlich geschützt. Jede Verwertung außerhalb der engen Grenzen des Urheberrechtsgesetzes ist ohne Zustimmung des Verlages unzulässig und strafbar. Das gilt insbesondere für Vervielfältigungen, Übersetzungen, Mikroverfilmungen und die Einspeicherung und Verarbeitung in elektronischen Systemen.

www.peterlang.de

Meinen Eltern

Vorwort

Die vorliegende Arbeit wurde im Wintersemester 2006/2007 von der Rechtswissenschaftlichen Fakultät der Friedrich-Schiller-Universität Jena als Dissertation angenommen. Sie wurde im August 2006 abgeschlossen und eingereicht. Für den Druck wurden Neuerungen in Gesetzgebung, Rechtsprechung und Literatur bis einschließlich Juli 2007 berücksichtigt und in den Text eingearbeitet.

Für die Anregung zur Bearbeitung dieses Themas sowie für die zügige Erstellung des Erstgutachtens möchte ich mich ganz herzlich bei Herrn Prof. Dr. Stefan Leible bedanken. Mein Dank gilt auch Herrn Prof. Dr. Torsten Körber, LL.M. (Berkeley) für die Anfertigung des Zweitgutachtens.

Vor allem aber möchte ich mich bei meinen Eltern dafür bedanken, dass sie mir meine Ausbildung ermöglicht und mich zur Fertigstellung dieser Arbeit ermuntert und unterstützt haben.

Einen besonderen Dank gilt schließlich meiner Lebensgefährtin Frau Susanne Lux, für ihren Rückhalt und für ihr Verständnis.

Erfurt, Oktober 2007

Marco Schlaegel, LL.M. oec.

Inhaltsverzeichnis

A. Einleitung

Gegenstand der vorliegenden Arbeit ist die Untersuchung der Umsetzung der „Richtlinie 2002/47/EG des Europäischen Parlaments und des Rates über Finanzsicherheiten" (Finanzsicherheiten-Richtlinie)[1] in das deutsche Recht.

Die Finanzsicherheiten-Richtlinie wurde am 6. Juni 2002 vom europäischen Parlament und dem Rat erlassen und ist als Teil des „Aktionsplans für Finanzdienstleistungen"[2] fest in den europäischen Rechtsrahmen eingebunden. Vereinfacht und abstrakt ausgedrückt wollte der europäische Gesetzgeber mit der Finanzsicherheiten-Richtlinie Folgendes erreichen: Sie soll zur Integration und höheren Kostenwirksamkeit des europäischen Finanzmarktes sowie zur Stabilität des Finanzsystems der Gemeinschaft beitragen[3] und dabei eine gemeinschaftsweit einheitliche Regelung für die Bestellung von Wertpapieren als Sicherheit in Form eines beschränkt dinglichen Sicherungsrechtes oder im Wege der Vollrechtsübertragung schaffen. Zur Erhöhung der Rechtssicherheit sollen zudem die Mitgliedstaaten die Finanzsicherheiten von bestimmten Vorschriften des nationalen Insolvenzrechts ausnehmen, die der effektiven Verwertung einer Sicherheit im Wege stehen.

Allgemeiner Hintergrund für ein Tätigwerden des europäischen Richtliniengebers im Bereich der Finanzsicherheiten war, dass die zunehmende Globalisierung und Integration der Finanzmärkte einer Vielzahl von unterschiedlichen Rechtsordnungen der Mitgliedstaaten mit zum Teil komplizierten und antiquierten Rechtsnormen gegenüberstehen. Börsliche und außerbörsliche Finanztermingeschäfte, Wertpapierleih- und Wertpapierpensionsgeschäfte (Repos) haben auf den nationalen und internationalen Kapitalmärkten erheblich an Bedeutung gewonnen.[4] Für diese Transaktionen sind in vielen Fällen zügig zu bestellende und verfügbare Sicherungsrechte zur Abdeckung von Risiken erforderlich, so dass vor allem „Effekte" als Kreditsicherheiten übertragen werden. Finanzinstitute nutzen spezielle Besicherungstechniken zur Absicherung der Finanztermingeschäfte, so dass die Besicherung von System- und Kreditrisiken dieser Geschäfte mindestens ebenso bedeutsam ist. Einheitliche rechtliche Mindeststandards und einfache, flexible Regelungen zur Bestellung und Verwertung von Finanzsicherheiten führen nämlich zu Kostenersparnissen, höherer Marktliquidität und tragen zur allgemeinen Stabilität der Finanzmärkte bei.[5]

---

1 Abgedruckt im Abl. EG v. 27.06.2002, Nr. L 168/43 bzw. im Anhang zu finden. Im Rahmen dieser Arbeit wird für die Finanzsicherheiten-Richtlinie die Abkürzung „FinRi" verwendet.

2 Umsetzung des Finanzmarktrahmen-Aktionsplans, Mitteilung der Kommission, KOM (1999) 232 v. 11.05.1999, im Internet zu finden unter: http://europa.eu.int/comm/internal_market/en/finances/actionplan/index.htm. (Stand: 14.04.2006).

3 Erwägungen zur RL 2002/47/EG, Abl. EG v. 27.06.2002, Nr. L 168/43.

4 Kümpel, Bank- und Kapitalmarktrecht, Rn. 13.1; Zeitler, ZfgK 2003, S. 1222, 1223; Cranshaw, Einflüsse des Europäischen Rechts, S. 1795.

5 Graham-Siegenthaler, Kreditsicherungsrechte im internationalen Rechtsverkehr, S. 695; Löber, BKR 2001, S. 118, 118.

Am 5. April 2004 hat der Bundespräsident das Gesetz zur Umsetzung der Richtlinie 2002/47/EG vom 6. Juni 2002 über Finanzsicherheiten und zur Änderung des Hypothekenbankengesetzes und anderer Gesetze ausgefertigt.[6] Mit diesem Gesetz wurde die Finanzsicherheiten-Richtlinie umgesetzt. Bereits ihre geplante Umsetzung ins deutsche Recht hat in der Literatur für viel Wirbel und Aufsehen gesorgt und auch die letztlich erfolgte Umsetzung gab dem Schrifttum weiter Anlass zu Diskussionen.[7] Die Ursache hierfür ist sicher, dass die Regelungen der Finanzsicherheiten-Richtlinie für den Leser auf den ersten Blick schwer verständlich erscheinen. Mit der Finanzsicherheiten-Richtlinie, welche nach der Ansicht von *Kathrein* kein Ruhmesblatt des Gemeinschaftsrechts darstellt,[8] wurde von Seiten des EU-Richtliniengebers ein Regelungswerk für einen sehr speziellen Bereich des Kapitalmarktrechtes geschaffen.

Ziel dieser Arbeit ist daher, zum einen den Regelungsinhalt dieser Richtlinie zu erläutern und zum anderen die letztlich erfolgte Umsetzung in das deutsche Recht darzustellen und zu bewerten. Dabei wird auch die Debatte darüber, ob die Umsetzung der Finanzsicherheiten-Richtlinie, wie teilweise angenommen und befürchtet wird, zu einer Ungleichbehandlung einzelner Unternehmen gegenüber den Banken führt, analysiert werden müssen. Die Frage nämlich, ob neben den Banken auch sonstige Unternehmen in das Umsetzungsgesetz miteinbezogen werden sollten, wurde kontrovers diskutiert. Die durch die Umsetzung dieser Richtlinie hervorgerufenen Änderungen der Insolvenzordnung stellen dabei einen Schwerpunkt dieser Arbeit dar.

Auch ist die Untersuchung der kollisionsrechtlichen Regelung des Art. 9 FinRi und deren Auswirkung auf das deutsche Recht, vor allem vor dem Hintergrund des Haager Wertpapier-Übereinkommens, ein zentraler Aspekt der Arbeit. Insofern ist auch zu untersuchen, ob die Finanzsicherheiten-Richtlinie zu einer veränderten Anwendung von § 17a DepotG führt.

Für ein besseres Verständnis der Finanzsicherheiten-Richtlinie sind deren Erwägungsgründe immer im Auge zu behalten. Ihnen kommt eine wichtige Rolle zu.[9] Bevor jedoch die einzelnen Regelungen der Finanzsicherheiten-Richtlinie erläutert werden, wird zunächst die Art und Weise, wie die Finanzsicherheiten im Rahmen der Finanzgeschäfte eingesetzt werden, eine Rolle spielen. Das Hintergrundverständnis in diesem speziellen rechtlichen Bereich lässt auch die Notwendigkeit für die Errichtung der Finanzsicherheiten-Richtlinie verständlicher werden. Daran anknüpfend wird - im Hinblick auf die später zu behandelnden international-privatrechtlichen Besonderheiten -

---

6 Das Gesetz ist am 08.04.2004 im BGBl. I, Nr. 15, S. 501 verkündet worden und am 09.04.2004 in Kraft getreten, vgl. Art. 13 des Gesetzes zur Umsetzung der Finanzsicherheiten-Richtlinie.

7 Nur beispielhaft an dieser Stelle aufgeführt: Ehricke, ZIP 2003, S. 1065 ff.; Kieper, ZInsO 2003, S. 1109 ff.; Keller, BKR 2003, S. 481 ff.; Primozic, BöZ v. 14.04.2004, S. 4; Schima/Vogt-Majarek, ÖRdW 2003, S. 486 ff.; Zeitler, ZfgK 2003, S. 1222 f.; Steuer, FAZ v. 24.10.2003, S. 13; Wimmer, ZInsO 2004, S. 1 ff.; Kollmann, WM 2004, S. 1012 ff.; dies., AG-Report 2003, S. 242 ff., 382.

8 Kathrein, ÖBA 2004, S. 172, 174.

9 So auch Goode/Kronke/McKendrick/Wool, Transnational Commercial Law, S. 694.

der Effektengiroverkehr dargestellt. Die anschließend zu behandelnden Intentionen für den Erlass der Finanzsicherheiten-Richtlinie geben auch präzise Auskunft über die Regelungslücken, welche auf Grund unterschiedlicher gesetzgeberischer Maßnahmen hervorgerufen worden sind.

B. Besicherungen bei Finanztermingeschäften

I. Grundsätzliches zu Finanztermingeschäften

1. Derivate

Durch die Abschaffung des Systems fester Wechselkurse und der Öffnung der Kapitalmärkte entwickelte sich ein Bedürfnis, sich gegen Wechselkursrisiken abzusichern. So entstanden in zunehmendem Maße innovative Finanzinstrumente, welche gemein hin auch als Derivate bezeichnet werden.[10] Derivate ist ein Sammelbegriff, der alle Kapitalmarktinstrumente umfasst, die von Primärprodukten abgeleitet sind.[11] So z.B. ist der Optionsschein ein Derivat einer bestimmten Aktie, auf die der Optionsschein ein Kaufrecht gewährt. Den Gegensatz dazu stellen die originären Geschäfte dar, worunter die üblichen Anlagenformen wie Aktien, Anleihen oder Geldmarktpapiere zu verstehen sind.

Ein derivates Geschäft kann somit als eine vertragliche Vereinbarung zwischen zwei oder mehreren Parteien bezeichnet werden, aus der sich zukünftig Zahlungen ergeben, wenn ein bei Vertragschluss festgelegter Zustand eintritt. Dieser Zustand kann z.B. eine Preisänderung eines originären Instruments sein. Von Bedeutung ist bei diesen Geschäften, dass Vertragsabschluss und Vertragserfüllung zeitlich auseinander fallen. Die Parteien schließen einen Vertrag ab, erbringen ihre Verpflichtungen jedoch erst „auf Termin". Daher handelt es sich bei derivativen Geschäften immer um Termingeschäfte und nicht, wie bei originären, um Kassageschäfte.

Der Sinn und Zweck, weshalb derivative Geschäfte abgeschlossen werden, wurde bereits angedeutet. Mit diesen Finanzprodukten kann man sich einerseits in Bezug auf entgegengesetzte Markterwartungen absichern. Derivatgeschäfte werden daher häufig zu Sicherungszwecken, z.B. zur Sicherung gegen Kursrisiken, abgeschlossen.[12] Mit Hilfe von Derivaten kann man andererseits aber auch eine erwartete Veränderung der Märkte gewinnbringend ausnutzen. Dies kann beispielsweise durch die Ausnutzung von Preisdifferenzen zwischen Kassa- und Terminmarkt geschehen.[13]

Derivative Finanzinstrumente werden immer wieder neu konzipiert und weiterentwickelt, zumeist von Banken und Wertpapierdienstleistungsunternehmen.[14] Angesichts der Begriffsvielfalt ist eine vollständige Aufzählung bzw. Gruppierung schwer mög-

---

10 Eilenberger/Beike/Köhler, Risk-Management, S. 2; Schimansky/Bunte/Lwowski/Jahn, Bankrechts-Handbuch, § 114 Rn. 1; Als Synonym werden hierfür auch Begriffe wie Finanzinnovationen oder Finanzinstrumente verwendet.

11 Claussen, Bank- und Börsenrecht, § 9 Rn. 195; Ebenroth/Benzler, ZVglRWiss 95 (1996), S. 335, 336; Clouth, Rechtsfragen der außerbörslichen Finanz-derivate, S. 7; lat.: derivativ, bedeutet soviel wie her- oder abgeleitet.

12 Sog. Hedging; Näheres dazu bei Eilenberger/Beike/Köhler, Risk-Management, S. 11 ff.

13 Reiner, Derivative Finanzinstrumente, S. 5.

14 Claussen, Bank- und Börsenrecht, § 9 Rn. 199.

lich. Derivative Termingeschäfte sind entweder als Festgeschäfte oder als Optionsgeschäfte ausgestaltet, deren Preis unmittelbar oder mittelbar von den im Katalog des § 1 Abs. 11 Nr. 1 bis 5 KWG abschließend aufgezählten Basiswerten abhängt. Diese Basiswerte sind Wertpapiere, Geldmarkinstrumente, Devisen und Rechnungseinheiten, Zinsen, Waren und Edelmetalle. Zu den Festgeschäften zählen die börsengehandelten Futures und die außerbörslich abgeschlossenen Forwards, Forward Rate Agreements, Swaps, Caps, Floors und Collars.[15]

2. Risiken aus Derivatgeschäften

Es gibt eine Reihe von Risiken, die zum Teil spezifisch aus dem Handel mit Derivaten resultieren. Als bedeutende Gruppen sind hierbei die Marktpreis- und Betriebsrisiken zu nennen.

Eine wichtige Ursache für ein Marktpreisrisiko ist die Veränderung der preisbildenden Einflussgrößen des zu Grunde liegenden Vertragsgegenstandes, das sogenannte Underlying. Diese Veränderung kann den Wert eines Finanzinstrumentes sehr stark beeinträchtigen.[16] Das Risiko ist vor allem deshalb so stark ausgeprägt, weil die Höhe der Wertschwankungen von vornherein nicht bestimmbar ist.[17] Der den Derivaten anhaftende Hebeleffekt (leverage effect) unterstreicht dies.[18]

Zu den Marktpreisrisiken kann auch das Adressenausfallrisiko gezählt werden.[19] Beide Vertragspartner setzen sich bei einem Finanzkontrakt der Gefahr der Nichterfüllung und damit einem Risiko aus. Das Adressenausfallrisiko besteht bei Derivaten nicht im Nominalbetrag des zu Grunde liegenden Geschäftes, sondern in den Ersatzbeschaffungs- und Transaktionskosten, falls der Gläubiger einen Ersatzvertrag mit einem Dritten abschließen möchte.[20] Die Ersatzbeschaffungskosten beziffern sich nach dem gegenwärtigen Marktwert der ausgefallenen Position. Der Zeitraum für einen möglichen Ausfall der geschuldeten Gegenleistung streckt sich bis zur Fälligkeit.

Existieren zwischen zwei Parteien mehrere schwebende Finanztermingeschäfte, so besteht bei Insolvenz einer Partei die Gefahr, dass der Insolvenzverwalter sein ihm nach § 103 InsO zustehendes Wahlrecht ausübt. Danach kann der Insolvenzverwalter die Erfüllung der aus seiner Sicht günstigen Geschäfte wählen und die Erfüllung der

[15] Eine Erläuterung der wichtigsten Derivate findet sich bei Kümpel, Bank- und Kapitalmarktrecht, Rn. 14.191 ff.

[16] Reiner, Derivative Finanzinstrumente, S. 37, bezeichnet das Marktrisiko bei Derivaten allgemein als die stochastische Unsicherheit bezüglich zukünftiger Zahlungsströme bei Fälligkeit.

[17] Zu den Verlustrisiken bei OTC-Derivaten: Clouth, Rechtsfragen der außerbörslichen Finanzderivate, S. 127 ff.

[18] Für Reiner, Derivative Finanzinstrumente, S. 42, ist die Hebelwirkung jedoch nicht derivatetypisch.

[19] Z.T. wird es auch als Bonitäts-, Erfüllungs-, Kontrahenten-, oder Kreditrisiko bezeichnet.

[20] Schulte-Mattler, Die Bank 1994, S. 302, 302.

ungünstigen Geschäfte ablehnen.[21] Die „cherry-picking"-Mög-lichkeit des Insolvenzverwalters kann zu einer schweren Schädigung des Vertragspartners führen, da seine Schadensersatzforderung lediglich eine einfache Insolvenzforderung ist. Der Bundesgesetzgeber hat erkannt, dass gerade bei Finanztermingeschäften das Wahlrecht des Insolvenzverwalters zu einem Risiko für andere Finanzinstitute (Stichwort: Dominoeffekt) werden kann. Um dieser Gefahr zu umgehen wurde § 104 Abs. 2 Satz 3 InsO eingeführt, der eine Glattstellung der schwebenden Termingeschäfte zum Zeitpunkt der Insolvenzeröffnung vorsieht.

Bei Derivatgeschäften wird in der Regel ein „close-out-netting" vereinbart, wonach bei Insolvenz eines Vertragspartners der Kontrakt beendet und die Höhe des aktuellen Marktwertes durch Verrechnung der gegenseitigen Ansprüche bestimmt wird.[22] Das Bestehen und die rechtliche Anerkennung wirksamer Netting-Vereinbarungen sind daher von großer Wichtigkeit.[23] Eine weitere zu den Marktpreisrisiken zählende Gefahr ist darin zu sehen, dass es umso schwieriger ist einen richtigen und fairen Marktpreis zu ermitteln, je komplexer sich die Derivate entwickeln. Dieses Risiko wird auch als Liquiditätsrisiko bezeichnet.[24]

Unter dem vom Marktpreisrisiko zu unterscheidenden Betriebsrisiko versteht man hingegen die Gefahr, dass Verluste bei einem Vertragspartner auf Grund von Fehler in EDV-Systemen oder mangels interner Kontrollmechanismen entstehen.

II. Terminhandel

Der Handel mit Finanzinstrumenten wird allgemein als Terminhandel bezeichnet. Dieser Terminhandel findet sowohl an der Börse (Börsenterminhandel) als auch außerhalb der Börse (außerbörsliche Termingeschäfte) statt.[25] Sowohl bei börslichen als auch bei außerbörslichen Finanztermingeschäften werden Sicherheiten zur Abwicklung dieser Kontrakte gestellt. Bevor die Besicherungsmöglichkeiten erläutert werden, wird zunächst der Ablauf der Termingeschäfte dargestellt, wobei hierfür der Börsenterminhandel am Beispiel der Eurex, und der außerbörsliche Terminhandel eine Rolle spielen.

1. Börsliche Finanztermingeschäfte am Beispiel der Eurex

Gemäß § 50 Abs. 1 Satz 1 BörsG wird der Abschluss von Börsentermingeschäften an einer Börse als Börsenterminhandel bezeichnet. Eine der führenden internationalen

---

21 Uhlenbruck/Lüer, § 104 Rn. 26.

22 Ausführlich zum „close-out-netting" unter Punkt B. II. 2. b) dieser Arbeit.

23 Zum Problem, ob durch § 104 II 3 InsO das „close-out-netting" Berücksichtigung findet, siehe unter Punkt F. V. 1. c) bb) (2).

24 Kümpel, Bank- und Kapitalmarktrecht, Rn. 14.121.

25 Schimansky/Bunte/Lwowski/Kienle, Bankrechts-Handbuch, § 106 Rn. 19.

Terminbörsen ist die Eurex.[26] Sie bietet als vollelektronische Computerbörse den Handel und die Abwicklung von Finanztermingeschäften, insbesondere von Optionen und Futures, an.[27] Der Ablauf dieses standardisierten Terminhandels wird durch Handelsbedingungen geregelt.[28] Zur Teilnahme am Handel sind nur bestimmte Unternehmen an der Eurex zugelassen.[29] Über die Zulassung entscheidet die Geschäftsführung der Eurex. Diese Börsenteilnehmer sind sowohl für eigene Rechnung als auch im Auftrag und für Rechnung von Kunden befugt, Geschäfte zu tätigen.[30] Dies hat seinen Grund darin, dass Privatanleger nie direkt an der Terminbörse handeln können. Diese Anleger können nur über ihre Hausbank, Discount-Broker, oder über spezialisierte Options- oder Future-Broker handeln.[31] Aus diesem Grund sind die Börsenteilnehmer in der Regel Banken, welche für ihre Bankkunden als Intermediäre an der Eurex mit Finanzprodukten handeln.

a) Clearing und Settlement

Der Terminhandel ist vom Clearing zu trennen. Als Clearing kann man die Abwicklung und Besicherung sowie die geld- und stückmäßige Regulierung der abgeschlossenen Geschäfte bezeichnen. Das Clearing ist sozusagen für die Sicherung und Erfüllung der Wertpapiergeschäfte zuständig.[32] An der Eurex wird das Clearing eigenständig von der Eurex-Clearing AG betrieben. Der konkrete Ablauf von Erfüllung und Besicherung von Handelstermingeschäften ist in den Clearing-Bedingungen der Eurex-Clearing AG geregelt. Für die Teilnahme am Handel an der Eurex ist erforderlich, dass das Unternehmen im Besitz einer Clearing-Lizenz ist bzw. mit einem Clearingmitglied eine Clearing-Vereinbarung abgeschlossen hat.[33] Das Wort „Clearing" wird meist als Oberbegriff verwendet. Exakter beschrieben beinhaltet das „Clearing" die Festlegung der Bedingungen für den Geschäftsabschluss durch Käufer und Verkäufer und die Berechnung der gegenseitigen Verpflichtungen.[34] Die Erfüllung bzw. Abwicklung der

---

26 http://www.eurexchange.com/about_de.html (Stand 31.07.2007); Feingold/Lang, S. 18.

27 Schlüter, Börsenhandelsrecht, Rn. 1132 ff.

28 Bedingungen für den Handel an der Eurex Deutschland und der Eurex Zürich, im Internet abzurufen unter: http://www.eurexchange.com/download/documents/regulations/trading_conditions/trading _conditions_de.pdf (Stand: 31.07.2007)

29 Nr. 3.1.1 Börsenordnung für die Eurex Deutschland und die Eurex Zürich.

30 Kindermann, WM 1989, Sonderbeilage Nr. 2, S. 13 - analog zu der damals noch existierenden Deutschen Terminbörse (DTB), aus welcher dann durch Zusammenschluss mit der Schweizer Börse (Soffex) die Eurex hervorging.

31 Feingold/Lang, Handeln mit Futures und Optionen, S. 152.

32 So auch Nr. I.1.9.1 der Clearing-Bedingungen der Eurex Clearing AG.

33 Kieper, Abwicklungssysteme, S. 13.

34 Kieper, Abwicklungssysteme, S. 18, welcher noch eine genauere Unterscheidung vornimmt. Zum genauen Ablauf des Clearings, siehe 1. Giovannini Bericht, S. 5 f., zu finden unter: http://www.uni-leipzig.de/bankinstitut/dokumente/2001-10-01-01.pdf (Stand: 31.07.2007).

gegenseitigen Verpflichtungen, d.h. die Geld- und Wertpapierübertragungen werden als „Settlement“ bezeichnet.

Die Abrechnung und Abwicklung („Clearing“ und „Settlement“) von Geschäften an den Finanzmärkten werden in Zahlungs- sowie Wertpapierliefer- und Abrechnungssystemen vorgenommen. Das Wertpapierliefersystem beinhaltet die Übertragung (Lieferung) von Wertpapieren vom Verkäufer zum Käufer, wobei die Übertragung der Wertpapiere durch Umbuchung beim Zentralverwahrer erfolgt.[35] Die Zahlung als Übertragung des Geldes vom Käufer zum Verkäufer findet in Zahlungssystemen statt.

Wie bereits angedeutet werden die Terminkontrakte an der Eurex nicht direkt zwischen den Börsenteilnehmern geschlossen. Vielmehr ist die Eurex Clearing AG die zentrale Vertragspartei zwischen Käufer und Verkäufer, d.h. die Verträge werden nur zwischen der Eurex Clearing AG und dem jeweiligen Clearingmitglied geschlossen.[36] Ein Nicht-Clearing-Mitglied kann ein Geschäft mit der Eurex Clearing AG nur über ein Clearingmitglied abschließen. Es kommen folglich jeweils ein Vertrag zwischen einem Nicht-Clearing-Mitglied mit seinem Clearing-Mitglied sowie gleichzeitig ein entsprechendes Geschäft zwischen dem Clearingmitglied und der Eurex Clearing AG zu Stande.[37]

Bei Termingeschäften liegt zwischen Geschäftsabschluss und Lieferung der Wertpapiere ein längerer Zeitraum, so dass in der Regel bei diesen Geschäften das Ausfallrisiko größer ist als bei Kassageschäften. Jedoch existiert bei der Eurex AG auf Grund der zentralen Stellung der Clearing AG nicht die Gefahr, dass bei einem Termingeschäft ein Vertragspartner ausfällt. Die Clearing AG übernimmt die Garantie, dass alle Geschäfte erfüllt werden, da sie bei jedem Geschäft mit einem Börsenteilnehmer der Vertragspartner ist.[38] Durch den Eintritt der Clearingstelle in das jeweilige Termingeschäft geht das Ausfallrisiko auch auf diese über. Das hat den Vorteil, dass im Falle dass eine Vertragspartei ihrer Liefer- oder Abnahmeverpflichtung nicht nachkommt, die Gegenseite trotzdem den Vertrag mit der Clearingstelle abwickeln kann. Um sich jedoch seinerseits vor den Auswirkungen einer Insolvenz eines Teilnehmers zu schützen, stellt die Eurex hohe Kriterien an die Auswahl eines Clearing-Mitgliedes.[39] Neben diesen Bonitätsanforderungen verlangt die Clearingstelle das Bereitstellen bestimmter Sicherheiten.[40]

35 Dies ist in Deutschland die Clearstream Banking AG.

36 Vgl. hierzu die Präambel der Clearingbedingungen der Eurex Clearing AG.

37 Kieper, Abwicklungssysteme, S. 24.

38 Feingold/Lang, S. 24; Häuser/Rosenstock, Börse und Kapitalmarkt, S. 176.

39 Benzler, Nettingvereinbarungen, S. 135; Schlüter, Börsenhandelsrecht, Rn. 1178 ff.

40 Daneben existiert noch ein Clearing-Fonds, in welchen die Clearing-Mitglieder Beiträge leisten müssen.

b) Bereitzustellende Sicherheiten

Die bereits angesprochenen Risiken, die zum Teil spezifisch aus dem Handel mit Derivaten resultieren, sind zum einen ein Grund für die hohen Bonitätsanforderungen, die die Eurex an ihre Clearing-Mitglieder stellt, und zum anderen ein Grund für das von der Eurex Clearing AG betriebene Sicherheitensystem. Für jedes Clearing-Mitglied wird ein Gesamtrisiko ermittelt (Margin), welches durch Sicherheiten abgedeckt wird. Die Sicherheiten können in Geld oder in Wertpapieren geleistet werden. Für die Besicherungen werden sowohl die auf der Basis der aktuellen Kurse errechneten Verluste als auch mögliche zukünftige Kursrisiken beachtet, um eine mögliche Gefahr der Untersicherung zu vermeiden.[41]

Es wird zwischen der börsentäglichen Verrechnung der Gewinne und Verluste der Finanzinstrumente, dem Variation-Margin, und dem sogenannten Risk-Based-Margin unterschieden. Beim Variation-Margin wird schlichtweg die Differenz zwischen dem festgestellten Wert einer Position gegenüber dem Wert des Vortages festgestellt. Dieses Risiko ist dann zu besichern. Beim Risk-Based-Margin wird das Preisänderungsrisiko für sämtliche Options- und Future-Positionen festgestellt.[42] Gegebenenfalls kann es auch zu einer besonderen Risikoeinschätzung während eines Börsentages kommen (Intra-Day-Margin).[43] In diesem Fall kann die Clearingstelle von dem Clearing-Mitglied eine zusätzliche bzw. höhere Sicherheitsleistung verlangen.

Clearing-Mitglieder müssen von ihren Nicht-Clearingmitgliedern bzw. diese von ihren Kunden ebenso Sicherheiten in der von der Eurex Clearing AG berechneten Höhe verlangen.[44] In der Praxis verlangen die Banken gemäß Nr. 3 Abs. 5 Sonderbedingungen für Termingeschäfte von ihren Kunden Sicherheiten, die ihrer Höhe nach denen der Eurex entsprechen. Diese werden dann an die Clearingstelle weitergeleitet. Um jedoch eine tägliche kostenaufwendige Nachsicherung zu vermeiden, sind die von den Kunden an die Bank zu leistenden Sicherheiten meist höher.[45]

Jedes Clearing-Mitglied ist zur fristgerechten Besicherung seiner Kontraktvereinbarungen verpflichtet. Dabei hat es Sicherheiten zu leisten, mit denen das Risiko abgedeckt wird, das das jeweils abgeschlossene Termingeschäft beherbergt.[46] Die genaue Höhe der Sicherheiten wird von der Eurex Clearing AG festgelegt. Werden Wertpapiere als Sicherheit gestellt, so sind diese von jedem Clearing-Mitglied in dem von ihm einzu-

---

41 Kieper, Abwicklungssysteme, S. 30.

42 Auf weitere Differenzierungen und Einteilungen in bestimmte Gruppen des Margins soll hier verzichtet werden.

43 Kindermann, WM 1989, Sonderbeilage Nr. 2, S. 25.

44 Nr. I.1.3.1 und I.1.3.3 Clearing-Bedingungen der Eurex Clearing AG; Nr. 4.8 Börsenordnung für die Eurex Deutschland und die Eurex Zürich.

45 So Kümpel, WM 1991, Sonderbeilage 1, S. 18.

46 Nr. 4.8 Börsenordnung für die Eurex Deutschland und die Eurex Zürich; Lenenbach, Kapitalmarkt- und Börsenrecht, Rn. 6.127a.

richtenden Pfanddepot bei der Clearstream Banking AG zu hinterlegen. Die Clearstream Banking AG verwahrt die Wertpapiere in Form der Sammelverwahrung.[47]

Zwischen dem Clearing-Mitglied und der Eurex Clearing AG wird eine Verpfändungsvereinbarung getroffen, nach welcher der Eurex Clearing AG ein Pfandrecht an sämtlichen in dem Pfanddepot hinterlegten Wertpapieren eingeräumt wird.[48] Konkret weist das Clearing-Mitglied die Clearstream Banking AG an, die Wertpapiere auf das bei der Clearstream Banking AG gehaltene Pfanddepot zu übertragen.[49] Die Clearstream Banking AG benachrichtigt daraufhin die Eurex Clearing AG von der Übertragung. Anschließend bucht die Clearing-Stelle den Wert bzw. den Betrag der Sicherheit auf ein internes Verrechnungskonto des Clearing-Mitglieds. Wird Geld als Sicherheit zur Verfügung gestellt, so findet keine Übertragung von Bargeld statt, vielmehr wird das Geld auf die Konten der Clearing-Mitglieder bei der Clearstream Banking AG übertragen.[50]

2. Außerbörsliche Finanztermingeschäfte

Als OTC-Geschäfte[51] werden außerbörslich abgeschlossene, nicht standardisierte Geschäfte bezeichnet.[52] Der Vorteil von außerbörslichen Geschäften besteht darin, dass Geschäftsabschlüsse zu den individuellen Wünschen der Vertragspartner möglich sind.[53] Außerbörsliche Finanztermingeschäfte werden von Parteien, die in Deutschland ihren Sitz haben, sowohl im Inland als auch grenzüberschreitend getätigt.[54] Dabei sind die Vertragsparteien in der Regel Kreditinstitute, Kapitalgesellschaften, Kaufleute und Gebietskörperschaften. OTC-Geschäfte können auf Basis von individuell gefassten Verträgen oder Rahmenverträgen abgeschlossen werden. Weder die Marktteilnehmer noch die gehandelten Finanzinstrumente bedürfen einer förmlichen Zulassung. Den Finanztermingeschäften liegen heute - im Gegensatz zu früher - national und international anerkannte Vertragsbedingungen oder Rahmenverträge zu Grunde.[55] Die in Deutschland ansässigen Vertragsparteien verwenden für Geschäfte im Inland deutschrechtliche Rahmenverträge, für grenzüberschreitende Finanztermingeschäfte zumeist Rahmenverträge, für die englisches Recht bzw. das Recht des Staates New York maß-

47 Mehr zur Sammelverwahrung unter Punkt C. I. 2. a).

48 Siehe dazu Nr. I.1.3.5 Clearing-Bedingungen der Eurex Clearing AG.

49 Kieper, Abwicklungssysteme, S. 33.

50 Weiteres dazu bei Kieper, Abwicklungssysteme, S. 32.

51 Die Abkürzung OTC bedeutet "over the counter".

52 Pohl, WM 1995, S. 957, 957; Kümpel, Bank- und Kapitalmarktrecht, Rn. 14.184.

53 Häuser, ZBB 1992, S. 250, 250.

54 Schimansky/Bunte/Lwowski/Jahn, Bankrechts-Handbuch, § 114 Rn. 34.

55 Siehe zu der Entwicklung von Rahmenverträgen ausführlich: Jahn, Die Bank 1992, S. 349 ff.; ders., Die Bank 1993, S. 235 ff.

geblich sind.[56] Rahmenverträge sind meist standardisierte Musterverträge, welche die Einzelabschlüsse über Finanzleistungen und die Regelungen des Rahmenvertrages ausdrücklich zu einem einheitlichen Vertragsverhältnis verbinden.[57] Die international am häufigsten verwendeten Rahmenverträge sind die ISDA-Rahmenverträge.[58] Das ISDA-Master-Agreement von 1992 war Vorbild für viele Bestimmungen des deutschen Rahmenvertrages, jedoch ist es in vielen Punkten noch umfangreicherer.[59] Für Geschäfte in Deutschland gilt der mit Hilfe der Kreditwirtschaft entwickelte und 1993 veröffentlichte „Rahmenvertrag für Finanztermingeschäfte".[60]

Die Verwendung von Rahmenverträgen führt zur beabsichtigten Standardisierung und damit zur vereinfachten Geschäftsabwicklung.[61] Die Geschäfte können schneller abgewickelt werden, da ein zeitintensives Aushandeln allgemeiner Vertragsbestimmungen für jede einzelne Transaktion nicht erforderlich ist. Auf den Inhalt einzelner Regelungen der Rahmenverträge wird im Verlauf dieser Arbeit noch näher einzugehen sein. An dieser Stelle ist zunächst der Fokus auf die in den Rahmenverträgen enthaltenen Besicherungsmöglichkeiten zu richten, da die Finanzsicherheiten-Richtlinie, wie sich später zeigen wird, darauf Bezug nimmt.

a) In Rahmenverträgen vereinbarte Besicherungen

Auf Grund des Kreditrisikos bei Derivaten werden Vereinbarungen zur Leistung von Sicherheiten sowie zur gegenseitigen Verrechnung von Ansprüchen aus wechselseitigen Derivaten - „close-out-netting" - getroffen.[62] Die hierzu verwendeten Sicherungsabreden sind in den einbezogenen Rahmenverträgen enthalten.[63] Dabei finden im Wesentlichen zwei Besicherungsarten Anwendung:

Die herkömmliche Methode der Besicherung ist die Verpfändung von möglichst liquiden Wertpapieren oder von Kontoguthaben.[64] Hierfür wird eine Bewertung aller laufenden, in einen Rahmenvertrag einbezogenen derivativen Verträge zwischen zwei Parteien täglich zum Marktwert vorgenommen. Der Saldo aus den positiven und nega-

---

56 Steuer, in: FS für Claussen, Europäische Wirtschafts- und Währungsunion, S. 527, 529; Schimansky/Bunte/Lwowski/Jahn, Bankrechts-Handbuch, § 114 Rn. 34.

57 MüKo-InsO/Jahn, § 104 Rn. 127.

58 Sogenannte Master Agreements; die Abkürzung ISDA steht für "International Swaps and Derivatives Association", nach der Vereinigung von Internationalen Swaphändlern benannt. Der Rahmenvertrag ist abgedruckt bei Ebenroth/Reiner, Münchener Vertragshandbuch, Bd. 3/2, S. 734 ff.

59 Siehe dazu Jahn, Die Bank 1994, S. 99 ff.

60 Abgedruckt bei Klingner-Schmidt, in: Derleder/Knops/Bamberger, § 48 Rn. 73 (F. Anhang).

61 Benzler, Nettingvereinbarungen, S. 48; Klingner-Schmidt, in: Derleder/Knops/Bamberger, § 48 Rn. 41; Brandt, BKR 2002, S. 243, 245.

62 Reiner, Derivate Finanzinstrumente, S. 46.

63 Z.B. die verschiedenen ISDA-Credit Support Annexes nach New Yorker, und englischem Recht, siehe dazu auch Schimansky/Bunte/Lwowski/Jahn, Bankrechts-Handbuch, § 114 Rn. 70.

64 Schimansky/Bunte/Lwowski/Jahn, Bankrechts-Handbuch, § 114 Rn. 69.

tiven Marktwerten der Einzeltranzaktionen ist vom jeweiligen Netto-Schuldner mit Sicherheiten zu unterlegen.[65] Gegen das Adressenausfallrisiko schützen sich die Marktteilnehmer ähnlich wie bei der Clearingstelle mit täglichen Nachschusssicherheiten (margins). Eine andere Methode, um Kreditrisiken zu reduzieren, ist die Vereinbarung eines „close-out-nettings".

b) Das "close-out-netting" (Liquidations-Netting)

Vereinbarungen zur gegenseitigen Verrechnung von Ansprüchen aus wechselseitigen Derivaten werden als „close-out-netting" bzw. Liquidations-Netting bezeichnet.[66] Den Begriff des Nettings kann man als Aufrechnen (im Englischen „set-off") oder Saldieren beschreiben.[67] Eine einheitliche rechtliche Umschreibung des Begriffs „Netting" gibt es jedoch nicht.[68] In Art. 2 Abs. 1 n) FinRi wird der Begriff „Netting" synonym für Aufrechnung verwendet.[69]

Zu unterscheiden sind verschiedene Formen des Nettings. Das Netting kann sowohl nach der Anzahl der beteiligten Personen als auch nach unterschiedlichen rechtlichen Ausgestaltungen charakterisiert werden.[70] Die häufigsten Formen des Nettings sind das Zahlungsverkehr-Netting, das Novations-Netting und das Liquidations-Netting. Auf die ersten beiden Arten des Nettings soll nicht weiter eingegangen werden. Vielmehr soll hier nur das auch in der Finanzsicherheiten-Richtlinie angesprochene Liquidations-Netting interessieren.

Das Liquidations-Netting bedeutet nichts anderes, als dass im Falle der vorzeitigen Beendigung eines Finanzkontraktes eine automatische Glattstellung der Kontrakte durch Verrechnung der einzelnen Finanzpositionen vorgenommen wird. Fälle der vorzeitigen Beendigung können entweder die Insolvenz oder die Kündigung des Vertragspartners sein.[71] Es liegt daher eine Vereinbarung zu Grunde, alle schwebenden Geschäfte zu beenden und durch einen einzigen Ausgleichsanspruch zu ersetzen, wenn ein bestimmtes Ereignis eintritt. Dieser Ausgleichsanspruch ergibt sich als Saldo aus der Verrechnung der positiven und negativen Marktwerte.[72]

---

65 Kümpel, Bank- und Kapitalmarktrecht, Rn. 14.125; Reiner, Derivate Finanzinstrumente, S. 46.

66 Vgl. auch S. 9 f., wo vom Ausfallrisiko gesprochen wurde, das bis zur Fälligkeit anhält. Die Fälligkeit wird sozusagen im Falle der Insolvenz durch das Netting herbeigeführt.

67 Bosch, WM 1995, S. 365, 367.

68 Zu den unterschiedlichen Bezeichnungen des Nettings, siehe näher bei Kieper, Abwicklungssysteme, S. 42 ff.

69 „Close-out-netting" wird dementsprechend als Aufrechnung in Folge von Beendigung bezeichnet.

70 Es gibt sowohl bilaterales als auch multilaterales Netting. Weitere Einzelheiten dazu bei Schimansky/Bunte/Lwowski/Jahn, Bankrechts-Handbuch, § 114 Rn. 143.

71 Schulte-Mattler, Die Bank 1994, S. 302, 306; Schimansky/Bunte/Lwowski/Jahn, Bankrechts-Handbuch, § 114 Rn. 134.

72 Bosch, WM 1995, S. 365, 369.

Das Liquidations-Netting kommt sowohl im ISDA-Master-Agreement von 1992 als auch im deutschen „Rahmenvertrag für Finanztermingeschäfte“ zur Anwendung. Zwar ist das Liquidations-Netting in diesen einschlägigen Rahmenverträgen in keiner Klausel explizit niedergeschrieben, dennoch sind z.B. im „Rahmenvertrag für Finanztermingeschäfte“ Regelungen für den Fall der Insolvenz einer Partei enthalten.[73] Darin ist bestimmt, dass der Vertrag ohne Kündigung im Insolvenzfall endet, wobei der Insolvenzfall bereits dann gegeben ist, wenn die Eröffnung des Insolvenzverfahrens beantragt wird und diese Partei entweder den Antrag selbst gestellt hat oder zahlungsunfähig oder sonst in einer Lage ist, die die Eröffnung eines Verfahrens rechtfertigt.[74] Desweiteren ist festgelegt, dass im Falle der insolvenzbedingten Beendigung des Vertrages keine Partei mehr zur Zahlung oder zu einer sonstigen Leistung verpflichtet ist, die gleichtägig oder später fällig geworden wäre. An die Stelle dieser Verpflichtungen treten Ausgleichsforderungen.[75]

[73] Benzler, Nettingvereinbarungen, S. 65; Schimansky/Bunte/Lwowski/Jahn, Bankrechts-Handbuch, § 114 Rn. 134.

[74] Vgl. Nr. 7 Abs. 2 Rahmenvertrag für deutsche Finanztermingeschäfte.

[75] So Nr. 7 Abs. 3 Rahmenvertrag für deutsche Finanztermingeschäfte.

C. Effektengiroverkehr

Unter Punkt B. II. 1. b) der Arbeit war davon die Rede, dass die Clearstream Banking AG die Wertpapiere in Form der Sammelverwahrung bereithält. Was die Sammelverwahrung genau beinhaltet und wie diese Verwahrart mit dem Effektengiroverkehr zusammenhängt, wird in diesem Abschnitt erläutert. Die Thematik des Effektengiroverkehrs ist in Bezug auf den später zu behandelnden Art. 9 FinRi von großer Bedeutung. Zudem werden die Besicherungen hauptsächlich im Effektengiroverkehr vollzogen.

I. Effekte als Wertpapiere am Kapitalmarkt

Der klassische Wertpapiermarkt wird als Kapitalmarkt im engeren Sinne bezeichnet.[76] Kapitalmarktgeschäfte, die in Wertpapieren abgewickelt werden, haben rechtlich wie wirtschaftlich eine große Bedeutung.

Wertpapierrechtlich wird das Wertpapier als eine Urkunde definiert, welche ein privates Recht in der Weise verbrieft, dass zur Geltendmachung des Rechts die Innehabung des Papiers erforderlich ist.[77] Um den verbrieften Anspruch geltend zu machen, muss demnach immer die Urkunde vorgelegt werden. Nach dieser Definition eignen sich aber nicht alle Wertpapiere für einen schnellen, anonymisierten Handel am Kapitalmarkt, weil dort eine jeweilige Prüfung von Art und Inhalt des Rechts unpraktikabel wäre. Um für den Handel marktfähig zu sein, sind daher zwei Eigenschaften von Nöten: Die Wertpapiere müssen austauschbar, d.h. fungibel, sein und eine gesteigerte Umlauffähigkeit besitzen.[78]

Die Austauschbarkeit eines Wertpapiers ist gegeben, wenn es vertretbar im Sinne von § 91 BGB ist, d.h. wenn es wegen der inhaltlich identischen Ausgestaltung des verkörperten Rechts nur noch nach seiner Zahl bestimmt wird.[79] Wertpapiere derselben Gattung werden danach nur noch durch eine Wertpapierkennnummer von anderen Kapitalmarkttiteln unterschieden. Diese vertretbaren Wertpapiere werden als Effekte bezeichnet.[80] Effekte sind danach z.B. Anteilsscheine einer deutschen Kapitalanlagegesellschaft, Investmentzertifikate und Sparbriefe. Nicht vertretbar ist ein Wertpapier, wenn es im Verkehr auf die Individualität des einzelnen Stückes ankommt.[81] Dies ist z.B. bei Rektapapieren, also Papieren, die nur auf den Namen einer bestimmten Person lauten, der Fall.

---

76 Lenenbach, Kapitalmarkt- und Börsenrecht, Rn. 2.1.

77 Schimansky/Bunte/Lwowski/Kümpel, Bankrechts-Handbuch, § 104 Rn. 37.

78 Claussen, Börsenrecht, § 9 Rn. 113; Lenenbach, Kapitalmarkt- und Börsenrecht, Rn. 2.2; Franz, Überregionale Effektentransaktionen, S. 27.

79 Schimansky/Bunte/Lwowski/Kümpel, Bankrechts-Handbuch, § 104 Rn. 39 ff.

80 Vgl. auch Dittrich, Effektengiroverkehr, S. 5.

81 Schimansky/Bunte/Lwowski/Gößmann, Bankrechts-Handbuch, § 72 Rn. 54.

1. Entmaterialisierung von Wertpapieren

Eine gesteigerte Umlauffähigkeit, die Voraussetzung für einen marktmäßigen Handel ist, wird in der Regel durch die wertpapiermäßige Verbriefung der Rechte erzielt.[82] Bei diesen verbrieften Wertpapieren („certificated securities") ist der Wertpapierinhaber im Besitz von Inhaberwertpapieren. Die Übertragung findet durch Übergabe der Papiere statt.

Jedoch wird eine Umlauffähigkeit auch ohne wertpapiermäßige Verbriefung erreicht.[83] Im Ausland wird zunehmend dazu übergegangen, die wertpapiermäßige Verbriefung durch eine Registereintragung („uncertificated securities") zu ersetzen.[84] In einigen Rechtsordnungen besteht neben der Eintragung in ein Register weiterhin die Möglichkeit der wertpapiermäßigen Verbriefung.[85] Aber auch bei der wertpapiermäßigen Verbriefung wird dem Umstand Rechnung getragen, dass die Wertpapiere nicht in einem einzelnen Depot liegen, sondern in einem „indirect holding system" verwahrt werden.[86]

Im Falle der Registereintragung wird das Register entweder vom Emittenten selbst oder für diesen von einem Dritten geführt. Die Übertragung eines unverbrieften Wertrechts erfolgt durch Eintragung des Wertrechts im Register des Emittenten.[87] Der Käufer muss dann als Kapitalmarktwertrechtsinhaber[88] registriert sein, wobei die Registrierung keine notwendige Voraussetzung für die Rechtsübertragung ist, sondern lediglich Legitimationsfunktion im Verhältnis zum Emittenten besitzt.[89]

In einigen Ländern erfolgte sogar eine vollständige Entmaterialisierung der Wertpapiere, d.h. die Wertpapierurkunde wurde durch eine elektronische Verbriefung ersetzt. Man spricht diesbezüglich auch von Kapitalmarktwertrechten ohne Verbriefung oder Registrierung (unsecuritized rights), über welche allein durch Abtretung verfügt werden kann.[90] Diese unsecuritized rights werden insbesondere in Frankreich und Belgien

---

82 Kümpel, Bank- und Kapitalmarktrecht, Rn. 9.109; mehr zu der Umlauffähigkeit der einzelnen Effekte bei Schimansky/Bunte/Lwowski/Kümpel, Bankrechts-Handbuch, § 104 Rn. 45 ff.

83 Kümpel, Bank- und Kapitalmarktrecht, Rn. 9.110.

84 Schimansky/Bunte/Lwowski/Kümpel, Bankrechts-Handbuch, § 104 Rn. 64; Goode/Kanda/Kreuzer, Explanatory Report, S. 10.

85 So z.B. in England und in den USA; vgl. Art. 8 UCC, welcher sowohl die certificated securities, als auch die uncertificated securities kennt.

86 Girsberger, in: FG für Schnyder, S. 77, 78; Pöch, ÖBA 2004, S. 507, 508; ausführlich zum indirekten Verwahrsystem unter C. I. 2. a) aa).

87 Vgl. UCC § 8-313 (1)(b); vgl. Einsele, RIW 1997, S. 269, 271.

88 Der Begriff „Kapitalmarktwertrechtsinhaber" wird in zutreffender Weise von v. Wilmowsky, in: Derleder/Knops/Bamberger, § 62 Rn. 31 f. verwendet, da bei diesen registrierten Werten nicht mehr vom Vorliegen eines Wertpapiers im Sinne der ursprünglichen Definition ausgegangen werden kann.

89 Einsele, RIW 1997, S. 269, 271, dies.: Wertpapierrecht als Schuldrecht, S. 308-323.

90 V. Wilmowsky, in: Derleder/Knops/Bamberger, § 62 Rn. 32.

verwendet.[91] In Deutschland erfolgte bislang keine vollständige Entmaterialisierung der Wertpapiere. Diese würde ein Register zum Legitimationsnachweis verlangen, welches dann von einer neutralen Stelle zu führen wäre.[92] Es wird deshalb davon ausgegangen, dass mögliche Rationalisierungseffekte, d.h. eventuelle Kostenersparnisse bzw. eine schnellere Umlauffähigkeit, die als Folge einer Entmaterialisierung der Wertpapiere angepriesen werden, sich durch die Führung eines neutralen Registers wieder ausgleichen würden.[93]

2. Verwahrung und Verwaltung der Effekte

Die Effekte werden im Allgemeinen nicht zu Hause im Tresor aufbewahrt, vielmehr findet eine Aufbewahrung und Verwaltung durch Kreditinstitute im Rahmen des Depotgeschäftes statt.[94] Durch Kreditinstitute erfolgt auch die Übertragung dieser Wertpapiere. Dabei werden Sie als Kommissionäre tätig.[95]

Bei der Verwahrung und Verwaltung der Wertpapiere entwickelten die Kreditinstitute immer neue Formen der Rationalisierung, denn mit zunehmender Zeit ist das den Wertpapieren innewohnende Merkmal der Verkörperung lästig geworden. Die Schwierigkeiten beim Transport, das Bedürfnis eines flexibleren und schnelleren Umlaufs und die zeit- und kostenintensive Verwaltung und Aufbewahrung in Tresoren führten zu einer marktgerechteren Verwahrung der Wertpapiere.[96] Während früher die Wertpapiere in Streifbandverwahrung gesondert von den Beständen anderer Kunden gelagert wurden,[97] ergab sich im Laufe der Zeit die Notwendigkeit, die Aufbewahrung und Lieferung von Wertpapieren in Folge einer immensen Zunahme des weltweiten Wertpapierbestandes zu vereinfachen.[98]

Die Entwicklung führte schließlich zur Sammelverwahrung, welche die mittlerweile rechtliche Regelform der Verwahrung vertretbarer Wertpapiere darstellt.[99] Bei der Sammelverwahrung werden vertretbare Wertpapiere derselben Art für alle Depotinhaber, die Wertpapiere derselben Gattung hinterlegt haben, ungetrennt in einem einheit-

---

[91] Siehe für Frankreich: Witz, in: Kreuzer, Abschied vom Wertpapier, S. 47-56; vgl. auch Art. 94 Abs. 2 des Finanzgesetzes; für Belgien: Devos/Servaes, in: Potok, Cross Border Collateral, Kap. 6 Rn. 6.5 ff.

[92] Einsele, WM 2001, S. 7, 10; dies., Wertpapierrecht als Schuldrecht, S. 202 ff.

[93] Schimansky/Bunte/Lwowski/Kümpel, Bankrechts-Handbuch, § 104 Rn. 64; Einsele, WM 2001, S. 7, 10.

[94] Vgl. § 1 Abs. 1 Satz 2 Nr. 5 KWG.

[95] Dittrich, Effektengiroverkehr, S. 16.

[96] Vgl. auch Bernasconi, Yearbook of Private International Law, Vol 3 (2001), S. 63, 66; Meyer-Cording/Drygala, Wertpapierrecht, S. 20.

[97] Die Streifbandverwahrung wird deshalb auch als Sonderverwahrung bezeichnet.

[98] Einsele, Wertpapierrecht als Schuldrecht, S. 12; Einsele, WM 2001, S. 7, 7; Itzel, in: Derleder/Knops/Bamberger, § 52 Rn. 28; Peters, JuS 1976, S. 424, 425.

[99] Siehe § 5 Abs. 1 Satz 1 DepotG.

lichen Sammelbestand verwahrt.[100] Die Wertpapiere können auch einem Dritten zur Sammelverwahrung anvertraut werden, § 5 Abs. 1 Satz 2 DepotG.

Der Hinterleger ist bei der Sammelverwahrung nicht mehr Alleineigentümer der Wertpapiere. Er verliert sein Alleineigentum kraft Gesetz, sobald die Wertpapiere in Sammelverwahrung genommen werden und wird in Höhe des Wertpapiernennbetrages bzw. nach der Stückzahl Miteigentümer nach Bruchteilen an den zum Sammelbestand gehörenden Wertpapieren derselben Art, § 6 Abs. 1 Satz 1 DepotG. Nur vertretbare Wertpapiere sind nach § 5 Abs. 1 Satz 1 DepotG sammelverwahrfähig. Dies hat seinen Grund darin, dass nur vertretbare Wertpapiere - wie bereits erläutert - bewegliche Sachen sind, die im Verkehr nach Zahl und Nennbetrag bestimmt werden und damit gegeneinander austauschbar sind, § 91 BGB.[101]

a) Girosammelverwahrung und Übertragung der Effekte

Das DepotG unterscheidet die Sammelverwahrung zum einen in Girosammelverwahrung und zum anderen in Haussammelverwahrung. Die Girosammelverwahrung stellt heutzutage den Regelfall der Depotverwahrung dar. Dies lässt sich aus § 5 Abs. 1 Satz 1 DepotG ableiten, wonach Wertpapiere grundsätzlich in Girosammelverwahrung genommen werden, es sei denn, der Hinterleger wünscht ausdrücklich eine andere Verwahrungsart oder die Wertpapiere sind nicht zur Sammelverwahrung zugelassen.

Von Girosammelverwahrung spricht man, wenn eine Sammelverwahrung durch eine Wertpapiersammelbank erfolgt.[102] Die Wertpapiersammelbank ist ein Kreditinstitut im Sinne von § 1 KWG, das Depotgeschäfte, also Verwahrung und Verwaltung von Wertpapieren, ausschließlich für Banken und nicht für Privatkunden betreibt.[103] Als Kreditinstitut ist es von der nach dem Landesrecht zuständigen Stelle seines Sitzlandes als Wertpapiersammelbank anzuerkennen, § 1 Abs. 3 DepotG. In Deutschland existiert in Folge der Verschmelzung der ehemals sechs Wertpapiersammelbanken nur noch ein Zentralverwahrer, die Clearstream Banking AG.

Bei der Haussammelverwahrung erfolgt die Sammelverwahrung der Wertpapiere durch „gewöhnliche" Kreditinstitute und nicht durch eine Wertpapiersammelbank. Hierfür ist erforderlich, dass der Depotkunde seiner Bank für jedes einzelne Verwahrgeschäft ausdrücklich und schriftlich eine Ermächtigung erteilt, § 5 Abs. 1 Satz 2 DepotG. Die Haussammelverwahrung ist deshalb sehr kostenintensiv und wurde in der Praxis weitestgehend von der viel rationelleren und kostengünstigeren Girosammel-

---

100 Kümpel, Bank- und Kapitalmarktrecht, Rn. 11.22.

101 MüKo-HGB/Einsele, Depotgeschäft, Rn. 40; Schimansky/Bunte/Lwowski/Gößmann, Bankrechts-Handbuch, § 72 Rn. 75.

102 Kümpel, Bank- und Kapitalmarktrecht Rn. 11.174; Schimansky/Bunte/Lwowski/Gößmann, Bankrechts-Handbuch, § 72 Rn. 101.

103 Schimansky/Bunte/Lwowski/Gößmann, Bankrechts-Handbuch, § 72 Rn. 26.

verwahrung verdrängt.[104] Mit der Girosammelverwahrung wurde der Grundstein für den Effektengiroverkehr gelegt.

aa) Indirektes Verwahr- und Abwicklungssystem

Bis in die 60er Jahre des letzten Jahrhunderts erfolgte die Übertragung von Effekten auf direktem Wege, d.h. durch physische Übergabe vom Veräußerer auf den Erwerber. Auch Verfügungen von dem Sicherungsgeber auf den Sicherungsnehmer erfolgten direkt. Bei diesem traditionellen, direkten Verwahrsystem unterhält der Wertpapierinhaber eine direkte Beziehung zum Emittenten, z.B. durch den Besitz von Inhaberpapieren oder durch Registrierung in den Büchern des Emittenten.[105] Der Handel und die Abwicklung in diesem System sind jedoch sehr arbeits- und zeitintensiv und auch teuer. In Folge einer immer riesiger und unübersichtlicher werdenden Papiermenge kam es zum sogenannten „paperwork crunch" an der Wall Street, wodurch das direkte Verwahr- und Abwicklungssystem zum Einsturz gebracht wurde.[106] Infolgedessen wurden für die Abwicklung von nationalen und internationalen Wertpapiergeschäften sogenannte indirekte, mehrstufige Verwahrsysteme eingeführt.[107]

Handelt es sich um verbriefte Wertpapiere, so befindet sich ein großer Teil dieser Urkunden als Sammel- oder Globalurkunden bei nationalen oder internationalen Wertpapiersammelbanken als Zentralverwahrern[108] in unmittelbarem Besitz. Handelt es sich um unverbriefte Registerwertrechte, so ergibt sich bei diesen indirekten Verwahrsystemen die Identität des Wertpapierinhabers nicht mehr aus den Registern des Emittenten, weil der Zentralverwalter[109] in den Registern des Emittenten eingetragen ist und er diese Register für seine Kunden besitzt, indem er in Wertpapierkonten exakt aufschlüsselt, für welche Kunden er wieviele Wertrechte „hält". Aus den Büchern der Wertpapiersammelbank sind die Namen der Banken und Broker ersichtlich, die Mitglieder dieser Wertpapiersammelbank sind. Die Identität der Anleger ist wiederum nur aus den Büchern und Aufzeichnungen der Banken und Broker feststellbar.

In der Praxis führt die Girosammelverwahrung in der Regel zu einem indirekten, mehrstufigen Verwahrsystem:[110] Wie bereits erwähnt stehen an oberster Stelle die

---

104 Blitz, WM 1997, S. 2211, 2211.

105 Bernasconi/Potok/Morton, in: Potok, Cross Border Collateral, S. 7.

106 Reuschle, RabelsZ 68 (2004), S. 687, 689; Bernasconi/Potok/Morton, in: Potok, Cross Border Collateral, S. 13; Einsele, Wertpapierrecht als Schuldrecht, S. 302 f.

107 Reuschle, BKR 2003, S. 562, 562 f.

108 Die größte internationale Wertpapiersammelbank ist die DTC (The Depository Trust Company, New York).

109 Es ist der Zentralverwahrer im eigentlichen Sinn, jedoch ist die Bezeichnung „Zentralverwalter" exakter, denn bei den Kapitalmarktwertrechten werden keine Urkunden mehr verwahrt oder gehalten.

110 Bernasconi, Yearbook of Private International Law, Vol 3 (2001), S. 63, 66 ff.; Reuschle, BKR 2003, S. 562, 562; Saager, Die Bank 2005, S. 22, 22; Einsele, Bank- und Kapitalmarktrecht, S. 402, Rn. 2; Paech, WM 2005, S. 1101, 1101.

Wertpapiersammelbanken als nationale oder internationale Zentralverwahrer. Auf zweiter Stufe existiert eine begrenzte Anzahl von Kreditinstituten, Finanzdienstleistern und anderen nationalen Verwahrern, die als Intermediäre unmittelbar mit den Zentralverwahrern in vertraglichen Beziehungen stehen. Sie unterhalten bei den Zentralverwahrern Sammeldepots, auf welchen die eigenen Anteilsrechte und der Wertpapierbestand ihrer Kunden verbucht sind. Auf der letzten Stufe steht der jeweilige Anleger, dessen Anteile an dem Sammelbestand wiederum auf einem bei seinem Intermediär geführten Depot verbucht sind. Es entsteht somit eine Verwahrpyramide.[111]

Der Vorteil des indirekten Verwahr- und Abwicklungssystems besteht darin, dass für die Übertragung der Wertpapiere keine körperliche Bewegung mehr erforderlich ist und die Abwicklung wesentlich schneller und rationeller erfolgt. Die Wertpapiertransaktionen werden nämlich abgewickelt, indem die zentral verwahrten Wertpapierbestände durch bloße Umbuchung vom Wertpapierdepot des Veräußerers auf das Depot des Erwerbers übertragen werden.[112] Eine physische Übergabe der Wertpapiere findet nicht mehr statt. Wegen der Ähnlichkeit zum Geldgiroverkehr wird die buchmäßige, stückelose Übertragung von Wertpapieren als Effektengiroverkehr bezeichnet.[113]

bb) Effektenübertragung im deutschen Recht

Die Wertpapiere sind physisch zwar noch in einem Depotraum beim Zentralverwahrer vorhanden, zur Übertragung und Abwicklung müssen die sammelverwahrten Kapitalmarktwertpapiere jedoch nicht mehr bewegt werden. Die Belieferung der Wertpapiere bzw. generell die Abwicklung von Wertpapiertransaktionen erfolgt vielmehr stückelos und de facto durch Umbuchung beim Zentralverwahrer, bei dem die Urkunden in der Regel dauerhaft lagern.[114] Die Übertragung der Sammelbestandanteile nach deutschem Recht erfolgt aber dennoch nach herrschender Meinung gemäß §§ 929 ff. BGB.[115] Nach dieser Ansicht gehen die Miteigentumsanteile an einem Wertpapiersammelbestand - ohne Zwischenerwerb durch Zwischenverwahrer - unmittelbar von dem Veräußerer auf den Erwerber über.[116]

---

[111] Einsele, WM 2003, S. 2349, 2349; dies., WM 2001, S. 7, 10; dies., Wertpapierrecht als Schuldrecht, S. 30 f.; dies., Bank- und Kapitalmarktrecht, S. 402, Rn. 2.

[112] Bernasconi/Potok/Morton, in: Cross Border Collateral, S. 20; Einsele, RIW 1997, S. 269, 270 f.; Merkt/Rossbach, ZVglRWiss 102 (2003), S. 33, 35.

[113] MüKo-HGB/Einsele, Depotgeschäft, Rn. 58; Lenenbach, Kapitalmarkt- und Börsenrecht, Rn. 2.11.

[114] Einsele, Wertpapierrecht als Schuldrecht, S. 21 f.; dies., RIW 1997, S. 269, 269; MüKo-HGB/Einsele, Depotgeschäft, Rn. 48.

[115] Heinsius/Horn/Than, DepotG, § 6 Rn. 35; Schwintowski/Schäfer, Bankrecht, S. 705, 718; Kümpel, Bank- und Kapitalmarktrecht, Rn. 11.218.

[116] Kümpel, Bank- und Kapitalmarktrecht, Rn. 11.393; MüKo-HGB/Einsele, Depotgeschäft, Rn. 97; Horn, in: FS für Hadding, S. 893, 898; Itzel, in: Derleder/Knops/Bamberger, § 52 Rn. 20.

Diese Auffassung wird jedoch - wie in der Wissenschaft üblich - nicht unwidersprochen hingenommen. Eine Anwendung der §§ 929 ff. BGB bei der Effektenübertragung wird insbesondere von *Einsele* vehement abgelehnt.[117] Unter anderem führe ihrer Ansicht nach die Girosammelverwahrung zu einem Funktionsverlust bei den Wertpapierurkunden; ein Besitz an den sammelverwahrten Wertpapieren seitens des Wertpapierinhabers, welcher eine Übertragung nach §§ 929 ff. BGB möglich macht, liege nicht vor.[118]

Nach der herrschenden Meinung vollzieht sich die Übertragung rechtlich gesehen folgendermaßen: Der Kunde als Erwerber erteilt seiner Bank eine Vollmacht zum Eigentumserwerb, der Veräußerer ermächtigt seine Bank wiederum zur Eigentumsübertragung. Da bei der Wertpapiersammelbank die Wertpapiere lagern, hat diese den unmittelbaren Besitz an den Papieren. Die Bank des Veräußerers hat mittelbaren Besitz erster Stufe, der Veräußerer mittelbaren Besitz zweiter Stufe. Im Zeitpunkt der Übertragung ändert die Wertpapiersammelbank ihren Besitzmittlungswillen, so dass sie von nun an für die Erwerberseite den Besitz mittelt. Somit ist die Besitzübergabe nach § 929 Satz 1 BGB erfolgt.[119] Die Depotumbuchung äußert zugleich den geänderten Besitzmittlungswillen.

An dieser Stelle soll keine Entscheidung des Meinungsstreites herbeigeführt werden, da eine Behandlung dieser Materie im Rahmen der vorliegenden Arbeit zu komplex ist und der eigentlichen Thematik nicht entsprechen würde. Jedoch ist den Argumenten von *Einsele* durchaus Beachtung beizumessen, da die Urkunde als solche für die Effektenübertragung in der Tat keine Rolle mehr spielt.[120] Da der Effektengiroverkehr de facto dem bargeldlosen Giroverkehr in seiner Wirkungsweise gleicht, spricht einiges für eine entsprechende rechtliche Behandlung des Effektengiroverkehrs.[121]

cc) Unterschiedliche Sachenrechtsordnungen

Im Hinblick auf die Übertragung der sammelverwahrten Wertpapiere gehen die jeweiligen nationalen Rechtsordnungen von unterschiedlichen Konzepten aus.[122] Wie bereits angesprochen, haben sich die nationalen Sachenrechtsordnungen mit der zunehmenden Entmaterialisierung der Wertpapiere anders entwickelt. Während in einigen Rechtsordnungen wie in Deutschland und Österreich nach wie vor Miteigentumsanteile an Sammelbeständen übertragen werden, so ist in anderen Rechtsordnungen wie z.B. in den USA nicht der Miteigentumsanteil an den sammelverwahrten Wertpapieren Gegenstand der Verfügung, sondern der Erwerber erhält eine „dingliche Berechti-

117 Einsele, RIW 1997, S. 269, 270.

118 Einsele, Wertpapierrecht als Schuldrecht, S. 12; dies., WM 2001, S. 7, 8; dies., Bank- und Kapitalmarktrecht, S. 415, Rn. 28.

119 Lenenbach, Kapitalmarkt- und Börsenrecht, Rn. 2.11.

120 Vgl. auch Saager, Die Bank 2005, S. 22, 22.

121 Hierfür wäre eine umfassende Änderung des DepotG erforderlich.

122 Goode/Kanda/Kreuzer, Explanatory Report, S. 10; Girsberger, in: FG für Schnyder, S. 77, 78 f.

gung" (security entitlement) gegenüber seinem Intermediär.[123] Danach erwirbt der Investor nicht ein Recht an Vermögensgegenständen, welche sich beim Zentralverwahrer befinden, vielmehr erhält er ein Recht an den Vermögensgegenständen seines jeweiligen, mit ihm in Vertragsbeziehung stehenden Intermediärs.[124] Dieses Konzept, welches dem Erwerber Rechte und Ansprüche nur gegen seinen unmittelbaren Intermediär bzw. diesem wiederum gegen seinen Intermediär zubilligt, ist insolvenzrechtlich betrachtet vorteilhaft, da so bei Insolvenz eines Intermediärs das haftende Vermögen begrenzt ist.[125]

Eine internationale Vereinheitlichung der Rechtsordnungen zu dieser Thematik erscheint schwierig.[126] Eine Vereinheitlichung des materiellen Rechts im Bereich der intermediär verwahrten Wertpapiere wurde vom „International Institute for Unification of Private Law" (UNIDROIT) in Angriff genommen. Ziel war die Verabschiedung einer UNIDROIT-Konvention zur Harmonisierung des materiellen Wertpapierrechts.[127] Nachdem die Regierungskonferenz im Rahmen von UNIDROIT erstmals im Mai 2005 hierzu tagte, liegen mittlerweile vorläufige Konventionsentwürfe vor.[128] Auch wenn die Intention zu diesem Projekt im Allgemeinen begrüßt wird, so ist das Vorhaben doch als langfristig zu bezeichnen.[129] Eine einheitliche sachenrechtliche Behandlung des Effektengiroverkehrs dauert somit noch an.

b) Verwahrung ausländischer Wertpapiere

aa) Grenzüberschreitende Girosammelverwahrung

Ausländische Wertpapiere sind dann depotfähig und können in die deutsche Girosammelverwahrung miteinbezogen werden, wenn sie als „andere vertretbare Wertpapiere" im Sinne von § 1 Abs. 1 DepotG angesehen werden können. Ob eine ausländische Urkunde Wertpapierqualität besitzt, muss der Rechtsordnung entnommen werden, der das in der Urkunde verbriefte Recht unterliegt.[130] Diese ausländischen Wertpapiere können dann auch ausländischen Zentralverwahrern zur Sammelverwahrung

123 Haubold, RIW 2005, S. 656, 659; Einsele, Unif. L. Rev./Rev. dr. unif. 2005, S. 251, 251; Than, Unif. L. Rev./Rev. dr. unif. 2005, S. 263, 263 f.

124 Vgl. § 8-102 (a)(17), § 8-104 und §§ 8-501 - 8-511 UCC.

125 V. Wilmowsky, in: Derleder/Knops/Bamberger, § 62 Rn. 39.

126 Girsberger, in: FG für Schnyder, S. 77, 80.

127 Zu den beabsichtigten Regelungsgegenständen und dem als Diskussionsgrundlage gestellten „position paper": Christmann, BKR 2005, S. 249, 249 ff.; Paech, WM 2005, S. 1101 ff.; Franz, Überregionale Effektentransaktionen, S. 199 ff.; Saager, Die Bank 2005, S. 22, 23 f.; Schefold, in: FS für Kümpel, S. 463, 463, spricht dabei von einem European Securities Code.

128 Für das Jahr 2007 sind der vorläufige Konventionsentwurf - Stand: Juli 2007 - sowie verschiedene Vorschläge und working paper unter: http://www.unidroit.org/english/publications/proceedings/2007/contents.htm (Stand 31.07.2007) abrufbar.

129 Merkt/Rossbach, ZVglRWiss 102 (2003), S. 33, 39; Franz, Überregionale Effektentransaktionen, S. 202.

130 MüKo-EGBGB/Kreuzer, nach Art. 38, Anh. I Rn. 118.

anvertraut werden.[131] Voraussetzungen dafür sind, dass dem Hinterleger eine dem deutschen Depotgesetz gleichwertige Rechtsstellung eingeräumt wird und der ausländische Verwahrer die Aufgaben einer Wertpapiersammelbank wahrnimmt. Mit Hilfe einer gegenseitigen Kontoverbindung bilden die im Ausland verwahrten Wertpapiere mit den Wertpapieren derselben Gattung, die bei einem deutschen Sammelverwahrer aufbewahrt werden, einen einheitlichen Girosammelbestand.[132] Der Sammelbestand wird demnach in mehreren Staaten verwahrt.[133]

bb) Auslandsverwahrung

Die grenzüberschreitende Girosammelverwahrung ist von der „gewöhnlichen" Verwahrung von Wertpapieren im Ausland zu unterscheiden. Bei der grenzüberschreitenden Girosammelverwahrung nach § 5 Abs. 4 DepotG erhält der Hinterleger Miteigentum an den Wertpapieren eines Sammelbestandes. Diese Form der Verwahrung ist die Voraussetzung für den grenzüberschreitenden Effektengiroverkehr, erfordert allerdings zwischen einer Wertpapiersammelbank und einem ausländischen Verwahrer eine entsprechende Kontoverbindung.

Bei der Verwahrung der Wertpapiere im Ausland hingegen verschafft die Bank als Kommissionär ihrem Kunden nicht das Eigentum bzw. Miteigentum an den erworbenen Wertpapieren. Vielmehr erwirbt die Bank selbst Eigentum an den Wertpapieren, die sie treuhänderisch für ihren Kommittenten hält.[134] Dem Bankkunden wird unter Angabe des ausländischen Staates, in dem sich die Lagerstelle der Wertpapiere befindet, über die erworbenen Wertpapiere gemäß Nr. 12 Abs. 3 der Sonderbedingungen für Wertpapiergeschäfte eine Gutschrift in Wertpapierrechnung erteilt.[135] Die Gutschrift in Wertpapierrechnung dokumentiert einen Lieferanspruch des Kunden, d.h. der Kunde erhält mit dieser Gutschrift einen Herausgabeanspruch gegen die Bank und kann jederzeit die Auslieferung der Wertpapiere verlangen.[136] Die Rechtsnatur und die Wirkung dieses schuldrechtlichen Anspruches sind umstritten, sollen aber an dieser Stelle außer Betracht bleiben.[137]

---

[131] Siehe § 5 Abs. 4 DepotG.

[132] Einsele, WM 2001, S. 7, 14; vgl. auch Nr. 29 S. 3 AGB der Clearstream Banking AG.

[133] Herring/Cristea, ZIP 2004, S. 1627, 1632.

[134] Vgl. Nr. 12 Abs. 3 der Sonderbedingungen der Banken und Sparkassen für Wertpapiergeschäfte, Fassung von Dezember 2002; Einsele, Unif. L. Rev./Rev. dr. unif. 2005, S. 251, 256.

[135] Ebenroth/Boujong/Joost/Scherer, BankR VI, § 22 Rn. 472; Reuschle, RabelsZ 68 (2004), S. 687, 701; Kronke/Haubold, Handbuch Internationales Wirtschaftsrecht, Teil L, Rn. 225 ff.

[136] Nr. 12 Abs. 4 der Sonderbedingungen für Wertpapiergeschäfte.

[137] Ausführlich zum Streit bei Dittrich, Effektengiroverkehr, S. 81 ff.

II. Zusammenfassung

Im Regelfall findet eine Sammelverwahrung der Wertpapiere statt, bei der die Wertpapiere einen Sammelbestand bilden, an dem die bisherigen Eigentümer der Effekte Miteigentümer nach Bruchteilen sind. Die Sammelverwahrung erfolgt durch eine Wertpapiersammelbank, welche mit den Depotbanken der Kunden vertraglich verbunden ist. Oft ist zwischen der Depotbank des Kunden und der Wertpapiersammelbank noch eine weitere Bank als Zwischenverwahrer geschaltet. Die Wertpapiersammelbank ist durch § 5 Abs. 4 DepotG ermächtigt, im Rahmen einer gegenseitigen Kontoverbindung die Wertpapiere einem ausländischen Verwahrer zur Sammelverwahrung anzuvertrauen. Dieser ausländische Zentralverwahrer kann wiederum gegenseitige Kontoverbindungen mit Zentralverwahrern aus anderen Ländern haben, so dass Verwahrketten entstehen. Bei der Verwahrung von Wertpapieren im Ausland erhält der Bankkunde an Stelle des Miteigentums an den Effekten mit Hilfe der Gutschrift in Wertpapierrechnung einen Anspruch auf Auslieferung der Wertpapiere gegen seine Bank. Die Übertragung der Effekte findet stückelos durch Umbuchung statt, was als Effektengiroverkehr bezeichnet wird.

D. Intentionen für die Errichtung der Finanzsicherheiten-Richtlinie

I. Bisherige europäische Rechtsakte in Bezug auf Finanzdienstleistungen

1. Richtlinien 2001/24/EG bzw. 2001/17/EG und EuInsVO

Wie bereits angesprochen gliedert sich die Finanzsicherheiten-Richtlinie 2002/47/EG in das System der bisher auf dem Gebiet des europäischen Zahlungs- und Wertpapiermarktes erlassenen Rechtsakte ein.[138] Sie ist eingebettet durch die Finalitätsrichtlinie[139], die Richtlinie über Sanierung und Liquidation von Kreditinstituten[140], die Richtlinie über die Sanierung und Liquidation von Versicherungsunternehmen[141] sowie die Europäische Verordnung über Insolvenzverfahren[142]. All diesen Bestimmungen ist gemein, dass sie die Anwendung der „lex-concursus-Grundsätze" durch die gegenseitige Anerkennung von Umstrukturierungsmaßnahmen und Insolvenzverfahren, die im Herkunftsmitgliedstaat eines Schuldners durchgeführt werden, ausgeweitet haben.[143]

Die EG-Verordnung 1346/2000 über Insolvenzverfahren (EuInsVO) hat ausschließlich international prozessrechtliche, sowie kollisionsrechtliche Fragen zum Gegenstand. Sie soll die Durchführung von Insolvenzverfahren mit grenzüberschreitenden Belangen im europäischen Binnenmarkt erleichtern.[144] Eine Vereinheitlichung des materiellen Insolvenzrechts in der Europäischen Gemeinschaft wird dabei nicht vorgenommen.[145] Mit Hilfe der EuInsVO lässt sich im Falle einer Insolvenz mit internationalem Bezug feststellen, welches nationale Insolvenzrecht zur Anwendung kommt. Nach der in Art. 1 Abs. 2 EuInsVO geregelten Einschränkung des persönlichen Anwendungsbereich sind Finanzinstitutionen wie Kreditinstitute, Versicherungsunternehmen, Wertpapierfirmen und Investmentfondsgesellschaften vom Anwendungsbereich der Verordnung ausgenommen.[146]

---

[138] So die einhellige Ansicht, stellvertretend für viele: Kieper, ZInsO 2003, S. 1109, 1109; Ehricke, ZIP 2003, S. 1065, 1065.

[139] Richtlinie 98/26/EG über die Wirksamkeit von Abrechnungen in Zahlungs- sowie Wertpapierliefer- und Abrechnungssystemen v. 19.05.1998, Abl. EG v. 11.06.1998, Nr. L 166/45.

[140] Richtlinie 2001/24/EG über die Sanierung und Liquidation von Kreditinstituten, Abl. EG v. 05.05.2001, Nr. L 125/15.

[141] Richtlinie 2001/17/EG über die Sanierung und Liquidation von Versicherungsunternehmen, Abl. EG v. 20.04.2001, Nr. L 110/28.

[142] Verordnung der EG Nr. 1346/2000 des Rates v. 29.05.2000 über Insolvenzverfahren, Abl. EG v. 30.06.2000, Nr. L 160/1.

[143] Richtlinienvorschlag über Finanzsicherheiten, vorgelegt durch die Kommission, KOM (2001) 168 end, v. 27.03.2001, S. 4.

[144] Haubold, in: Gebauer/Wiedmann, Zivilrecht unter europäischem Einfluss, Kap. 30, Rn. 5.

[145] Keller, BKR 2002, S. 347, 348; Haubold, in: Gebauer/Wiedmann, Zivilrecht unter europäischem Einfluss, Kap. 30, Rn. 5.

[146] Duursma-Kepplinger/Duursma/Chalupsky, Vorb. zur EuInsVO, Rn. 29.

Die dadurch entstandene Regelungslücke für diese Unternehmen wird durch die Richtlinien 2001/24/EG und 2001/17/EG geschlossen, welche speziell der Harmonisierung der international privat- und verfahrensrechtlichen Regeln für die Sanierung und Liquidation von Kreditinstituten bzw. Versicherungsunternehmen dienen. Sie beinhalten u.a. Regelungen hinsichtlich der internationalen Zuständigkeit für die Eröffnung von Sanierungs- und Liquidationsverfahren für Unternehmen aus der Finanzbranche, ermöglichen die Anerkennung dieser Verfahren in den anderen Mitgliedstaaten und wirken auf die Vereinheitlichung der international-insolvenzrechtlichen Regelungen hin.[147] Die im Hinblick auf den Erlass der Finanzsicherheiten-Richtlinie bedeutsamste europäische Maßnahme stellt jedoch die Finalitätsrichtlinie dar.

2. Finalitätsrichtlinie 98/26/EG

Bis zum Erlass der Finanzsicherheiten-Richtlinie war die Richtlinie über die Wirksamkeit von Abrechnungen in Zahlungs- sowie Wertpapierliefer- und Abrechnungssystemen (98/26/EG)[148] die einzige europäische Rechtsnorm, in der Aspekte der grenzüberschreitenden Nutzung von Sicherheiten im Zusammenhang mit Finanztransaktionen geregelt sind. Die Finalitätsrichtlinie, welche vom Europäischen Parlament und dem Rat am 19.05.1998 verabschiedet wurde, wollte vor allem das in Zahlungssystemen und Wertpapierliefer- und Abrechnungssystemen angelegte Systemrisiko reduzieren.[149] Als das wesentliche Risiko wurde dabei die Insolvenz angesehen.[150] Es wurde die Gefahr erkannt, dass die Insolvenz eines Kreditinstituts andere Kreditinstitute durch eine Art Dominoeffekt ebenfalls in die Insolvenz reißen und dadurch eventuell eine internationale Krise im Bankensystem hervorrufen könnte.[151]

Ziel der Finalitätsrichtlinie war es daher, im Fall des Zusammenbruchs eines Teilnehmers an Zahlungs- und Wertpapierliefersystemen andere Teilnehmer und auch die Zugehörige Verrechnungsstelle des Zahlungssystems zu schützen.[152] In der Richtlinie wurde deshalb die Endgültigkeit und Unwiderruflichkeit von Übertragungsaufträgen, auch im Falle der Insolvenz, geregelt.[153] Außerdem erlaubt die Richtlinie im Insolvenzfall die volle und uneingeschränkte Verwertung von gegenüber dem System gestellten dinglichen Sicherheiten.[154] Zugleich regelt sie den Schutz der Verrechnung, d.h. das Netting innerhalb des Systems.

---

[147] Vgl. Haubold, in: Gebauer/Wiedmann, Zivilrecht unter europäischem Einfluss, Kap. 30, Rn. 265 ff.

[148] Nachfolgend „Finalitätsrichtlinie" genannt.

[149] Dittrich, Effektengiroverkehr, S. 52; Goode/Kronke/McKendrick/Wool, Transnational Commercial Law, S. 691 f.; zum Systemrisiko: Balz, ZIP 1995, S. 1639, 1639.

[150] Löber, BKR 2001, S. 118, 119.

[151] BIZ, Grenzüberschreitende Abwicklung, S. 44.

[152] Keller, WM 2000, S. 1269, 1269.

[153] Art. 3 Abs. 1 Finalitätsrichtlinie; Löber, BKR 2001, S. 118, 119.

[154] Art. 4 Finalitätsrichtlinie.

Die Richtlinie hat desweiteren zum Ziel, eine effiziente und kostengünstige Abwicklung grenzüberschreitender Zahlungs- sowie Wertpapierliefer- und Abrechnungsvereinbarungen in der europäischen Gemeinschaft zu schaffen.[155] Dies wiederum sollte die Freiheit des Kapitalverkehrs im Binnenmarkt stärken.

Nach Inkrafttreten der Finalitätsrichtlinie bzw. nach deren Umsetzung ins nationale Recht[156] wurde festgestellt, dass diese Richtlinie ein Schritt in die richtige Richtung ist, dieser Schritt jedoch in puncto Finanzsicherheiten bei weitem nicht ausreichend ist.[157] In Art. 9 Abs. 1 Finalitätsrichtlinie ist nämlich nur geregelt, dass die Sicherheiten, welche Teilnehmer im Rahmen eines Abwicklungssystems geleistet haben, durch ein Insolvenzverfahren des Sicherungsgebers nicht berührt werden sollen. Genaue Regelungen hinsichtlich der Bestellung, Verfügung und Verwertung dieser Sicherheiten wurden in der Finalitätsrichtlinie nicht getroffen.[158] Diese „Lücke" sollte durch die Finanzsicherheiten-Richtlinie geschlossen werden und zwar in einem erweiterten Anwendungsbereich über die Abwicklungssysteme hinaus.[159] Die EU-Kommission selbst sieht dabei die gegenseitige Annahme und Durchsetzbarkeit grenzübergreifender Sicherheiten für die Stabilität des EU-Finanzsystems und für einen kostengünstigen EU-Finanzmarkt als unerlässlich an.[160]

Nach dem europäischen Gesetzgeber sollte die Finalitätsrichtlinie sowohl inländische als auch grenzüberschreitende Zahlungssysteme, Wertpapierliefer- und Abrechnungssysteme erfassen.[161] Die Finalitätsrichtlinie bezieht sich daher nur auf Abwicklungssysteme. Als Abwicklungssysteme werden die in der Finalitätsrichtlinie definierten Zahlungs- sowie Wertpapierliefer- und Abrechnungssysteme bezeichnet,[162] so dass rein bilaterale Finanzmarktgeschäfte nicht von der Finalitätsrichtlinie erfasst werden.[163] Dementsprechend kam die Kommission zu dem Schluss, dass die Verabschiedung einer EU-Richtlinie über die Verwendung von Sicherheiten die beste Lösung sei, um die

155 Abl. EG, Nr. L 166/45.

156 Die Richtlinie war bis zum 11.12.1999 ins nationale Recht umzusetzen, Art. 11 Abs. 1 Finalitätsrichtlinie.

157 Vorschlag der Kommission über RL für Finanzsicherheiten, KOM (2001) 168 end, v. 27.03.2001, S. 3.

158 Vorschlag der Kommission über RL für Finanzsicherheiten, KOM (2001) 168 end, v. 27.03.2001, S. 3; siehe auch Keller, WM 2000, S. 1269, 1273, der durch Auslegung und Analyse des Art. 9 Abs. 1 festzustellen versucht, welche Arten von Sicherheiten z.B. unter diese Regelung fallen.

159 So auch Kieper, ZInsO 2003, S. 1109, 1109.

160 Vorschlag der Kommission über RL für Finanzsicherheiten, KOM (2001) 168 end, v. 27.03.2001, S. 3.

161 Abl. EG, Nr. L 166/45.

162 Art. 2 a) Finalitätsrichtlinie; vgl. auch § 96 Abs. 2 InsO.

163 Löber, BKR 2001, S. 118, 119.

Rechtsgrundlage der Finalitätsrichtlinie generell auf Finanzmarktgeschäfte auszuweiten.[164]

a) Art. 9 Abs. 2 Finalitätsrichtlinie

Desweiteren führte die Handhabung des Art. 9 Abs. 2 Finalitätsrichtlinie zu einigen Schwierigkeiten und deren Umsetzung in innerstaatliches Recht war zum Teil problematisch. Art. 9 Abs. 2 Finalitätsrichtlinie enthält eine begrenzte Kollisionsvorschrift für Wertpapiere, da sie sich zum einen nur auf dingliche Sicherheiten an Wertpapieren bezieht und zum anderen nur für solche im Effektengiro übertragbare Wertpapiere gilt, die im Rahmen eines Zahlungssystems als Sicherheiten eingesetzt werden.[165] Nach dieser Regelung bestimmen sich die Rechte der dinglich gesicherten Gläubiger an Wertpapieren nach dem Recht des Mitgliedstaates, in dem die bestellten dinglichen Sicherheiten in ein Register eingetragen (1. Alternative) oder auf einem Konto oder bei einem zentralen Verwahrer verbucht worden sind (2. Alternative).[166]

Die erstgenannte Alternative dient insbesondere den nationalen Rechtsordnungen, in denen für die Bestellung der Sicherheit die Registereintragung als rechtsbegründendes Merkmal vorgesehen ist.[167] Die zweite Alternative berücksichtigt solche Rechtsordnungen, die neben der sachrechtlichen Einigung und der Übergabe keine weiteren Erfordernisse verlangen.[168]

Der Anwendungsbereich des Art. 9 Abs. 2 Finalitätsrichtlinie ist ungenau und nicht ganz klar definiert. Aus diesem Grund wurde die Norm auch in der deutschen Literatur kritisiert.[169] So fehlt eine ausdrückliche Regelung, wie der Ort der Konto- bzw. Registerführung zu bestimmen ist. Teilweise wurde daher angenommen, die Finalitätsrichtlinie ließe es offen, ob das maßgebliche Konto bei dem Intermediär sei, der den Rechtsverlust bei dem Sicherungsgeber dokumentiert, oder bei demjenigen, der eine Buchung zu Gunsten des Sicherungsnehmers vornimmt.[170] Auch sei nicht eindeutig aus der Richtlinie zu entnehmen, auf welche Stufe der Verwahrpyramide es ankom-

---

[164] Vorschlag der Kommission über RL für Finanzsicherheiten, KOM (2001) 168 end, v. 27.03.2001, S. 3.

[165] Than, in FS für Kümpel, S. 543, 552; Haubold, in: Gebauer/Wiedmann, Zivilrecht unter europäischem Einfluss, Kap. 30, Rn. 295.

[166] So jedenfalls die deutsche Fassung der Richtlinie.

[167] In England z.B. wird nach § 395 des Companies Act 1985 eine Registrierung verlangt. Nach spanischem Recht ist gemäß Art. 31 Nr. 3 des Dekretes 116/1992 ebenfalls eine Registereintragung notwendig.

[168] Dies gilt z.B. für das deutsche Recht.

[169] Nach von Bar/Mankowski, Internationales Privatrecht, S. 172 f. ist die Regelung „zu schmal, zu kompliziert und eine unsichere Minimallösung"; kritisch auch Pfeiffer, IPRax 2000, S. 270, 280 f.

[170] Der Gesetzgeber hat vielmehr selbst die Wahl zu treffen, vgl. RegE BT-Drucks. 14/1539, S. 16; Dittrich, Effektengiroverkehr, S. 104.

me.[171] Desweiteren lässt Art. 9 Abs. 2 Finalitätsrichtlinie als Sicherungsnehmer zwar ausschließlich Teilnehmer eines Systems, also ein Institut[172], eine zentrale Vertragspartei[173], eine Verrechnungsstelle[174] oder eine Clearingstelle[175] sowie die Zentralbank eines EU-Mitgliedstaates und die Europäische Zentralbank zu. Sonstige institutionelle oder private Anleger fallen vom Wortlaut der Regelung her jedoch nicht darunter. Welche Sicherungsgeber von dem persönlichen Anwendungsbereich der Finalitätsrichtlinie erfasst werden, ist jedoch nicht geregelt. Zum Teil wird ein ebenso enger persönlicher Anwendungsbereich für den Sicherungsgeber angenommen, da der neunte Erwägungsgrund der Finalitätsrichtlinie davon spricht, dass ein Teilnehmer „aus dem System herrührende Rechte oder Verpflichtungen gegenüber anderen Teilnehmern des Systems" absichern muss. Dementsprechend muss der Sicherungsgeber selbst ein Systemteilnehmer sein.[176] Ein anderer Teil in der Literatur nimmt hingegen einen weiten Anwendungsbereich der Finalitätsrichtlinie an.[177] Aus diesen unterschiedlichen Ansichten resultierend ist weiter umstritten, ob auch Sicherheitenbestellungen durch oder an indirekte Systemteilnehmer durch die Regelung des Art. 9 Abs. 2 Finalitätsrichtlinie erfasst werden.[178]

Die bei der Auslegung von Art. 9 Abs. 2 Finalitätsrichtlinie eingetretenen Unsicherheiten führten dazu, dass die Mitgliedstaaten der Europäischen Union diese kollisionsrechtliche Regelung zum Teil sehr unterschiedlich umgesetzt haben.[179] Der deutsche Gesetzgeber hat im Zuge der Umsetzung des Art. 9 Abs. 2 Finalitätsrichtlinie einen weiten Anwendungsbereich auf alle Verfügungen über girosammelverwahrte Wertpa-

---

171 Einsele, WM 2001, S. 2415, 2423.

172 Nach Art. 2 b) Finalitätsrichtlinie ist dies ein Kreditinstitut, eine Wertpapierfirma, eine öffentlich-rechtliche Körperschaft oder ein entsprechendes Unternehmen mit Hauptverwaltung außerhalb der Europäischen Union.

173 Eine zentrale Vertragspartei ist nach Art. 2 c) Finalitätsrichtlinie eine Stelle, die in einem System zwischen den Instituten eingeschaltet ist und in Bezug auf die Zahlungs- und Übertragungsaufträge dieser Institute als deren ausschließliche Vertragspartei fungiert.

174 Art. 2 d) Finalitätsrichtlinie definiert die Verrechnungsstelle als eine Stelle, die Instituten und/oder einer zentralen Vertragspartei, die Teilnehmer von Systemen sind, Konten, über die die Zahlungs- bzw. Überweisungsaufträge innerhalb dieses Systems abgewickelt werden, zur Verfügung stellt und die den Systemteilnehmern ggf. Kredit zum Zweck des Zahlungsausgleichs sowie den Ausgleich von Verpflichtungen zur Lieferung von Wertpapieren gewährt.

175 Eine Clearingstelle ist nach Art. 2 e) Finalitätsrichtlinie eine Organisation, die für die Berechnung der Nettopositionen der Institute, einer etwaigen Vertragspartei und/oder einer etwaigen Verrechnungsstelle zuständig ist.

176 Siehe dazu Reuschle, IPRax 2003, S. 495, 497.

177 Vom Sinn und Zweck der Finalitätsrichtlinie her argumentiert, Keller, WM 2000, S. 1269, 1274.

178 Für einen weiten Anwendungsbereich auch auf indirekte Teilnehmer: Keller, WM 2000, S. 1269, 1274; Schefold, IPRax 2000, S. 468, 473; für eine enge Auslegung, d.h. eine Beschränkung auf direkte Teilnehmer sind Einsele, WM 2001, S. 2415, 2418 f., Jergisch, ÖBA 1999, S. 537, 543; Reuschle, IPRax 2003, S. 495, 497; und wohl auch Dittrich, Effektengiroverkehr, S. 57 f.

179 Rögner, ZBB 2006, S. 98, 106.

piere festgelegt und diesen auch nicht in personeller Hinsicht beschränkt. Insofern hat der deutsche Gesetzgeber die Umsetzung der Finalitätsrichtlinie zum Anlass genommen, mit der Einführung des § 17a DepotG ein umfassendes Sonderstatut für den Effektengiroverkehr zu schaffen.[180] In anderen nationalen Regelungen wurde Art. 9 Abs. 2 Finalitätsrichtlinie eng umgesetzt bzw. zum Teil fast wortgetreu übernommen.[181]

Da Art. 9 Abs. 2 Finalitätsrichtlinie in Europa unterschiedlich umgesetzt wurde, konnte eine erstrebte Rechtsangleichung nur in begrenztem Umfang erreicht werden.[182] Dies war unter anderem ein wichtiger Grund dafür, mit der Finanzsicherheiten-Richtlinie eine weitere europarechtliche Regelung hinsichtlich des anzuwendenden Rechts von im Effektengiro übertragbaren Wertpapieren zu schaffen.[183]

b) Fazit

Als Fazit ist daher festzustellen, dass die Finalitätsrichtlinie die Wirksamkeit von Abrechnungen in Abwicklungssystemen und die Bestellung von Sicherheiten bei Geschäften mit Zentralbanken und in Abwicklungssystemen sichern soll.[184] Die Finanzsicherheiten-Richtlinie soll hingegen den effizienten Einsatz von grenzübergreifenden Sicherheiten - über die Abwicklungssysteme hinaus - erleichtern.[185] Weiterhin sollen bestehende Unklarheiten durch den Erlass der Finanzsicherheiten-Richtlinie behoben werden.

II. Entstehung der Finanzsicherheiten-Richtlinie

1. Entwicklung bis zum Erlass der Richtlinie 2002/47/EG

Die Rechtsunsicherheit, der sich Zahlungs- und Wertpapierabrechnungssysteme, Zentralbanken und Finanzmarktteilnehmer im Zusammenhang mit der Verwendung von Finanzsicherheiten im grenzüberschreitenden Verkehr gegenübersahen, bewog die Europäische Kommission zum Handeln. Im Jahre 1996 setzte sie eine mit Beratungsfunktion ausgestattete Gruppe von Finanzmarktexperten unter der Leitung von Alber-

180 Ausführlich wird auf § 17a DepotG und dessen Anwendbarkeit im nachfolgenden Text unter Punkt F. VI. 1. eingegangen.

181 Siehe dazu auch Punkt F. VI. der vorliegenden Arbeit.

182 Dittrich, Effektengiroverkehr, S. 59.

183 Vgl. Erwägungsgrund Nr. 7 FinRi.

184 Art. 9 Abs. 1 Finalitätsrichtlinie.

185 Vorschlag der Kommission v. 27.03.2001, S. 1; Kieper, ZInsO 2003, S. 1109, 1109.

to Giovannini ein.[186] Diese Gruppe sollte Reformvorschläge zur Effizienzsteigerung der europäischen Finanzmärkte ausarbeiten.[187]

Desweiteren befasste sich die sogenannte Politische Gruppe für Finanzdienstleistungen (FSPG)[188] mit diesem Problem und forderte weitere Schritte in diesem Bereich. Die FSPG tagt unter dem Vorsitz der Europäischen Kommission und besteht aus hochrangigen Vertretern der Wirtschafts- und Finanzminister und der EZB.[189]

a) Die Giovannini-Gruppe und deren Vorschläge

Die Giovannini-Gruppe veröffentlichte unterschiedliche Berichte, z.B. über die Auswirkungen des Euro auf den Kapitalmarkt.[190] Für die Entstehung der Finanzsicherheiten-Richtlinie war aber vor allem der zweite Bericht der Giovannini-Gruppe über die Wertpapierpensionsgeschäfte von Bedeutung.[191] Die Gruppe forderte in diesem Bericht einen vereinheitlichten Wertpapierpensionsmarkt und verlangte als rechtliche Rahmenbedingung die Schaffung von Finanzsicherheitsstrukturen, deren grenzüberschreitende Effektivität gewährleistet sein sollte.[192] Diese Punkte seien zur fortschreitenden Integration von Finanzdienstleistungen notwendig. Die Giovannini-Gruppe schlug hierfür wesentliche Prinzipien vor, deren Umsetzung als bedeutsam angesehen wurde:[193]

- keine Sonderverfahren bzw. keine wesentlichen Sondervorschriften zur Begründung der Finanzsicherheit,
- kein Registrierungserfordernis für die Wirksamkeit der Finanzsicherheit,
- keine Verzögerung z.B. durch Insolvenzeröffnung in Bezug auf die Verwertung der Finanzsicherheit,
- Anerkennung des Faustpfandprinzips und des Verfügungsrechts des Sicherungsnehmers bei Finanzsicherheiten,
- Anerkennung des Prinzips der Rechtswahl für die Begründung von Finanzsicherheiten und Festlegung objektiver Kriterien für das mangels Rechtswahl anzuwendende Recht,

---

[186] Sogenannte „Giovannini-Gruppe", Informationen dazu unter: http://europa.eu.int/comm/ economy_finance/giovannini_en.htm. (Stand: 14.04.2006).

[187] Siehe dazu die Anmerkung zum Euro-Paper No. 35: The EU REPO Markets: Opportunities for Change, Oktober 1999, zu finden unter: http://ec.europa.eu/economy_finance/publications/ euro_papers/europapers35_en.htm, (Stand: 14.04.2006).

[188] Das Kürzel "FSPG" steht für "Financial Services Political Group".

[189] Nähere Informationen zu dieser Gruppe unter: http://europa.eu.int/comm/internal_mar-ket/ de/finances.

[190] Veröffentlicht unter: http://europa.eu.int/comm/economy_finance/publications/euro_papers/ europaper03_en.htm.

[191] The Giovannini-Group, EU Repo Markets: Opportunities for Change, veröffentlicht unter http://europa.eu.int/comm/economy_finance/puplications/euro_papers/europaper35_ en.htm.

[192] Eder/Zwitter-Tehovnik, ÖBA 2003, S. 345, 346.

[193] The Giovannini-Group, EU Repo Markets, S. 19 f.

- Anerkennung des Quoteneigentums für in stückeloser Form gehandelte Wertpapiere,
- Ausnahmen von Finanzsicherheiten von bestimmten Insolvenzbestimmungen.

b) Einordnung von Maßnahmen in den Aktionsplan der Kommission

Im Juni 1998 forderte der Europäische Rat die Kommission auf, einen Rahmen für Maßnahmen zur Verbesserung des Binnenmarktes für Finanzdienste vorzulegen.[194] Die Kommission veröffentlichte daraufhin eine Mitteilung über eine Reihe von Bereichen, in denen dringend Maßnahmen ergriffen werden müssen, um vollen Nutzen aus der einheitlichen Währung zu ziehen und einen optimal funktionierenden europäischen Finanzmarkt sicherzustellen.[195] Handlungsbedarf sah die Kommission vor allem in fünf Bereichen:[196]

- Die EU sollte mit einem Rechtssystem ausgestattet werden, um den gegenwärtigen und künftigen Herausforderungen gewachsen zu sein;
- noch verbleibende Kapitalmarkt-Fragmentierungen sollten beseitigt werden, so dass die Kapitalaufnahme an den EU-Märkten billiger wird;
- Nutzer und Anbieter von Finanzdienstleistungen sollten die Geschäftsmöglichkeiten, die ein einheitlicher Finanzmarkt bietet, unbeschränkt nutzen können und gleichzeitig von einem hohen Ausmaß an Konsumentenschutz profitieren;
- es sollte eine engere Koordinierung der Aufsichtbehörden gefördert werden;
- als Grundlage für das Privat- und Firmenkundengeschäft sollte eine integrierte EU-Infrastruktur entwickelt werden.

Im Dezember 1998 forderte der Europäische Rat diese Maßnahmen in ein konkretes und dringendes Arbeitsprogramm umzusetzen.[197] Der Rat betonte dabei, welche Bedeutung dem Finanzdienstleistungssektor als Motor für Wachstum und für die Schaffung von Arbeitsplätzen zukommt, bekräftigte aber auch die Notwendigkeit, sich den Herausforderungen der Einführung einer einheitlichen Währung zu stellen. Aus diesem Grund wurde die FSPG beauftragt, die Kommission bei der Festlegung prioritärer Aktionsbereiche zu unterstützen.[198] Auf Empfehlung der FSPG wurde die Erarbeitung

---

[194] Europäischer Rat (Cardiff), 15./16.06.1998, Schlussfolgerungen des Vorsitzes, Ziff.17; zu finden unter: http://ue.eu.int/ueDocs/cms_Data/docs/pressData/de/ec/54313.pdf (Stand: 19.04.2006).

[195] Finanzdienstleistungen: Abstecken eines Aktionsrahmens, Mitteilung der Kommission, KOM (1998) 625 v. 28.10.1998.

[196] Finanzdienstleistungen: Abstecken eines Aktionsrahmens, Mitteilung der Kommission, KOM (1998) 625 v. 28.10.1998, S. 2.

[197] Europäischer Rat (Wien), 11./12.12.1998, Schlussfolgerungen des Vorsitzes, Ziff. 51; zu finden unter: http://ue.eu.int/ueDocs/cms_Data/docs/pressData/de/ec/00300-R1.D8.htm (Stand: 19.04.2006).

[198] Umsetzung des Finanzmarktrahmens-Aktionsplan, Mitteilung der Kommission, KOM (1999) 232 v. 11.05.1999, S. 3, (Financial Services Action Plan-FSAP).

eines Richtlinienentwurfes in den Aktionsplan für Finanzdienstleistungen[199] der Kommission aufgenommen und diesem Richtlinienentwurf höchste Priorität eingeräumt.[200] Der Aktionsplan selbst formuliert die Aufgaben, die nach Ansicht der Kommission in Angriff genommen werden müssen, um alle denkbaren Vorteile aus der Einführung des Euro zu ziehen und die Stabilität und Wettbewerbsfähigkeit der EU-Finanzmärkte zu gewährleisten.[201]

Die Kommission hat im Herbst eine Forumgruppe für Sicherheiten gebildet, für die sie Experten aus einer Liste von Vorschlägen der europäischen Finanzdienstleistungsorganisatoren ausgewählt hat.[202] Bis zum Frühjahr 2000 fanden fünf Sitzungen dieser Forumgruppe statt. Auf der Grundlage der Empfehlungen der Forumgruppe wurde ein erster Arbeitsentwurf durch die europäische Kommission erarbeitet. Dieser enthielt eine Beschreibung der wesentlichen Merkmale der zukünftigen gesetzgeberischen Maßnahmen und eine Reihe von Einzelfragen zum Inhalt und zum Anwendungsbereich.[203] Der Arbeitsentwurf wurde an die einschlägigen Einrichtungen in den Mitgliedstaaten sowie an die Vertreter der EZB zur Durchsicht übermittelt.[204] Im Anschluss daran wurde der Entwurf in Expertengruppen unter der Leitung der Kommission von Juni bis Dezember 2000 erörtert.[205] Nach Abschluss dieser Erörterungen kam die Europäische Kommission zu folgendem Ergebnis: Die Verabschiedung einer EU-Richtlinie über die Verwendung von Sicherheiten gewährleistet auf bestmögliche Weise die Erweiterung der teilweise bereits in der Finalitätsrichtlinie enthaltenen Grundsätze auf Finanzmarktgeschäfte generell.[206]

2. Verfahren bezüglich der Finanzsicherheiten-Richtlinie in concreto

Das maßgebliche Gesetzgebungsverfahren, welches zum Erlass der Finanzsicherheiten-Richtlinie führte, war das Mitentscheidungsverfahren nach Art. 251 EGV.[207] Der

---

199 Umsetzung des Finanzmarktrahmens-Aktionsplan, Mitteilung der Kommission, KOM (1999) 232 v. 11.05.1999, S. 3.

200 Umsetzung des Finanzmarktrahmens-Aktionsplan, Mitteilung der Kommission, KOM (1999) 232 v. 11.05.1999, S. 25.

201 Umsetzung des Finanzmarktrahmens-Aktionsplan, Mitteilung der Kommission, KOM (1999) 232 v. 11.05.1999, S. 1.

202 Richtlinienvorschlag über Finanzsicherheiten, vorgelegt durch die Kommission, KOM (2001) 168 end, v. 27.03.2001, S. 3.

203 Löber, BKR 2001, S. 118, 119.

204 Eder/Zwitter-Tehovnik, ÖBA 2003, S. 345, 346.

205 Richtlinienvorschlag über Finanzsicherheiten, vorgelegt durch die Kommission, KOM (2001) 168 end, v. 27.03.2001, S. 3.

206 Richtlinienvorschlag über Finanzsicherheiten, vorgelegt durch die Kommission, KOM (2001) 168 end, v. 27.03.2001, S. 3.

207 Im Unterschied zu den übrigen Rechtsetzungsverfahren, die nur eine Beteiligung des Parlaments bei der Rechtsetzung durch den Rat zum Gegenstand haben, führt das Mitentscheidungsverfahren zum Erlass eines gemeinsamen Rechtsaktes von Europäischem Parlament und Rat.

Vorschlag für die Schaffung der Finanzsicherheiten-Richtlinie kam, wie es Art. 251 EGV verlangt, von der Kommission. Folgende Hauptziele sollten dabei mit Hilfe dieser Richtlinie erreicht werden:[208]

- die Festlegung einer wirksamen und relativ einfachen Regelung für die Errichtung von Sicherheiten entweder im Rahmen von Vollrechtsübertragungs- (einschließlich „Repo[209]") oder Verpfändungsstrukturen[210];
- ein begrenzter Schutz vor bestimmten insolvenzrechtlichen Vorschriften, insbesondere solchen, die der Verwertung der Sicherheit entgegenstehen oder Zweifel an der Wirksamkeit von Techniken wie der Aufrechnung im Beendigungsfall, der Bestellung zusätzlicher Sicherheiten (die durch Änderungen des Marktwerts des Engagement oder der Sicherheit erforderlich sind) und den Einsatz der Sicherheit begründen würden;
- Rechtssicherheit hinsichtlich der kollisionsrechtlichen Behandlung von im Effektengiro übertragbaren Wertpapieren, die im grenzübergreifenden Rahmen als Sicherheit verwendet werden, durch Ausweitung des Grundsatzes in Art. 9 Abs. 2 Finalitätsrichtlinie (d.h. Ergänzung der Auslegung der allgemein anerkannten „lex-rei-sitae"-Regel, nach der das geltende Recht das Recht des Rechtsraumes ist, in dem der Vermögenswert belegen ist, durch Bestimmung des Ortes, an dem im Effektengiro übertragbare Wertpapiere belegen sind);
- die Begrenzung der Verwaltungslast bei der Verwendung von Sicherheiten auf den Finanzmärkten durch die Beschränkung kostspieliger Formalitäten für die Schaffung oder Durchsetzung von Sicherheitsvereinbarungen;
- die Gewährleistung, dass Vereinbarungen, die dem Sicherheitsnehmer die Möglichkeit geben, über die Sicherheit für seinen eigenen Gebrauch im Rahmen von Verpfändungsstrukturen zu verfügen (wie im Falle der „Repos"), als wirksam anerkannt sind.

Die vorgeschlagene Maßnahme, d.h. eine einheitliche, gemeinschaftsweit anerkannte Mindestregelung für die Stellung von Wertpapieren und Bargeld als Sicherheit, sollte einerseits den Bedürfnissen des Markts gerecht werden und andererseits den rechtlichen Rahmen der Mitgliedstaaten so wenig wie möglich beeinträchtigen.[211] Die Kommission überprüfte daher, welches Instrument zur Erreichung dieser Ziele das am bes-

[208] Die Ziele sind abgedruckt unter Punkt 2. 1. des Kommissionsvorschlags, Abl. C 180 E v. 27.03.2001, KOM (2001) 168 end.

[209] Unter „Repos" (Abkürzung für „Repurchase Agreements") sind Wertpapierpensionsgeschäfte zu verstehen. Ausführlich dazu unter Punkt E. I. 2c) aa) (1) dieser Arbeit.

[210] Die Kommission meint damit eine Regelung, die gewährleistet, dass die einzige Vorschrift zur Sicherung des Rangs oder das einzige Verfahren zum Schutz einer Sicherheit darin besteht, dass die dingliche Sicherheit dem betreffenden Intermediär, der das Depotkonto führt, mitgeteilt und von diesem registriert wird. Bei Inhaberwertpapieren sollte die Vorschrift zur Sicherung des Rangs in der Übergabe der Sicherheit bestehen.

[211] Abl. C 180 E v. 27.03.2001, KOM(2001) 168 end, S. 6.

ten geeignete wäre. Eine Empfehlung[212] schied hierfür aus, da das Erreichen der Ziele zum einen als komplex angesehen wurde und es zum anderen in der Vergangenheit einer auf eine Empfehlung gestützten Regelung an Transparenz und Rechtssicherheit für die Marktteilnehmer fehlte. Es wurde daher ein rechtlich bindendes Instrument für notwendig gehalten. Die Einführung einer Verordnung, die ohne Umsetzung in den Mitgliedstaaten rechtlich unmittelbare Wirkung erlangt, wurde ebenso für nicht geeignet angesehen, da die Finalitätsrichtlinie ergänzt werden sollte. Es liegt daher auf der Hand, dass die Ergänzung einer Richtlinie am besten mit einer weiteren Richtlinie erfolgen kann, zumal die Kommission den Mitgliedstaaten eine gewisse Flexibilität bezüglich der Umsetzung der Regelungen gestatten wollte. [213]

[212] Die Empfehlung ist in Art. 249 Abs. 5 EGV geregelt. Sie legt den Adressaten - individuelle Personen oder Mitgliedstaaten - ein bestimmtes Verhalten nahe, begründet jedoch keine unmittelbare rechtliche Verpflichtung. Siehe Streinz/Schroeder, EUV/EGV, Art. 249, Rn. 140.

[213] Die Gründe sind zu finden im: Abl. C 180 E v. 27.03.2001, KOM (2001) 168 end, S. 6.

E. Die einzelnen Regelungen der Finanzsicherheiten-Richtlinie

Die Finanzsicherheiten-Richtlinie besteht insgesamt aus dreizehn Artikeln. Sie lässt sich dabei im Wesentlichen in drei Regelungsabschnitte unterteilen.[214] Nach den einleitenden Erwägungen legen die Artikel 1 und 2 FinRi den Anwendungsbereich fest und definieren einzelne Begriffe. Der erste Abschnitt ordnet in den Artikeln 3 bis 6 FinRi sachenrechtliche Regelungen über die Bestellung, Verfügung und (außerinsolvenzrechtliche) Verwertung von Finanzsicherheiten an. Dieser Abschnitt beinhaltet auch eine Regelung über die Anerkennung von Finanzsicherheiten in Form von Vollrechtsübertragung und über die Verfügungsmöglichkeit. Der zweite Abschnitt in den Artikeln 7 und 8 der Richtlinie befasst sich indes mit der Verwertung und Anerkennung der Aufrechnung in Folge von Beendigung - „close-out-netting“ - bei Insolvenzen. Im dritten Abschnitt, d.h. in Art. 9 FinRi, werden kollisionsrechtliche Regelungen zur Bestimmung des auf Finanzsicherheiten anwendbaren Sachenrechts festgelegt.

I. Anwendungsbereich/Definitionen (Artt. 1 und 2 der Richtlinie)

Der Anwendungsbereich der Finanzsicherheiten-Richtlinie lässt sich in zwei Richtungen einschränken: Zum einen ist der Anwendungsbereich in persönlicher Hinsicht beschränkt, d.h. nur bestimmte Vertragsparteien sollen Finanzsicherheiten im Sinne dieser Richtlinie vereinbaren können. Zum anderen ist der Anwendungsbereich aber auch in sachlicher Richtung beschränkt, wonach nicht alle generell denkbaren Kreditsicherheiten Finanzsicherheiten sind.

1. Persönlicher Anwendungsbereich

Art. 1 Abs. 2 FinRi hat den persönlichen Anwendungsbereich der Richtlinie zum Inhalt. Dabei war die Festlegung des persönlichen Anwendungsbereichs bei der Erstellung der Richtlinie einer der strittigsten Punkte. Nach Art. 1 Abs. 2 FinRi können die Vertragsparteien, d.h. Sicherungsgeber und Sicherungsnehmer, öffentlich-rechtliche Körperschaften, Zentralbanken, beaufsichtigte Finanzinstitute, zentrale Vertragsparteien, Verrechnungs- und Clearingstellen oder vergleichbare Einrichtungen sein, die einer Aufsicht nach dem Recht eines Mitgliedstaates unterliegen und für Terminkontrakt-, Options- und Derivatemärkte fungieren.

a) Öffentlich-rechtliche Körperschaften und Zentralbanken

Vertragsparteien von Finanzsicherheiten sind nach der Richtlinie öffentlich-rechtliche Körperschaften, mit Ausnahme von Unternehmen, die mit einer öffentlichen Garantie ausgestattet sind, sofern sie nicht durch Art. 1 Abs. 2 b) bis e) FinRi erfasst sind. Desweiteren sind auch öffentliche Stellen der Mitgliedstaaten anerkannt, die für die Ver-

---

[214] So auch Eder/Zwitter-Tehovnik, ÖBA 2003, S. 345, 347.

waltung von Schulden der öffentlichen Hand zuständig sind oder daran mitwirken oder die berechtigt sind, Konten für Kunden zu führen.[215]

Neben den innerstaatlichen Zentralbanken sind u.a. auch die Europäische Zentralbank, die Bank für internationalen Zahlungsausgleich, der internationale Währungsfonds und die europäische Investmentbank von den Regelungen der Finanzsicherheiten-Richtlinie erfasst. [216]

b) Beaufsichtigte Finanzinstitute

Finanzinstitute sind Unternehmensbeteiligungsgesellschaften und Unternehmen, die Forfaitierungsgeschäfte, Finanzierungsleasing, Geldwechselgeschäfte, Portfolioverwaltung und –beratung sowie Wertpapieraufbewahrung und -verwaltung betreiben, Dienstleistungen zur Durchführung des Zahlungsverkehrs erbringen oder die Ausgabe und Verwaltung von Zahlungsmitteln (Kreditkarten, Reiseschecks und Bankschecks) übernehmen, Art. 1 Abs. 2 c) FinRi.[217]

Zu den beaufsichtigten Finanzinstituten gehören jedoch ebenso die Kreditinstitute. Die Finanzsicherheiten-Richtlinie verweist hierbei auf Art. 1 Nr. 1 und Art. 2 Abs. 3 der Richtlinie 2000/12/EG. Danach sind Kreditinstitute, unabhängig von der Rechtsform, alle privaten und öffentlichen Unternehmen, deren Tätigkeit darin besteht, Einlagen oder andere rückzahlbare Gelder des Publikums entgegenzunehmen und Kredite für eigene Rechnung zu gewähren. Durch den weiteren Verweis auf Art. 2 Abs. 3 der Richtlinie über die Aufnahme und Ausübung der Tätigkeit der Kreditinstitute ist auch die Kreditanstalt für Wiederaufbau miteinbezogen.[218] Demnach sind alle privaten und öffentlichen Banken und Sparkassen von der Finanzsicherheiten-Richtlinie erfasst.

Weiterhin gehören Wertpapierfirmen zu den beaufsichtigten Finanzinstituten. Auf Grund des Verweises auf Art. 1 Nr. 2 der Richtlinie 93/22/EWG über Wertpapierdienstleistungen ist eine Wertpapierfirma jede juristische Person, die im Rahmen ihrer beruflichen oder gewerblichen Tätigkeit gewerbsmäßig Wertpapierdienstleistungen an Dritte erbringt.[219] Durch die Bezugnahme auf Art. 1 Abs. 2 der Richtlinie

---

[215] Nach Art. 1 Abs. 2 a) FinRi.

[216] Art. 1 Abs. 2 b) FinRi.

[217] Vgl. Art. 1 Nr. 5 der Richtlinie 2000/12/EG des Europäischen Parlaments und des Rates v. 20.03.2000 über die Aufnahme und Ausübung der Tätigkeit der Kreditinstitute, Abl. L 126 v. 26.05.2000, S. 12.

[218] Nach Aufhebung des Gesetzes über die Gemeinnützigkeit im Wohnungswesen werden gemeinnützige Wohnungsunternehmen nicht mehr erfasst. Siehe Obermüller/Hartenfels, BKR 2004, S. 440, 441.

[219] Richtlinie 93/22/EWG des Rates v. 10.05.1993 über Wertpapierdienstleistungen, Abl. L 141 v. 11.06.1993, S. 27 ff.

85/611/EWG sind auch Kapitalanlagegesellschaften als mögliche Vertragspartei von der Finanzsicherheiten-Richtlinie erfasst.[220]

Desweiteren gehören zu den beaufsichtigten Finanzinstituten auch Versicherungsunternehmen. Hierzu verweist die Finanzsicherheiten-Richtlinie in Art. 1 Abs. 2 c) auf Art. 1 a) der Richtlinie 92/49/EWG[221], die wiederum auf die Richtlinie 73/239/EWG verweist.[222] Art. 1 a) der Richtlinie 73/239/EWG grenzt Versicherungen von Rückversicherungsunternehmen, die in Art. 1 c) der Richtlinie 98/78/EG[223] geregelt sind, ab. Somit ist ein Versicherungsunternehmen im Sinne der Finanzsicherheiten-Richtlinie jedes Unternehmen, das die behördliche Zulassung zur Aufnahme der Direktversicherungstätigkeit erhalten hat. Dies umfasst auch Lebensversicherungen, Rückversicherungen sind hingegen ausgenommen.[224]

c) Zentrale Vertragsparteien, Verrechnungsstellen und Clearingstellen

Nach Art. 1 Abs. 2 d) FinRi sind auch zentrale Vertragsparteien, Verrechnungsstellen und Clearingstellen oder vergleichbare Einrichtungen, die einer Aufsicht nach dem Recht eines Mitgliedstaates unterliegen und für Terminkontrakt-, Options- und Derivatemärkte fungieren, vom persönlichen Anwendungsbereich erfasst. Bezüglich der Definition einer Verrechnungsstelle und einer Clearingstelle wird dabei auf Art. 2 c-d) Finalitätsrichtlinie verwiesen. Eine Verrechnungsstelle ist danach eine Stelle, die Instituten und/oder einer zentralen Vertragspartei, die Teilnehmer von Systemen sind, Konten, über die die Zahlungs- bzw. Übertragungsaufträge innerhalb des Systems abgewickelt werden, zur Verfügung stellt und die diesen Instituten/zentralen Vertragsparteien gegebenenfalls Kredit zum Zweck des Zahlungsausgleichs sowie des Ausgleichs von Verpflichtungen zur Lieferung von Wertpapieren gewährleistet. Eine Clearingstelle ist eine Organisation, die für die Berechnung der Nettopositionen der Insti-

---

220 Richtlinie 85/611/EWG des Rates v. 20.12.1985 zur Koordinierung der Rechts- und Verwaltungsvorschriften, betreffend bestimmte Organismen für gemeinsame Anlagen in Wertpapieren (OGAW), ABl. L 375 v. 31.12.1985, S. 3 ff.

221 Richtlinie 92/49/EWG des Rates v. 18.06.1992 zur Koordinierung der Rechts- und Verwaltungsvorschriften für die Direktversicherung (mit Ausnahme der Lebensversicherung), Abl. L 228 v. 11.08.1992, S. 1 ff.

222 Richtlinie 73/239/EWG des Rates v. 24.07.1973 zur Koordinierung der Rechts- und Verwaltungsvorschriften, betreffend die Aufnahme und Ausübung der Tätigkeit der Direktversicherung (mit Ausnahme der Lebensversicherung), Abl. L 228 v. 16.08.1973, S. 3 ff.

223 Richtlinie 98/78/EG des Europäischen Parlaments und des Rates v. 27.10.1998 über die zusätzliche Beaufsichtigung der einer Versicherungsgruppe angehörenden Versicherungsunternehmen, Abl. L 330 v. 05.12.1998, S. 1 ff.

224 Lebensversicherungsunternehmen im Sinne der Richtlinie 92/96/EWG des Rates vom 10.11.1992 zur Koordinierung der Rechts- und Verwaltungsvorschriften für die Direktversicherung (Lebensversicherung) sowie zur Änderung der Richtlinien 79/267/EWG und 90/619/EWG (Dritte Richtlinie Lebensversicherung), Abl. L 360 v. 09.12.1992, S. 1 ff.

tute, einer etwaigen zentralen Vertragspartei und/oder einer etwaigen Verrechnungsstelle zuständig ist.

d) Juristische Personen des Privatrechts, Personengesellschaften, Einzelkaufleute

Juristische Personen, Personengesellschaften und Einzelkaufleute können ebenso eine Vertragspartei sein, vorausgesetzt, die andere Vertragspartei ist eine der Kategorien aus Art. 1 Abs. 2 a) bis d) FinRi.[225]

Nach dem Vorschlag der Kommission sollten ursprünglich juristische Personen, deren Eigenkapital oder Bruttovermögen bei der tatsächlichen Bereitstellung der Finanzsicherheit dem jüngsten, höchstens zwei Jahre vor diesem Zeitpunkt veröffentlichten Abschluss zu Folge 100 Millionen Euro bzw. 1 Milliarde Euro übersteigt, von dem System der Richtlinie erfasst werden.[226] Mit diesem engen Anwendungsbereich sollte dem Umstand Rechnung getragen werden, dass die Umsetzung der Richtlinie sensible Bereiche des nationalen Insolvenzrechts berührt. In einem gemeinsamen Standpunkt von Europäischem Parlament und Rat wurden diese Schwellenwerte aufgehoben, da eine in der Praxis mühsame Umsetzung befürchtet wurde, die zu Unsicherheiten und Prüfungserfordernissen in Bezug auf etwaige Geschäftspartner geführt hätte.[227] Der Kommissionsvorschlag ist aus diesem Grund in der endgültigen Fassung der Richtlinie nicht mehr enthalten.

Sonstige juristische Personen, Einzelkaufleute und Personengesellschaften werden dem Wortlaut der Richtlinie nach nur dann in den Anwendungsbereich der Richtlinie einbezogen, sofern die andere Vertragspartei eine der durch Art. 1 Abs. 2 a) bis d) FinRi erfassten Einrichtungen ist. In Bezug auf Einzelkaufleute und Personengesellschaften stellt dies im Vergleich zu dem Kommissionsvorschlag wiederum eine Erweiterung dar. *Löber* beispielsweise begrüßt diese Erweiterung im Hinblick auf die Mehrzahl von mittelständischen Unternehmen.[228] So ist jedenfalls seine Aussage im Umkehrschluss so zu deuten, dass ohne die Abschaffung des Kommissionsvorschlages die Mehrzahl der mittelständischen Unternehmen, die ein Großteil des Kundenstammes der Banken darstellen, der von der Richtlinie ausgehenden Rechtssicherheit beraubt werden und dies nicht im Sinne des Verbraucherschutzes sei.

e) Das „opt-out-Recht“

Die Ausdehnung des Anwendungsbereiches auch auf andere juristische Personen, Einzelkaufleute und Personengesellschaften ist jedoch nur fakultativ. Nach Art. 1 Abs.

---

225 Art. 1 Abs. 2 e) FinRi.

226 Art. 2 Abs. 4 des Kommissionsvorschlages, Abl. C 180 E v. 27.03.2001, KOM (2001) 168 end, S. 18.

227 Begründung des gemeinsamen Standpunktes, Abl. C 119 E v. 22.05.2002, S. 21; siehe auch Löber, BKR 2001, S. 118, 120; ders., BKR 2002, S. 601, 602.

228 Löber, BKR 2002, S. 601, 602.

3 FinRi besteht nämlich bezüglich dieser Beteiligten für die Mitgliedstaaten keine Pflicht zur Umsetzung. Die Mitgliedstaaten können Finanzsicherheiten aus dem Anwendungsbereich dieser Richtlinie ausnehmen, wenn einer der Vertragspartner nicht aus dem professionellen Finanzsektor im Sinne von Art. 1 Abs. 2 a-d) FinRi stammt. Zweifelsohne beinhaltet Art. 1 Abs. 3 FinRi das sog. „opt-out-Recht", welches es den Mitgliedsstaaten ermöglicht, den sachlichen Anwendungsbereich der Richtlinie nur auf Unternehmen des Finanzsektors zu beschränken. Allerdings ist der Wortlaut des Art. 1 Abs. 3 FinRi etwas missverständlich und diffus.[229] Auf den ersten Blick könnte man nämlich annehmen, dass nur bestimmte Finanzsicherheiten aus dem Anwendungsbereich der Richtlinie herausgenommen werden können, wenn eine der Vertragsparteien nicht aus dem Finanzsektor kommt. Dies würde wiederum für einen weiten Anwendungsbereich des Begriffes „Finanzsicherheiten" sprechen. Das Problem liegt darin, ob man den Schwerpunkt der Regelung auf das Wort „Finanzsicherheiten" legt, oder ob man „Finanzsicherheiten von Vertragsparteien" im Zusammenhang zu lesen und zu verstehen hat. Fraglich ist im Grunde, ob der Begriff „Finanzsicherheiten" überhaupt dorthin gehört. In Art. 1 Abs. 3 FinRi der englischen Fassung ist er nicht erwähnt.[230] Im Übrigen widerstrebt dies auch der Regelungssystematik der Finanzsicherheiten-Richtlinie:

Art. 1 Abs. 2 FinRi beinhaltet den personellen Anwendungsbereich der Richtlinie, während Art. 1 Abs. 4 FinRi überhaupt erst anspricht, was man unter Finanzsicherheiten zu verstehen hat. Somit erscheint es abwegig, allein auf den Begriff „Finanzsicherheiten" abzustellen. Vielmehr liegt der Schwerpunkt in Art. 1 Abs. 3 FinRi auf der Vertragspartei und hinsichtlich dieser haben die Mitgliedstaaten das von der Richtlinie eingeräumte „opt-out-Recht". Somit wurde in Abänderung des ursprünglichen Kommissionsvorschlages als Kompromiss eine „opt-out-Regel-ung" der Mitgliedstaaten für die durch Art. 1 Abs. 2 e) FinRi erfassten Rechtsträger vorgesehen. „Opt-out-Klausel" bedeutet, dass der persönliche Anwendungsbereich als optionale Umsetzungsvorgabe ausgestaltet ist.[231] Demnach können die Mitgliedstaaten entscheiden, ob sie Finanzsicherheiten von Vertragsparteien des Art. 1 Abs. 2 e) FinRi aus dem Anwendungsbereich dieser Richtlinie ausnehmen oder nicht.

Die Einführung der „opt-out-Klausel" wurde u.a. damit begründet, dass das richtige Gleichgewicht zwischen der Notwendigkeit, den Anwendungsbereich der Richtlinie nicht ungebührlich zu Lasten der anderen im Insolvenzfall vorhandenen Gläubiger zu erweitern, und andererseits dem Erfordernis, dafür zu sorgen, dass die Ziele der Richtlinie erreicht werden können, gewahrt bleibt.[232]

229 Kathrein, ÖBA 2004, S. 172, 173, spricht von einer unscharfen Formulierung.

230 Art. 1 Abs. 3 FinRi in englischer Fassung lautet: „Member States may exclude from the scope of this Directive financial collateral arrangements where one of the parties is a person mentioned in paragraph 2(e)".

231 Siehe dazu auch Ehricke, ZIP 2003, S. 1065, 1068.

232 Begründung des gemeinsamen Standpunktes, Abl. C 119 E v. 22.05.2002, S. 21.

2. Sachlicher Anwendungsbereich

Art. 2 FinRi legt mit den Begriffsbestimmungen und Definitionen zugleich den sachlichen Anwendungsbereich der Finanzsicherheiten-Richtlinie fest. Die Richtlinie versteht unter Finanzsicherheiten sowohl Finanzinstrumente als auch Barsicherheiten.[233]

a) „Finanzsicherheiten" im Sinne dieser Richtlinie

aa) Finanzinstrumente

Finanzinstrumente sind nach Art. 2 Abs. 1 e) FinRi Aktien und andere, diesen gleichzustellende Wertpapiere, Schuldverschreibungen und sonstige verbriefte und unverbriefte Schuldtitel, die auf dem Kapitalmarkt gehandelt werden können, und alle anderen üblicherweise gehandelten Titel, die zum Erwerb solcher Aktien, Schuldverschreibungen oder anderer Wertpapiere durch Zeichnung, Kauf oder Tausch berechtigen oder zu einer Barzahlung führen. Die Ausnahme sind Zahlungsmittel, einschließlich Anteile an Organismen für gemeinsame Anlagen, Geldmarktinstrumente sowie jegliche Rechte oder Ansprüche im Zusammenhang mit einem der vorgenannten Aktiva.

Bei den Wertpapieren, die als Finanzsicherheit eingesetzt werden, ist nicht zwischen Sammelbeständen an entmaterialisierten oder physisch abgedruckten Wertpapieren bzw. Globalurkunden zu unterscheiden.[234] Damit werden sowohl Wertpapiere, die der direkten Wertpapierverwahrung, als auch solche, die der indirekten Wertpapierverwahrung unterliegen, vom Begriff der Finanzsicherheit umfasst.[235] Im ursprünglichen Kommissionsvorschlag waren unverbriefte Wertpapiere nicht erfasst.[236] Nun jedoch kommen auch Futures und Optionen als Finanzsicherheiten in Betracht.[237] Zu beachten ist, dass nach der in der Richtlinie enthaltenen Definition die Finanzinstrumente auf dem Kapitalmarkt handelbar sein müssen. Dies ist das entscheidende Kriterium.[238] Keine Finanzsicherheiten sind vor diesem Hintergrund Unternehmensbeteiligungen in Form von GmbH-Anteilen und Aktien, die nicht auf dem Kapitalmarkt gehandelt werden.[239] Diese Unternehmensbeteiligungen unterfallen damit weiterhin dem bisherigen Recht und können als Sicherheiten bestellt und verwertet werden. Sie genießen jedoch nicht die von der Finanzsicherheiten-Richtlinie gewährten Vorzüge.

---

[233] Art. 1 Abs. 4 a) FinRi.

[234] Kieper, ZInsO 2003, S. 1109, 1111.

[235] Goode/Kronke/McKendrick/Wool, Transnational Commercial Law, S. 694.

[236] Siehe dazu auch Löber, BKR 2001, S. 118, 121.

[237] So auch Kieper, ZInsO 2003, S. 1109, 1111.

[238] Franz, Überregionale Effektentransaktionen, S. 46.

[239] Gegenäußerung der Bundesregierung zur Stellungnahme des Bundesrates, BT-Drs. 15/1853, S. 34; Flöther/Bräuer DZWIR 2004, S. 89, 91; Kieper, ZInsO 2003, S. 1109, 1111; Meyer/Rein, NZI 2004, S. 367, 368; Eidenmüller, Internationale Entwicklungen im Recht der Kreditsicherheiten, S. 117, 125.

bb) Barsicherheiten

Barsicherheiten sind „in beliebiger Währung auf einem Konto gutgeschriebene Beträge oder vergleichbare Geldforderungen, beispielsweise Geldmarkt-Sichtein-lagen".[240] Damit ist Bargeld im eigentlichen Sinn davon nicht erfasst.[241]

Problematisch ist jedoch, ob der Begriff der Barsicherheit weit zu verstehen ist. Zum Teil wird dies angedeutet. Beispielsweise schließt *Hölzle* in seinem Aufsatz zumindest nicht aus, dass auch sonstige Forderungen wie die Globalzessionen von dem Begriff der Barsicherheit erfasst werden.[242] Die Finanzsicherheiten-Richtlinie gebe seiner Meinung nach eine extensive Auslegung her.[243] Sonstige Sicherungsinstrumente, wie Warenlager oder Maschinen, die üblicherweise im Bereich des „klassischen Kreditgeschäftes" eingesetzt würden, seien mit einbezogen.[244]

Diese Auffassung ist in der Literatur scharf kritisiert worden.[245] Man geht davon aus, dass Mobiliarsicherheiten wie Sicherungsübereignungen von Anlage- und Umlaufvermögen sowie Sicherungszessionen aller Art nicht mit Finanzsicherheiten gleichzusetzen sind.[246] Danach ist das Sicherungseigentum an Gegenständen des Anlage- und Umlaufvermögens und Sicherungszessionen von Debitorenforderungen rechtlich gesehen weder eine Barsicherheit noch ein Finanzinstrument.[247]

(1) Auslegung „Barsicherheit"

Ob der in der Finanzsicherheiten-Richtlinie definierte Begriff der „Barsicherheit" tatsächlich weit zu verstehen ist - wie sein Wortlaut vielleicht auf den ersten Blick vermuten lässt - oder nicht, ist durch Auslegung der Richtlinie festzustellen. Die Auslegung von Richtlinien richtet sich nach den allgemeinen Auslegungsgrund-sätzen. Ähnlich der Auslegung der nationalen Gesetze werden im Wesentlichen zwei Auslegungstheorien, die subjektive und die objektive Theorie, vertreten.[248]

Die Auslegung kann demnach auf zweierlei Weise erfolgen: Zum einen besteht die Möglichkeit, dass man bei der Auslegung auf den Willen des Richtliniengebers abstellt (subjektive Theorie). Diese Form der Auslegung kann gleichwertig neben dem Wortlaut, dem Sinnzusammenhang und der Entstehungsgeschichte herangezogen werden. Der Wortlaut bildet nach der subjektiven Theorie demnach nicht zwangsläufig die Grenze der Auslegung. Nach der objektiven Theorie ist dagegen nicht die Ermittlung

---

240 Art. 2 Abs. 1 d) FinRi.

241 Siehe dazu Erwägungsgrund 18 zur FinRi, Abl. L 168/45.

242 Hölzle, ZIP 2003, S. 2144, 2144.

243 Hölzle, ZIP 2003, S. 2144, 2144.

244 Die Sicherungsübereignung mutiert zur Finanzsicherheit, so Hölzle, ZIP 2003, S. 2144, 2148.

245 Kieper, ZInsO 2003, S. 1109, 1111; Wimmer, ZInsO 2004, S. 1, 2; Flöther/Bräuer DZWIR 2004, S. 89, 91.

246 Obermüller, ZIP 2003, S. 2336, 2338 f.

247 So auch Kieper, ZInsO 2003, S. 1109, 1111; Flöther/Bräuer DZWIR 2004, S. 89, 91.

248 Ausführlich zu den Theorien und ihrer Übertragbarkeit auf europäische Richtlinie bei Heß, Die Umsetzung von Richtlinien, S. 53 ff.

des Willens des historischen Gesetzgebers, sondern der im Zeitpunkt der Gesetzes- bzw. Richtlinienanwendung vorliegende Sinn maßgebend.[249] Der Wortlaut der Norm bildet bei der Auslegung dabei die äußerste Grenze.

Die einzelnen Theorien bieten bei der Auslegung eines Gesetzes jeweils genug Argumente in Bezug auf ein Für und Wider, auf welche an dieser Stelle jedoch nicht eingegangen werden kann. Hinsichtlich der Auslegung einer Richtlinie sei nur soviel gesagt: Eine Auslegung allein nach dem Wortlaut scheint auf den ersten Blick mehr Rechtssicherheit zu gewährleisten, da der Wortlaut für jedermann gleichermaßen ersichtlich ist. Liegen jedoch wie im Fall einer Richtlinie unterschiedliche sprachliche Fassungen vor bzw. lässt der Wortlaut der Norm verschiedene Auslegungen zu, so kann dieser allein nicht maßgeblich sein, da dann eine Rechtssicherheit nicht mehr gewährleistet ist.[250]

Bei der Auslegung der Richtlinie orientiert sich der EuGH in seiner Rechtsprechung sehr stark an der teleologischen Auslegung und damit am Zweck der Norm.[251] Zur Begründung des Zweckes greift er verständlicherweise auf die Entstehungsgeschichte, insbesondere auf die Begründungserwägung zurück.[252] Insofern wäre es nicht ausreichend und lückenhaft, die Richtlinie nur ihrem Wortlaut nach auszulegen. Wenn wie im vorliegenden Fall der Wortlaut allein nicht ausreicht bzw. Zweifel hervorruft, dann ist berechtigterweise der Wille des Richtliniengebers bei der Auslegung der Richtlinie heranzuziehen.

Der Begriff der Barsicherheit ist in der Richtlinie als ein in beliebiger Währung auf einem Konto gutgeschriebener Betrag oder vergleichbare Geldforderung beschrieben worden. Diese Definition mag auf den ersten Blick sehr allgemein und weiträumig erscheinen. Es würde jedoch mit der Intention des europäischen Richtliniengebers nicht übereinstimmen, wenn sämtliche mobile und immobile Gegenstände, wie z.B. Warenlager, Rohstoffe und Forderungen, als Sicherheit unter dem Begriff der Barsicherheit gefasst würden. Insofern ist der herrschenden Ansicht in der Literatur zuzustimmen, wonach diese Sicherheiten von den Finanzsicherheiten rechtlich zu trennen sind. Gewöhnliche Bankkredite sind nicht von der Finanzsicherheiten-Richtlinie erfasst.[253] Die Möglichkeit einer extensiven Auslegung der Richtlinie ist vor diesem Hintergrund daher nicht erkennbar.

---

249 Vgl. Köhler, BGB-AT, S. 26.

250 So auch Heß, Die Umsetzung von Richtlinien, S. 57.

251 Heß, Die Umsetzung von Richtlinien, S. 74.

252 Z.B. EuGH Rs. C-449/93 Rockfon, Slg. 1995 I-4291, 4317; Rs. 124/79, van Walsum/ Produktschap Voor Vee en Vlees, Slg. 1980, I-813, 823.

253 Johansson, European Business Law Review 2005, S. 1093, 1096.

(2) Zwischenergebnis

Der Begriff der Barsicherheit ist nicht extensiv auszulegen. Sicherungsinstrumente des „klassischen Kreditgeschäftes" werden nicht davon erfasst und fallen damit auch nicht unter den Anwendungsbereich der Finanzsicherheiten-Richtlinie.

cc) Das „opt-out-Recht" bei verbundenen Unternehmen

Im Rahmen einer weiteren „opt-out-Bestimmung" nach Art. 1 Abs. 4 b) FinRi steht es den Mitgliedstaaten frei, Finanzsicherheiten aus dem Anwendungsbereich der Richtlinie auszunehmen, sofern es sich dabei um eigene Anteile des Sicherungsgebers, Anteile an verbundenen Unternehmen im Sinne der Richtlinie 83/349/EWG vom 13. Juni 1983 über den konsolidierenden Abschluss[254] oder Anteile an Unternehmen handelt, die ausschließlich dazu dienen, das Eigentum an zentralen Produktionsmitteln für den Geschäftsbetrieb des Sicherungsgebers oder an Immobilien innezuhaben.

b) „Maßgebliche Verbindlichkeiten" im Sinne dieser Richtlinie

Nachdem der Begriff der Finanzsicherheit erläutert wurde, stellt sich nun die Frage, ob die Richtlinie auch bezüglich der zu sichernden Geschäfte eine Einschränkung macht. Es ist demnach zu untersuchen, ob die Finanzsicherheiten-Richtlinie ihren sachlichen Anwendungsbereich dahingehend beschränkt, das nur bestimmte Geschäfte, die mit einer Finanzsicherheit besichert werden, darunter fallen. Ein Anhaltspunkt hierfür, der in der Richtlinie auf den ersten Blick recht nebensächlich erscheint, jedoch für die Reichweite der Finanzsicherheiten-Richtlinie von wesentlicher Bedeutung ist, ist der Begriff der „maßgeblichen Verbindlichkeiten", Art. 2 Abs. 1 f) FinRi. Ob dieser Begriff der „maßgeblichen Verbindlichkeiten" zumindest in Zusammenhang mit der Definition „Finanzsicherheit" steht, ist im Hinblick auf den sachlichen Anwendungsbereich der Finanzsicherheiten-Richt-linie von Bedeutung. Besteht ein Kontext, so wird der sachliche Anwendungsbereich durch die zu besichernden Verbindlichkeiten eingeschränkt.

In der Literatur herrscht zu diesem Thema Uneinigkeit. Überwiegend wird vertreten, dass mit Finanzsicherheiten im Sinne dieser Richtlinie nur sog. „maßgebliche Verbindlichkeiten" besichert werden können.[255] Danach können nur solche Verbindlichkeiten besichert werden, die ein Recht auf Barzahlung und/oder Lieferung von Finanzsicherheiten begründen. Nach dieser Auffassung wird der sachliche Anwendungsbereich der

[254] Diese sogenannte Konzernbilanz-Richtlinie ist abgedruckt im Abl. L 193 v. 18.07.1983, S. 1 ff., und wurde zuletzt geändert durch die Richtlinie 2001/65/EG des Europäischen Parlaments und des Rates, v. 27.09.2001, Abl. L 283 v. 27.10.2001, S. 28 ff.

[255] Eder/Zwitter-Tehovnik, ÖBA 2003, S. 345, 348; Kieper, ZInsO 2003, S. 1109, 1111; Kieper, Abwicklungssysteme, S. 220 f.; Ehricke, ZIP 2003, 2141, 2142; Hess, § 130 Rn. 120; wohl auch Obermüller, ZInsO 2004, S. 187, 188; Lwowski/Wunderlich, WM 2004, S. 1511, 1513 (Fn. 41); Eidenmüller, Internationale Entwicklungen im Recht der Kreditsicherheiten, S. 117, 127; offen lassend: Wimmer, ZInsO 2004, S. 1, 4.

Finanzsicherheiten-Richtlinie durch die „maßgeblichen Verbindlichkeiten" eingegrenzt.

Einer anderen Ansicht nach spielt der Begriff der „maßgeblichen Verbindlichkeiten" in der Richtlinie eine untergeordnete Rolle, so dass der sachliche Anwendungsbereich nicht dadurch eingeschränkt wird.[256] Die „maßgeblichen Verbindlichkeiten" seien kein Bestandteil der Legaldefinition der Finanzsicherheiten, da Art. 1 Abs. 4 a) FinRi nur die Begriffe Barsicherheit oder Finanzinstrumente enthält, und damit auf Art. 2 Abs. 1 d) und e) FinRi verweist.[257] Nach dieser Ansicht ist der Begriff der „maßgeblichen Verbindlichkeit" überaus offen gefasst, wird nur einzeln verwendet und dient dann ausschließlich der Konkretisierung.[258]

Dem ist entgegenzuhalten, dass allein schon vom Wortlaut her der Begriff „maßgebliche Verbindlichkeiten" einen Bezug zu den Finanzsicherheiten hat. Im 1. Halbsatz in Art. 2 Abs. 1 f) der Richtlinie heißt es eindeutig: „Maßgebliche Verbindlichkeiten sind Verbindlichkeiten, die durch Finanzsicherheiten besichert sind [...]". Der Mindermeinung ist jedoch insofern Recht zu geben, als dass die „maßgeblichen Verbindlichkeiten" die Finanzsicherheiten per definitionem nicht beschränken, da sie dort nicht erwähnt sind. Jedoch kann auf Grund dieser Tatsache nicht gleich gefolgert werden, dass sie keine Bedeutung haben, denn der Wortlaut in Art. 2 Abs. 1 f) FinRi belegt den Zusammenhang eindeutig. Im Übrigen wäre eine solch ausführliche Definition der „maßgeblichen Verbindlichkeiten" überflüssig. Somit ist nicht zu bestreiten, dass die Finanzsicherheiten-Richtlinie nur Anwendung findet, wenn bestimmte Forderungen mit einer Finanzsicherheit abgesichert werden. Der sachliche Anwendungsbereich der Richtlinie wird daher durch die zu besichernden „maßgeblichen Verbindlichkeiten" beschränkt.

aa) Definition „maßgebliche Verbindlichkeiten"

Die „maßgeblichen Verbindlichkeiten", welche in Art. 2 Abs. 1 f) FinRi ausführlich definiert werden, sind solche, die durch eine Finanzsicherheit besichert sind und ein Recht auf Barzahlung und/oder Lieferung von Finanzinstrumenten begründen.[259] Die zu sichernden Verbindlichkeiten können auch ganz oder teilweise aus gegenwärtigen oder künftigen, bedingten oder unbedingten, fälligen oder betagten Verbindlichkeiten, einschließlich solcher, die aus einem Rahmenvertrag oder einer ähnlichen Vereinbarung erwachsen, bestehen.[260] Daher können Verbindlichkeiten aus Swap-Geschäften oder anderen derivativen Kontrakten besichert werden.[261] Verbindlichkeiten, die ein

[256] Kollmann,WM 2004, S. 1012, 1015.

[257] Kollmann,WM 2004, S. 1012, 1015.

[258] Der Begriff „maßgebliche Verbindlichkeit" wird in Art. 4 Abs. 1a) und b), Abs. 6; Art. 5 Abs. 2 und Art. 8 Abs. 3 FinRi verwendet.

[259] Kieper, ZInsO 2003, S. 1109, 1111.

[260] Kieper, Abwicklungssysteme, S. 220; Ehricke, ZIP 2003, 2141, 2142.

[261] Vorschlag der Kommission über RL für Finanzsicherheiten, KOM (2001) 168 end, v. 27.03.2001, S. 7, Begründung zu Art. 2 des Entwurfes.

Recht auf Lieferung von Finanzinstrumenten begründen, sind z.B. Optionen- und Future-Kontrakte.

Fraglich ist jedoch, was unter Verbindlichkeiten, die ein Recht auf Barzahlung begründen, zu verstehen ist. Zweifellos sind damit zunächst die Optionen- und Future-Kontrakte gemeint, die an Stelle einer effektiven Lieferung eine Barausgleichspflicht anordnen.[262] Solche Optionen- und Future-Kontrakte sind z.B. caps und floors.[263] In der Begründung zum Vorschlag der Finanzsicherheiten-Richtlinie wird jedoch zusätzlich davon gesprochen, dass auch „Nur-Bargeld-Verträge" vom Anwendungsbereich abgedeckt sind.[264] In der Literatur stellt man sich daher die Frage, was darunter zu verstehen ist bzw. welche Verträge davon erfasst werden sollen.[265] Nach dem Wortlaut ist davon auszugehen, dass auch ein Darlehensvertrag darunter fallen müsste, denn dieser begründet für den Darlehensgeber einen Rückzahlungsanspruch aus § 488 Abs. 1 Satz 2 BGB, der ein Recht auf Barzahlung beinhaltet.[266]

Der Begriff der Barzahlung wird auch mit einem Blick auf die anderssprachigen Fassungen der Finanzsicherheiten-Richtlinie nicht aussagekräftiger: Die englische Fassung der Richtlinie spricht von einem „right to cash settlement"[267], die französische Fassung gewährt das Recht auf ein „règlement en espèces"[268].

Die Annahme, dass allein vom Wortlaut ausgehend jeder Rückzahlungsanspruch aus einem Darlehensvertrag ein Recht auf Barzahlung im Sinne dieser Finanzsicherheiten-Richtlinie darstellt, kann im Hinblick auf den Sinn und Zweck sowie den engen, am Kapitalmarkt orientierten Regelungsinhalt der Richtlinie als nicht gewollt erscheinen. Solch eine weite Interpretation des Anwendungsbereiches der Finanzsicherheiten-Richtlinie ist nicht vertretbar.[269] Das ausschließliche Ziel für den Erlass der Finanzsicherheiten-Richtlinie ist immer nur die Integration der Finanzmärkte und die Stabilität des Finanzsystems gewesen.[270] Die Intention der Richtlinie ist es, eine Regelung für die Besicherung von Verbindlichkeiten zu schaffen, die aus Geschäften an den Finanzmärkten resultieren. Daher ist das „Recht auf Barzahlung" nicht losgelöst, sondern im

---

262 So auch Wimmer, ZInsO 2004, S. 1, 2.

263 Näheres zu diesen einzelnen Geschäften bei Schimansky/Bunte/Lwowski/Jahn, Bankrechts-Handbuch, § 114 Rn. 64 ff.; Kümpel, Bank- und Kapitalmarktrecht, Rn. 14.199 ff.

264 Vorschlag der Kommission über RL für Finanzsicherheiten, KOM (2001) 168 end, v. 27.03.2001, S. 7, Begründung zu Art. 2 des Entwurfes.

265 Wimmer, ZInsO 2004, S. 1, 2; Ehricke, ZIP 2003, 2141, 2142.

266 Kieper, Abwicklungssysteme, S. 220; Kieper, ZInsO 2003, S. 1109, 1111; siehe auch MüKo/InsO-Jahn, § 104 Rn. 23.

267 Directive on financial collateral arrangements, Official Journal of the European Communities, 27.06.2002, En. L 168/47.

268 Directive concernant les contrats de garantie financière, Journal officiel des Communautés européennes, 27.06.2002 Fr L 168/47.

269 Ebenso Flöther/Bräuer DZWIR 2004, S. 89, 91; Ehricke, ZIP 2003, S. 2141, 2143; Kieper, Abwicklungssysteme, S. 220.

270 Erwägungsgrund 3 der Finanzsicherheiten-Richtlinie, Abl. EG 2002, L 168/43; Stephan, ZVI 2003, S. 145, 145; Ehricke, ZIP 2003, S. 1065, 1065; Wimmer, ZInsO 2004, S. 1, 2.

Zusammenhang mit dem „Recht auf Lieferung von Finanzinstrumenten" zu betrachten. Diesen Zusammenhang hat der Richtliniengeber in Art. 2 Abs. 1 f) FinRi durch ein „und/oder" deutlich gemacht. Aus dieser Gestaltung geht klar hervor, dass es allein um Barzahlungsansprüche aus Finanzinstrumenten geht.[271] Für diese Annahme spricht auch ein Vergleich mit der sachlich ähnlichen Regelung des § 104 Abs. 2 InsO.[272] Unter diese Vorschrift fallen nur genau beschriebene Geldleistungen,[273] gewöhnliche Gelddarlehen sind von § 104 Abs. 2 InsO jedoch gerade nicht erfasst.[274]

Daher ist festzuhalten, dass der sachliche Anwendungsbereich der Richtlinie recht eng gehalten ist. Unter den Begriff „Verbindlichkeiten, die ein Recht auf Barzahlung begründen" fallen solche Verbindlichkeiten, die ihren Entstehungsgrund in Finanzgeschäften, bzw. Finanztermingeschäften haben, welche eine Barzahlungsausgleichspflicht beinhalten.[275] Für *Kieper* ist die englische Version der Finanzsicherheiten-Richtlinie, in der von „cash settlement" gesprochen wird, ein zusätzliches Argument dafür.[276] Dieses Argument ist jedoch nicht aussagekräftig genug, da der Begriff „cash settlement" in seiner Übersetzung ebenso ungenau ist, wie die deutsche Fassung einer „Verbindlichkeit, die ein Recht auf Barzahlung begründet". Es ist vielmehr in abgeschwächter Form zu argumentieren, dass der Begriff der englischen Version der Richtlinie ebenso offen darin ist, über den reinen Zahlungsvorgang hinaus auch den Gesichtspunkt der Verrechnung anklingen zu lassen, wie der der deutschen Fassung.[277]

Im Ergebnis jedoch ist der Auffassung *Kiepers* zuzustimmen, dass bei Anwendung einer weiten Fassung der Definition und damit einer Einbeziehung gewöhnlicher Gelddarlehen die Finanzinstitute als hauptsächliche Kreditgeber bevorteilt würden.[278]

bb) Zwischenergebnis

Zusammenfassend lässt sich feststellen, dass der sachliche Anwendungsbereich der Finanzsicherheiten-Richtlinie relativ stark eingeschränkt ist. Als Finanzsicherheiten kommen Wertpapiere und Barguthaben in Betracht.[279] Jedoch fallen nur bestimmte Geschäfte, die mit einer solchen Finanzsicherheit besichert sind, unter den Anwendungsbereich der Richtlinie. Diese „maßgeblichen Verbindlichkeiten" resultieren zum einen aus Verträgen, die eine Lieferung von Finanzinstrumenten begründen. Zum anderen sind das Verbindlichkeiten, die ihren Entstehungsgrund in Finanzgeschäften

---

[271] So auch Ehricke, ZIP 2003, S. 2141, 2143.

[272] Kieper, ZInsO 2003, S. 1109, 1111; Wimmer, ZInsO 2004, S. 1, 2.

[273] Siehe § 104 Abs. 2 Nr. 3, 4 InsO.

[274] Uhlenbruck/Lüer, § 104 Rn. 23; Bosch, in: Kölner Schrift zur InsO, S. 1009, 1022.

[275] Dies sind etwa Wertpapierpensions- und Wertpapierdarlehensgeschäfte; vgl. auch Flöther/Bräuer DZWIR 2004, S. 89, 92.

[276] Kieper, ZInsO 2003, S. 1111, 1112.

[277] So auch Wimmer, ZInsO 2004, S. 1, 2.

[278] Kieper, ZInsO 2003, S. 1111, 1112; ähnlich auch Flöther/Bräuer DZWIR 2004, S. 89, 92.

[279] So auch Keller/Langner, BKR 2003, S. 616, 618; Eder/Zwitter-Tehovnik verwenden den Begriff „unverbrieft handelbare debt instruments", ÖBA 2003, S. 345, 348.

bzw. Finanztermingeschäften haben, welche eine Barzahlungsausgleichspflicht beinhalten. Gewöhnliche Besicherungen aus Gelddarlehen fallen hingegen nicht darunter.

c) Form der Sicherheitenbestellung

Art. 2 Abs. 1 a) FinRi legt fest, dass die Finanzsicherheit eine Sicherheit ist, die in Form der Vollrechtsübertragung oder in Form eines beschränkten dinglichen Sicherungsrechtes bestellt wird. Dabei ist es unerheblich, ob diese Geschäfte einem standardisierten Rahmenvertrag bzw. allgemeinen Geschäftsbedingungen unterliegen oder nicht.

Die deutsche Fassung der Finanzsicherheiten-Richtlinie ist in ihrer Übersetzung sehr ungenau und verwendet den Begriff „Finanzsicherheit" sowohl für die Sicherungsvereinbarung als auch für den Sicherungsgegenstand.[280] Die Regelung des Art. 2 Abs. 1 a) FinRi, wo Aussagen zur Form der Sicherheitenbestellung getroffen wurden, hätte daher besser „Finanzsicherheiten-Sicherungsvereinbarung" lauten sollen.

aa) Finanzsicherheiten im Wege der Vollrechtsübertragung

Nach der Finanzsicherheiten-Richtlinie ist die Vollrechtsübertragung die vollständige Übereignung bzw. Zession eines Finanzaktivums zum Zwecke der Besicherung oder anderweitigen Deckung von Verbindlichkeiten; hierzu gehören auch Wertpapierpensionsgeschäfte.[281] Diese Begriffsbestimmung zeigt, dass die Bestellung von Sicherheiten im Wege der Vollrechtsübertragung von der Richtlinie anerkannt wird.

(1) Wertpapierpensionsgeschäfte

Bei Wertpapierpensionsgeschäften, welche in § 340 b Abs. 1 HGB legaldefiniert sind, handelt es sich um Verträge, bei denen eine Partei (Pensionsgeber oder Verkäufer) ihr gehörende Wertpapiere einer anderer Partei (Pensionsnehmer oder Käufer) Zug um Zug gegen Zahlung eines Geldbetrages (Kaufpreis) überträgt. Gleichzeitig wird vereinbart, dass die Wertpapiere zu einem späteren Zeitpunkt Zug um Zug gegen Zahlung eines Rückkaufpreises rückübertragen werden. Gegenstand eines Wertpapierpensionsgeschäftes sind z.B. festverzinsliche Wertpapiere oder Aktien.[282]

Die Vertragsparteien des Pensionsgeschäftes vereinbaren regelmäßig, dass das Eigentum an den Wertpapieren während der Laufzeit des Pensionsgeschäftes auf den Pensionsnehmer übergeht.[283] Das Wertpapierpensionsgeschäft beinhaltet damit eine

---

[280] Vgl. die englische Fassung, wonach zwischen „financial collateral" - gemeint sind demnach die Finanzsicherheiten - und „financial collateral agreement", frei übersetzt mit „Finanzsicherheiten-Sicherungsvereinbarung", unterschieden wird.

[281] Art. 2 Abs. 1 b) FinRi.

[282] Schimansky/Bunte/Lwowski/Kienle, Bankrechts-Handbuch, § 105 Rn. 12.

[283] Schimansky/Bunte/Lwowski/Kienle, Bankrechts-Handbuch, § 105 Rn. 14; Cranshaw, Einflüsse des Europäischen Rechts, S. 1795 f.

Vollrechtsübertragung von Wertpapieren.[284] Zumeist darf der Pensionsnehmer über die erworbenen Wertpapiere auch frei verfügen, wenngleich andere vertragliche Absprachen möglich sind. Vertraglich kann nämlich auch vereinbart werden, dass eine Verfügungsbefugnis des Pensionsnehmers ausgeschlossen ist und die identischen Wertpapiere zurückzugewähren sind.[285] In diesem Fall haben die Wertpapiere - wirtschaftlich gesehen - lediglich eine Sicherungsfunktion für den späteren Rückzahlungsanspruch des Pensionsnehmers.[286] Eine grundsätzliche Sicherungsfunktion haftet jedoch allen Wertpapierpensionsgeschäften an, da der Pensionsgeber einen bestimmten Geldbetrag für einen befristeten Zeitraum zur Verfügung gestellt bekommt.[287] Aus Sicht des Pensionsnehmers sind die übereigneten Wertpapiere insofern ein Sicherungsmittel für seinen späteren Rückzahlungsanspruch gegen den Pensionsgeber.[288] Dies ist im Falle der Insolvenz des Pensionsgebers hilfreich, da ab diesem Zeitpunkt üblicherweise das Pensionsgeschäft automatisch bzw. durch Kündigung seitens des Pensionsnehmers endet. Die wechselseitigen Forderungen auf Zahlung des Rückkaufpreises und Rückübertragung der Wertpapiere werden gegeneinander aufgerechnet.[289] Auch dieses Vorgehen wird als Netting bezeichnet.[290]

Um das Ausfall- und Bonitätsrisiko des Pensionsgebers zu reduzieren, werden oft zusätzliche Sicherheiten vereinbart. Als Sicherheiten werden dann an den Pensionsgeber zumeist Wertpapiere mit geringem Marktrisiko verpfändet.[291] Allerdings sieht Nr. 6 i.V.m. Nr. 4 Abs. 5 des Rahmenvertrages für Wertpapierpensionsgeschäfte[292] auch eine andere Möglichkeit der Besicherung vor: An Stelle der Besicherung eines jeden einzelnen Wertpapierpensionsgeschäftes durch Verpfändung erfolgt vielmehr - ähnlich dem Margin an den Börsen - eine Besicherung des gesamten Kreditrisikos, welches sich

---

284 Baumbach/Hopt/Merkt, HGB, § 340 b) Rn. 1; auf Ausführungen zu den unterschiedlichen Ausformungen des Wertpapierpensionsgeschäftes, d.h. zu der Unterteilung in echte und unechte Wertpapierpensionsgeschäfte, soll an dieser Stelle verzichtet werden.

285 Schimansky/Bunte/Lwowski/Kienle, Bankrechts-Handbuch, § 105 Rn. 45.

286 Mehr dazu unter Punkt F. V. 2. c) aa).

287 Franz, Überregionale Effektentransaktionen, S. 83; Bernasconi/Potok/Morton, in: Potok, Cross Border Collateral, S. 10 f. Rn. 2.7.

288 Kümpel, Bank- und Kapitalmarktrecht, Rn. 13.15; Kieper, Abwicklungssysteme, S. 153.

289 Zur Darstellung der Sicherheitenformen, sowohl als Vollrechtsübertragung als auch im Wege der Pfandrechtsbestellung, siehe auch die Ausführungen der EU-Kommission v. 30.03.2001, im Internet unter: www.europa.eu.int/comm/internal_market/de/finances/banks/collateralfaq.htm (Stand: 24.02.2005).

290 So auch Obermüller/Hartenfels, BKR 2004, S. 440, 443.

291 Vgl. Schimansky/Bunte/Lwowski/Jahn, Bankrechts-Handbuch, § 114 Rn. 69.

292 Die hier berücksichtigte Fassung ist die vom Bank-Verlag Köln herausgegebene Musterfassung des Rahmenvertrages für Wertpapierpensionsgeschäfte (Repo), Stand: März 2003. Ganz ähnliche Regelungen enthielten § 8 i.V.m. § 5 des (früheren) Rahmenvertrages für echte Pensionsgeschäfte.

nach Saldierung der Marktwerte aller Wertpapierpensionsgeschäfte ergibt.[293] Dabei werden die Wertpapiere zum vollen Eigentumsrecht des Sicherungsnehmers - als Wertausgleich - übertragen.[294] Diese Art der uneingeschränkten Vollrechtsübertragung wird auch als „full transfer" bezeichnet. Der Sicherungsnehmer wird unbeschränkter Eigentümer der Wertpapiersicherheiten, d.h. er kann sie zu eigenen Zwecken wiederum einsetzen.[295]

Die rechtliche Beurteilung des Wertpapierpensionsgeschäftes ist umstritten. Für die wohl herrschende Meinung ist das Wertpapierpensionsgeschäft ein Kaufvertrag mit einer Rückkaufvereinbarung[296], obwohl es wirtschaftlich gesehen eher dem Darlehen ähnelt, da bei vorübergehender Überlassung der Wertpapiere das Geld im Vordergrund steht: Der Pensionsgeber erhält durch den Kaufpreis das von ihm benötigte Geld. Der Rückkaufpreis liegt üblicherweise etwas höher als der ursprüngliche Kaufpreis, so dass damit eine Verzinsung für die in der Hingabe des Kaufpreises enthaltene Kapitalüberlassung gewährt wird.[297] Eine andere Auffassung in der Literatur sieht genau aus diesem Grund in dem Wertpapierpensionsgeschäft ein Darlehen des Pensionsnehmers an den Pensionsgeber unter gleichzeitiger Sicherungsübereignung der Wertpapiere.[298] Eine vermittelnde Ansicht ordnet aus rechtlicher Sicht das Wertpapierpensionsgeschäft in ein Schuldverhältnis eigener Art ein.[299] Eine Streitentscheidung bzw. eine eigene Wertung bezüglich der vertretenen Ansichten soll an dieser Stelle nicht erfolgen. Auf die rechtliche Einordnung des Wertpapiergeschäftes wird jedoch im Hinblick auf die später zu behandelnde Frage, ob der Gesetzgeber den Aspekt der von der Richtlinie ins Auge gefassten Vollrechtsübertragung richtig gewertet hat, zurückzukommen sein.[300]

---

[293] Nach Nr. 1 Abs. 1 des Rahmenvertrages für Wertpapierpensionsgeschäfte kann nämlich jede Vertragspartei bei der Vielzahl von Verträgen Pensionsgeber und Pensionsnehmer sein.

[294] Fragos, ZBB 2005, S. 183, 188.

[295] Der Wertausgleich errechnet sich aus der Differenz der jeweiligen Darlehenssumme, also aus dem Marktwert aller von der anderen Partei erhaltenen Wertpapiere sowie des bereits erhaltenen Wertausgleichs. Vgl. Nr. 4 Abs. 2 des Rahmenvertrages für Wertpapierdarlehens.

[296] Ebenroth/Bader, ZBB 1990, S. 75 (76); Staudinger/Hopt/Mülbert, BGB, Vor §§ 607 ff. Rn. 709; Schimansky/Bunte/Lwowski/Kienle, Bankrechts-Handbuch, § 105 Rn. 40; Schwintowski/Schäfer, Bankrecht, S. 914; Kümpel, Bank- und Kapitalmarktrecht, Rn. 13.14; Kronke/Haubold, Handbuch Internationales Wirtschaftsrecht, Teil L Rn. 322.

[297] Obermüller/Hartenfels, BKR 2004, S. 440, 443.

[298] Acker, Die Wertpapierleihe, S. 77 f.; Wittkämpfer, DB 1966, S. 1957, 1959 f.; Kümpel, in WM-Festgabe für Heinsius, S. 31, 33; Baumbach/Hefermehl-WG, Anh. Art. 11, Rn. 13. Unklarheit besteht bei *Kümpel*, der zwar auf der einen Seite ein einheitliches, verbundenes Geschäft, bestehend aus Verkauf und Terminrückkauf annimmt, vgl. Bank- und Kapitalmarktrecht, Rn. 13.14. Auf der anderen Seite sieht er jedoch die rechtliche Einordnung des Wertpapierpensionsgeschäftes als Verkauf/Rückkauf-Vereinbarung als konstruiert an und hebt den wirtschaftlichen Zweck des Geschäftes hervor, vgl. Bank- und Kapitalmarktrecht Rn. 13.16.

[299] Gesell, Wertpapierleihe und Repurchase Agreement im deutschen Recht, S. 158 ff., 165.

[300] Vgl. Punkt F. V. 2. c) aa).

(2) Wertpapierdarlehen

Beim Wertpapierdarlehen - in der Praxis oft als Wertpapierleihe[301] bezeichnet - handelt es sich um eine kurzfristige, entgeltliche Überlassung von Wertpapieren.[302] Es ist kein Leihgeschäft im Sinne des § 598 BGB, sondern ein Sachdarlehen im Sinne des § 607 BGB.[303] Bei einer Leihe müsste der Entleiher die entliehenen Wertpapiere zurückgewähren, da das Eigentum beim Verleiher geblieben ist. Dies würde jedoch dem wirtschaftlichen Zweck der Wertpapierleihgeschäfte im höchsten Maße zuwiderlaufen, da die entliehenen Wertpapiere in aller Regel zur Erfüllung einer eigenen Lieferverpflichtung des Entleihers benötigt und damit weiterveräußert werden.[304] Der Wertpapierdarlehensvertrag sieht insofern den Eigentumsübergang der Wertpapiere und die Rückgabe von Wertpapieren gleicher Art, Güte und Menge vor.[305]

Da beim Wertpapierdarlehen ein Entgelt für die zeitweise Überlassung der Wertpapiere gezahlt wird und im Gegensatz zum Wertpapierpensionsgeschäft eine Rückkaufspflicht der Wertpapiere nicht besteht, stellt die Vollrechtsübertragung der Wertpapiere aus Sicht des Darlehensnehmers keine Sicherheit dar.[306]

Wertpapierdarlehen werden in der Regel auf der Grundlage bilateraler Vertragsverhandlungen und standardisierter Rahmenverträge geschlossen. Für Deutschland gilt der Rahmenvertrag für Wertpapierpapierdarlehen, während auf europäischer Ebene von der Bankenvereinigung der Europäischen Union im Jahre 1999 der Europäische Rahmenvertrag für Finanzgeschäfte entwickelt wurde.[307]

Das Wertpapierdarlehen ist ein zweiseitiger Vertrag zwischen einem Darlehensgeber und einem Darlehensnehmer. Dieses Geschäft wird, wenn keine weitere Partei eingeschaltet ist, als Direktgeschäft bezeichnet.[308] Eine dritte Partei, etwa ein Kreditinstitut oder eine Clearing-Organisation, kann aber auch entweder ein Wertpapierdarlehen vermitteln (sog. Agentgeschäft) oder aber selbst als Vertragspartei direkt beteiligt sein

301 Der Begriff „Wertpapierleihe" wurde aus der englischen Bezeichnung „Securities Lending and Borrowing" entnommen und dient als Sammelbegriff für ähnliche Geschäftsformen, wie z.B. Wertpapierpensionsgeschäfte. Vgl. auch Fragos, ZBB 2005, S. 183, 183.

302 Dies sind meist Aktien oder festverzinsliche Wertpapiere.

303 Dörge, AG 1997, S. 396, 396 f.; Schimansky/Bunte/Lwowski/Kienle, Bankrechts-Handbuch, § 105 Rn. 1; Kümpel, Bank- und Kapitalmarktrecht, Rn. 13.7; MüKo-BGB/Berger, § 607 Rn. 6 ff.; Palandt/Weidenkaff, § 607 Rn. 1.

304 Kümpel, Bank- und Kapitalmarktrecht, Rn. 13.7; Kronke/Haubold, Handbuch Internationales Wirtschaftsrecht, Teil L Rn. 320.

305 Schwintowski/Schäfer, Bankrecht, S. 913; Schimansky/Bunte/Lwowski/Kienle, Bankrechts-Handbuch, § 105 Rn. 2.

306 Siehe hierzu auch die unter Punkt E. I. 2. c) aa) (3) behandelte Abgrenzung zwischen Wertpapierpensionsgeschäften und Wertpapierdarlehen.

307 Der sog. „European Master Agreement for Financial Transactions - EMA", zu finden unter www.fbe.be/Content/Default.asp?PageName=Text+of+the+agreement (Stand: Juli 2005).

308 Schimansky/Bunte/Lwowski/Kienle, Bankrechts-Handbuch, § 105 Rn. 1 und 3 f.

(sog. Principalgeschäft). Diese auch als organisiertes Wertpapierdarlehenssystem[309] bezeichnete Form wird u. a. auch von der Clearstream Banking AG betrieben.[310]

Sinn und Zweck von Wertpapierdarlehensgeschäften aus Sicht des Darlehensnehmers sind im Wesentlichen die Absicherung von Termingeschäften und die Spekulationsmöglichkeit. Mit einem Wertpapierdarlehensgeschäft kann das typische Risiko einer Verkaufsoption bei Börsentermingeschäften begrenzt werden.[311] Erwartet z.B. ein Terminkäufer, der Wertpapiere zu einem bestimmten Zeitpunkt abzunehmen hat, dass der Marktpreis der Wertpapiere unter dem vereinbarten Abnahmepreis liegt, so kann er sich mit Hilfe des Wertpapierdarlehens gegen fallende Kurse schützen.[312] Er hat die Möglichkeit, die erst später zu übernehmenden Wertpapiere schon vor Fälligkeit des Terminkontraktes am Kassamarkt zu verkaufen. Dort hat er innerhalb von zwei Tagen die von ihm verkauften Wertpapiere zu liefern. In der Zeit zwischen dem Kassaverkauf und der Andienung auf Grund der Option kann er sich zur Überbrückung von einem Dritten die Wertpapiere durch ein Wertpapierdarlehen beschaffen.[313] Seiner Verpflichtung zur Rücklieferung der Wertpapiere gegenüber dem „Verleiher" kommt er nach, indem er die durch den Terminkauf angedienten Wertpapiere als „entliehene" Wertpapiere zurückliefert.[314]

Die Spekulation mit einem Wertpapierdarlehen erfolgt u.a. mit sog. Leerverkäufen („Short sales") im Kassamarkt. Wer einen Leerverkauf vornimmt, spekuliert auf fallende Kurse.[315] Der Verkäufer verpflichtet sich am Kassamarkt zur Lieferung von Wertpapieren innerhalb von zwei Tagen, welche er durch Lieferung „entliehener" Wertpapiere erfüllt, in der Hoffnung, sich zu einem späteren Zeitpunkt billiger mit den gleichen Wertpapieren eindecken zu können. Zur Überbrückung der Zeitdifferenz wird dabei das Wertpapierdarlehen genutzt.[316] Wertpapierdarlehen dienen aber auch zur rein technischen Abwicklung von Wertpapiergeschäften. Ein Verkäufer, der seine zunächst ge- und dann verkauften Wertpapiere seinerseits nicht rechtzeitig geliefert bekommt, nutzt, um selbst nicht in Lieferverzug zu kommen, das „Entleihen" der Wertpapiere.[317]

Darlehensgeber und Darlehensnehmer verfolgen mit Hilfe des Wertpapierdarlehens unterschiedliche Ziele. Während der Darlehensnehmer die oben genannten Interessen verfolgt, möchte der Darlehensgeber mit der darlehensweisen Übertragung von Wertpapieren zum einen seinen Ertrag aus den Wertpapieren durch ein Zusatzentgelt stei-

309 So Fragos, ZBB 2005, S. 183, 184.
310 Mehr dazu bei Kümpel, Bank- und Kapitalmarktrecht, Rn. 13.87 ff.
311 Schwintowski/Schäfer, Bankrecht, S. 910, welcher von Wertpapierleihe spricht.
312 Kümpel, WM 1990, S. 909, 909.
313 Schwintowski/Schäfer, Bankrecht, S. 911.
314 Gesell, Wertpapierleihe und Repurchase Agreement im deutschen Recht, S. 9 f.
315 Schwintowski/Schäfer, Bankrecht, S. 911.
316 Kümpel, in: WM-Festgabe für Heinsius, S. 31, 34.
317 Siehe auch Zaß, in: Aktuelle Probleme des Wertpapiergeschäfts, S. 27, 33.

gern und zum anderen Depotgebühren sparen.[318] Als Nachteil stellt sich heraus, dass der Darlehensgeber keine Verfügungsmöglichkeit über die übertragenen Wertpapiere hat und er das Bonitätsrisiko des Darlehensnehmers trägt, wenn keine Sicherheiten gestellt werden.[319]

Viele individualvertragliche Vereinbarungen beinhalten aus diesem Grund Regelungen in der Form, dass der Darlehensnehmer dem Darlehensgeber Sicherheiten zur Absicherung des Bonitätsrisikos zu bestellen hat. In Betracht kommen dabei Barsicherheiten, die Verpfändung von Wertpapieren des Entleihers sowie Garantien von Drittbanken.[320] Sicherheiten, die in Form von Wertpapieren gestellt werden, werden bezüglich ihres Wertes täglich neu berechnet.[321] Der frühere Rahmenvertrag für Wertpapierleihgeschäfte sah vor, dass der Darlehensnehmer zur Stellung von Sicherheiten im Wege der Verpfändung für jedes einzelne Darlehen verpflichtet ist.[322] Der nunmehr geltende Rahmenvertrag für Wertpapierdarlehen enthält in Nr. 4 Abs. 5 i.V.m. Nr. 7 Abs. 4 dagegen[323] - ähnlich dem Rahmenvertrag für Wertpapierpensionsgeschäfte - eine Besicherung des Gesamtrisikos, welches sich aus einer Saldierung der einzelnen Marktwerte ergibt.[324] Dabei berücksichtigt der Rahmenvertrag die Tatsache, dass bei der Vielzahl von einzelnen Wertpapierdarlehensverträgen dieselbe Vertragspartei sowohl als Wertpapiergeber als auch als Wertpapiernehmer auftreten kann. An Stelle der Besicherung eines jeden einzelnen Wertpapierdarlehengeschäftes durch Verpfändung erfolgt mit dieser Regelung vielmehr eine Besicherung des gesamten Kreditrisikos, welches sich nach Saldierung der Marktwerte aller Wertpapierdarlehen ergibt.[325] Dabei werden die Wertpapiere zum vollen Eigentumsrecht des Sicherungsnehmers - als Wertausgleich - übertragen.[326] Der Sicherungsnehmer wird unbeschränkter Eigentümer der Wertpapiersicherheiten, d.h. er kann sie zu eigenen Zwecken wiederum einsetzen.[327]

---

318 Fragos, ZBB 2005, S. 183, 183; Gesell, Wertpapierleihe und Repurchase Agreement im deutschen Recht, S. 10.

319 Schimansky/Bunte/Lwowski/Kienle, Bankrechts-Handbuch, § 105 Rn. 32.

320 Schwintowski/Schäfer, Bankrecht, S. 916; Neuhaus, in: Hellner/Steuer, BuB, Rn. 7/1174; Schimansky/Bunte/Lwowski/Kienle, Bankrechts-Handbuch, § 105 Rn. 64.

321 Gesell, Wertpapierleihe und Repurchase Agreement im deutschen Recht, S. 28 ff.; Sonnenberg, Die Bank 1994, S. 357, 357.

322 Neuhaus, in: Hellner/Steuer, BuB, Rn. 7/1174; vgl. §§ 5 ff. des Rahmenvertrages für Wertpapierleihgeschäfte im Innerbankenverkehr von 1994.

323 Die hier berücksichtigte Fassung ist die vom Bank-Verlag Köln herausgegebene Musterfassung des Rahmenvertrages für Wertpapierdarlehen, Stand: November 1999.

324 Vgl. Berner, Die Bank 1999, S. 867, 868.

325 Neuhaus, in: Hellner/Steuer, BuB, Rn. 7/1174.

326 Neuhaus, in: Hellner/Steuer, BuB, Rn. 7/1192; Berner, Die Bank 1999, S. 867, 868; Fragos, ZBB 2005, S. 183, 188.

327 Als Sicherungsnehmer muss nicht immer zwangsläufig der Darlehensgeber in Betracht kommen. Es ist davon abhängig, wie sich der Wertausgleich für die eine oder andere Partei auswirkt. Der Wertausgleich errechnet sich nämlich aus der Differenz der jeweiligen Darlehenssumme, also aus

(3) Abgrenzung Wertpapierdarlehen/- pensionsgeschäfte

Wertpapierdarlehen sind keine Wertpapierpensionsgeschäfte.[328] Die darlehensweise überlassenen Wertpapiere werden zwar auf den Darlehensnehmer übertragen, aber nicht gegen Zahlung eines Betrages. Die gezahlte „Leihgebühr" stellt keinen Betrag im Sinne des § 340 b Abs. 1 HGB dar, denn sie wird (bei Fälligkeit des Darlehens) nicht an den Darlehensnehmer zurückgezahlt, sondern ist vielmehr das Entgelt für die zeitweise Überlassung der Wertpapiere. Deswegen stellt die Vollrechtsübertragung der Wertpapiere aus Sicht des Darlehensnehmers auch keine Sicherheit dar. Zudem sind die Intentionen des Pensionsgebers und des Darlehengebers, die sie mit dem Abschluss der Geschäfte verfolgen, unterschiedlich: Beim Wertpapierpensionsgeschäft benötigt der Pensionsgeber eine kurzfristige Liquidität und pensioniert deshalb seine Wertpapiere. Zugleich hat er die Verpflichtung, die Wertpapiere später zurück zu kaufen. Beim Wertpapierdarlehen werden hingegen die Wertpapiere darlehensweise übertragen und für die Überlassung erhält der Darlehensgeber ein Entgelt.

bb) Finanzsicherheiten als beschränkt dingliches Sicherungsrecht

Weiterhin werden von der Richtlinie auch beschränkt dingliche Sicherungsrechte als Finanzsicherheiten angesehen. Das beschränkt dingliche Sicherungsrecht wird in Art. 2 Abs. 1 c) FinRi definiert als ein Sicherungsrecht an einem Finanzaktivum, bei dem das Eigentum an der Sicherheit zum Zeitpunkt der Bestellung vollständig beim Sicherungsgeber verbleibt.

Wie bereits angesprochen ist die Verpfändung von Wertpapieren die typische Art der Sicherheitenbestellung an der Eurex.[329] Von jedem Clearing-Mitglied sind die Wertpapiere als Sicherheit in dem von ihm einzurichtenden Pfanddepot bei der Clearstream Banking AG zu hinterlegen. Zwischen dem Clearing-Mitglied und der Eurex Clearing AG wird eine Verpfändungsvereinbarung getroffen, nach welcher der Eurex Clearing AG ein Pfandrecht an sämtlichen in dem Pfanddepot hinterlegten Wertpapieren eingeräumt wird.[330]

Auch bei vielen OTC-Geschäften, die insbesondere individualvertraglich vereinbart und nicht unter Bezugnahme eines Rahmenvertrages abgeschlossen werden, stellt die Verpfändung von Wertpapieren als beschränkt dingliche Sicherheit eine häufig verwendete Sicherungsform dar. Beispielsweise wird es Kapitalanlagegesellschaften nach den §§ 54 ff. InvG ermöglicht, Wertpapierdarlehen für Rechnung ihrer Fonds abzuschließen, dabei jedoch ausschließlich als Darlehensgeber tätig zu werden. Sie können dabei sowohl OTC-Wertpapierdarlehensgeschäfte abschließen als auch Teilnehmer eines organisierten Wertpapierdarlehenssystemes sein. Werden Kapitalanlagegesell-

dem Marktwert aller von der anderen Partei erhaltenen Wertpapiere sowie des bereits erhaltenen Wertausgleichs. Vgl. Nr. 4 Abs. 2 des Rahmenvertrages für Wertpapierdarlehen.

[328] Hartung, BB 1993, S. 1175, 1176; Kümpel, Bank- und Kapitalmarktrecht, Rn. 13.15.

[329] Kieper, Abwicklungssysteme, S. 153.

[330] Siehe dazu Nr. I.1.3.5 Clearing-Bedingungen der Eurex Clearing AG.

schaften als Darlehensgeber im Rahmen eines OTC-Wertpapierdarlehens aktiv, so sind nach § 54 Abs. 2 InvG sämtliche Ansprüche der Kapitalanlagegesellschaft aus dem Wertpapierdarlehensvertrag durch Geldzahlung, Verpfändung oder Abtretung von Guthaben oder durch Verpfändung oder Übereignung von Wertpapieren zu besichern.[331]

Aber auch Wertpapierdarlehen, die über eine Wertpapiersammelbank vermittelt und abgewickelt werden, sind vom Darlehensnehmer mindestens in voller Höhe des Marktwertes der Wertpapiere zu besichern.[332] Der Darlehensnehmer hat die Sicherheiten durch Verpfändung von Konto- oder Wertpapierguthaben zu bestellen.

Auch bei einem Lombardkredit, welcher ein Gelddarlehen ist, werden Wertpapiere als Sicherheit eingesetzt und entweder verpfändet oder zur Sicherheit übereignet.[333] Da die Wertpapiere jedoch nur zur Sicherung dieses Gelddarlehens, nicht aber zur Sicherung einer maßgeblichen Verbindlichkeit im Sinne der Richtlinie eingesetzt werden, fällt der Lombardkredit nicht unter den Anwendungsbereich der Finanzsicherheiten-Richtlinie.

II. Erster Regelungsabschnitt (Artt. 3 bis 6 der Richtlinie)

1. Formerfordernisse bezüglich der Finanzsicherheiten

Wie bereits erwähnt, stellt die Einschränkung von Formerfordernissen für die Bestellung, Wirksamkeit und (außerinsolvenzrechtliche) Verwertung von Finanzsicherheiten ein wesentliches Ziel der Richtlinie dar.[334] Art. 3 FinRi trägt diesem Ziel Rechnung. Nach Art. 3 Abs. 1 FinRi dürfen die Mitgliedstaaten nicht verlangen, dass die Bestellung und die Wirksamkeit einer Finanzsicherheit sowie die prozessuale Beweisführung bei einer Finanzsicherheit oder die Besitzverschaffung an einer Finanzsicherheit von der Erfüllung von Formerfordernissen abhängen.[335]

Die Kommission machte zunächst den Vorschlag, die auf Grund der Wirksamkeit der Richtlinie zu beseitigenden Formvorschriften wie Ausfertigung eines Dokuments in einer bestimmten Form, Registrierung bei einer öffentlichen Stelle, Veröffentlichung in Zeitungen, Zeitschriften, in einem öffentlichen Register usw., ausdrücklich in

331 Vgl. auch Fragos, ZBB 2005, S. 183,184.

332 Kümpel, Bank- und Kapitalmarktrecht, Rn. 13.116.

333 Palandt/Putzo, Vorb. v. § 488 Rn. 11; Schimansky/Bunte/Lwowski/Kienle, Bankrechts-Handbuch, § 105 Rn. 29.

334 Goode/Kronke/McKendrick/Wool, Transnational Commercial Law, S. 694 f.

335 Beispielsweise kann nach italienischem Recht aus einem Pfandrecht ein Recht auf vorzugsweise Befriedigung nur dann geltend gemacht werden, wenn sich das Pfandrecht aus einer beglaubigten Urkunde mit eingetragenem Datum ergibt, Artt. 2914 i.V.m. 2704, 2787 Abs. 3 Cc.; siehe auch Graham-Siegenthaler, Kreditsicherungsrechte im internationalen Rechtsverkehr, S. 212, 223, 268.

die Richtlinie aufzunehmen.[336] In der endgültigen Fassung der Richtlinie wurde von dieser Aufzählung abgesehen. Die dem Art. 3 FinRi unterfallenden Arten von Formerfordernissen umfassen jedoch die gleichen Handlungen.[337]

Art. 3 Abs. 2 FinRi macht deutlich, dass die Regelung des Art. 3 Abs. 1 FinRi nur für Finanzsicherheiten gilt, bei denen der Sicherungsnehmer die Bestellung des Sicherungsgegenstandes schriftlich[338] nachweisen kann.[339] Dieses Erfordernis soll durch Art. 3 Abs. 1 FinRi nicht ausgehebelt werden und wurde daher als Klarstellung in Art. 3 Abs. 2 der Finanzsicherheiten-Richtlinie eingefügt.[340] Durch die Nachweisbarkeit soll ein Gleichgewicht zwischen wirtschaftlichen Erwägungen, die für den Entfall von Formerfordernissen sprechen, und Rechtssicherheit erreicht werden.[341] Nach *von Wilmowsky* wäre es in Anlehnung an die englische Fassung der Richtlinie besser von „Bereitstellung“[342] der Finanzsicherheiten zu sprechen, da die deutsche Fassung in diesem Punkt undeutlich und ungenau sei, indem sie entweder von „Besitzverschaffung“ (Art. 3 Abs. 2 FinRi) oder von „Bestellung“ (Art. 2 Abs. 2 FinRi) spricht.[343] Der von der deutschen Fassung der Finanzsicherheiten-Richtlinie verwendete Begriff „Bestellung“ beinhaltet gemäß Art. 2 Abs. 2 FinRi die Lieferung bzw. die Gutschrift der Finanzsicherheit im Wege des Effektengiroverkehr, sowie die Besitzverschaffung oder die Kontrolle daran. Damit wird auch durch die Verwendung des Begriffes „Bestellung“ gewährleistet, dass der Sicherungsnehmer entweder den Besitz oder aber - in Anlehnung an das US-Recht - die Kontrolle an dem Sicherungsgegenstand erhalten kann. Zugegebenermaßen verunsichert jedoch das gleichzeitige Auftreten der Begriffe „Besitzverschaffung“ und „Bestellung einer Finanzsicherheit“ in Art. 3 Abs. 2 FinRi den Leser. Dies lässt sich nur damit erklären, dass „Bestellung einer Finanzsicherheit“ in diesem Zusammenhang den Abschluss der Sicherungsvereinbarung meint. Die in der

---

336 Art. 4 Abs. 2 des Kommissionsvorschlages, Abl. C 180 E v. 27.03.2001, KOM (2001) 168 end, S. 22.

337 Siehe dazu die Begründung des gemeinsamen Standpunktes, Abl. C 119 E v. 22.05.2002, S. 23; sowie Erwägungsgrund 10 der Finanzsicherheiten-Richtlinie, Abl. EG L 168/144.

338 Nach Art. 2 Abs. 3 FinRi bedeutet „schriftlich“ auch die elektronische Aufzeichnung sowie jede andere Art der Aufzeichnung mittels eines dauerhaften Datenträgers.

339 Dies ist in Art. 1 Abs. 5 FinRi geregelt und soll die Identifizierung der jeweiligen Finanzsicherheit ermöglichen. Dabei gilt es als ausreichend, wenn im Effektengiro übertragbare Wertpapiere dem maßgeblichen Konto gutgeschrieben werden oder ein entsprechendes Guthaben in solchen Wertpapieren besteht oder wenn die Barsicherheit einem bezeichnetem Konto gutgeschrieben wurde oder ein entsprechendes Barguthaben besteht. Vgl. auch Goode/Kronke/McKendrick/Wool, Transnational Commercial Law, S. 694.

340 Siehe dazu die Begründung des gemeinsamen Standpunktes, Abl. C 119 E v. 22.05.2002, S. 23.

341 Begründung des gemeinsamen Standpunktes, Abl. 2002, C 119 E v. 22.05.2002, S. 23.

342 Die englische Fassung spricht von „provision“. Dies bedeutet, dass dem Sicherungsnehmer oder seinem Vertreter eine Finanzsicherheit geliefert oder im Wege des Effektengiros gutgeschrieben wurde oder ihnen auf sonstige Weise der Besitz oder die Kontrolle daran verschafft wurde. Vgl. auch Goode, Legal Problems of Credit and Security, Rn. 6-37.

343 V. Wilmowsky, in: Derleder/Knops/Bamberger, § 62 Rn. 46.

deutschen Fassung der Richtlinie verwendete Bezeichnung „Bestellung einer Finanzsicherheit" kann somit zwei Bedeutungen haben, den Abschluss der Sicherungsvereinbarung und das Zur-Verfügung-Stellen der Finanzsicherheit. Insofern wäre in der Tat für das Zur-Verfügung-Stellen der Finanzsicherheit im Sinne des Art. 2 Abs. 2 FinRi eine andere Wortwahl zutreffender gewesen. Überwiegend jedoch erschließt sich dem Leser aus dem Zusammenhang der jeweiligen Vorschrift der zutreffende Charakter des Wortes „Bestellung".[344]

2. Verwertung der Finanzsicherheiten

Art. 4 FinRi behandelt die Verwertung einer beschränkt dinglichen Sicherheit. Mit dieser Regelung soll gewährleistet werden, dass die Finanzsicherheiten unbürokratisch, d.h. ohne Einschränkungen von Sanierungs- und Liquidationsmaßnahmen, verwertet werden können.[345] Konkret sollen die Mitgliedstaaten sicherstellen, dass die Sicherungsnehmer im Verwertungs- oder Beendigungsfall jede in Form eines beschränkt dinglichen Sicherungsrechts bestellte Finanzsicherheit im Fall von Finanzinstrumenten durch Verkauf oder Aneignung und anschließende Verrechnung ihres Wertes mit den besicherten Verbindlichkeiten oder Verwendung an Zahlungs statt verwerten können. Im Fall von Barguthaben kann die Verwertung durch Aufrechnung des Betrages gegen die maßgeblichen Verbindlichkeiten oder durch Verwendung an Zahlungs statt erfolgen.

Das Recht zur Verwertung durch Aneignung entsteht durch die Vereinbarung einer aufschiebend bedingten Übereignung.[346] Was ein Verwertungs- bzw. Beendigungsfall ist oder wann dieser vorliegt, wird von der Finanzsicherheiten-Richtlinie definiert. Nach Art. 2 Abs. 1 l) FinRi ist ein Verwertungs- bzw. Beendigungsfall eine Vertragsverletzung oder jedes Ereignis, das die Vertragsparteien kraft Vereinbarung einer Vertragsverletzung gleichstellen, bei deren/dessen Eintreten der Sicherungsnehmer vertraglich oder kraft Gesetzes zur Verwertung bzw. Aneignung der Finanzsicherheit bzw. zur Aufrechnung in Folge Beendigung („close-out-netting") berechtigt ist. Damit ist die Aufrechenbarkeit im Beendigungsfall, das „close-out-netting", ausdrücklich anerkannt.[347]

Das „close-out-netting" hat dabei folgenden Ablauf:[348] Mit Eintritt des Verwertungs- oder Beendigungsfalles werden zunächst die bestehenden Forderungen und Verbindlichkeiten der Vertragsparteien ermittelt. Dann werden diese miteinander verrechnet, wobei die Verrechnung nicht zwingend eine Aufrechnung im Sinne der §§ 387 ff.

[344] Aus dem Grund wird sich die Abhandlung der jeweiligen Vorschrift weiterhin am Wortlaut der Richtlinie orientieren.

[345] Vgl. Erwägungsgrund 17 zur Finanzsicherheiten-Richtlinie.

[346] BT-Drucks. 15/1853, S. 17.

[347] Den Begriff „close-out-netting" definiert die Richtlinie wiederum in Art. 2 Abs. 1n) FinRi.

[348] Siehe auch Kieper, Abwicklungssysteme, S. 222 f.

BGB sein muss.[349] Es ist demnach auch eine Saldierung, d.h. eine Verwendung an Zahlungs statt, möglich.[350]

Stehen nach der erfolgten Verrechnung noch Verbindlichkeiten offen, so können die Finanzsicherheiten durch Verkauf oder Aneignung verwertet werden. Im Fall eines Verkaufes wird der Erlös mit den offenen Verbindlichkeiten verrechnet.[351] Bei einer Verwertung durch Aneignung wird die offene Forderung mit dem Wert der angeeigneten Wertpapiere verrechnet.

Nach Art. 4 Abs. 3 FinRi sind Mitgliedstaaten, die die Aneignung in ihrem Recht nicht zulassen, auch nach der Umsetzung der Richtlinie nicht verpflichtet, die Aneignung anzuerkennen.[352] Diese Regelung des Richtliniengebers erscheint vor allem vor dem Hintergrund seltsam, dass die Parteien die Aneignung zwar für den Zeitraum zwischen der Bestellung der Finanzsicherheit und dem Eintritt des Sicherungsfalles vereinbaren dürfen, nicht jedoch für den Sicherungsfall.[353] Verständlicherweise ist dementsprechend Art. 4 Abs. 3 FinRi kritisiert worden.[354]

Vorbehaltlich anderer Bestimmungen in den Sicherungsvereinbarungen sollen weitere Erfordernisse an die Verwertung nicht gestellt werden, Art. 4 Abs. 4 FinRi. Daher bedarf es keiner Verkaufsandrohung, keiner Zustimmung eines Dritten zu den Verwertungsbedingungen, keiner Auktion und keiner Wartefrist.[355] Dies bedeutet, dass im Ergebnis ein freihändiger Verkauf möglich ist.[356] Ohne jetzt schon diese Vorgaben der Richtlinie mit dem deutschen Recht zu vergleichen, lässt sich feststellen, dass diese Vorschrift erhebliche Unterschiede zu den Pfandverwertungsregeln des BGB aufweist.[357]

3. Verfügungsrechte über beschränkt dingliche Finanzsicherheiten

Ein weiterer zentraler Aspekt der Finanzsicherheiten-Richtlinie ist das in Art. 5 FinRi verankerte Verfügungsrecht. Danach sollen Sicherungsgeber und Sicherungsnehmer bei der Bestellung einer Finanzsicherheit in Form von beschränkt dinglichen Sicherungsrechten vereinbaren können, dass der Sicherungsnehmer über diese Finanzsicherheit verfügen darf („right of use").[358] Der Sicherungsnehmer kann nämlich daran

349 Kieper, Abwicklungssysteme, S. 223.

350 Eine wechselseitige Tilgung an Zahlungs statt ist eine Saldierung ungleichartiger Forderungen. Vgl. Staudinger/Gursky, Vorbem. zu §§ 387 ff. Rn. 65.

351 Benzler, Nettingvereinbarungen, S. 266.

352 Insofern besteht wiederum ein „opt-out-Recht".

353 So die noch später zu behandelnde Regelung des Art. 5 Abs. 1 FinRi.

354 Vgl. Löber, BKR 2001, S. 118, 121; v. Wilmowsky, in: Derleder/Knops/Bamberger, § 62 Rn. 54.

355 Art. 4 Abs. 4 a-d) FinRi.

356 Keller, BKR 2002, S. 347, 352.

357 Kieper, Abwicklungssysteme, S. 224, geht von erheblichen Erleichterungen gegenüber den Regeln des BGB zur Pfandverwertung aus.

358 Goode/Kronke/McKendrick/Wool, Transnational Commercial Law, S. 695.

interessiert sein, den Sicherungsgegenstand seinerseits als Finanzsicherheit einzusetzen („rehypothecation") oder mit dem Sicherungsgegenstand Handel zu betreiben.[359] Die gesetzlichen Normen und insbesondere die pfandrechtlichen Regelungen der Mitgliedstaaten dürfen derartigen vertraglichen Vereinbarungen nicht entgegenstehen.[360] Das Verfügungsrecht muss aber bei der Bestellung der Finanzsicherheit vertraglich vereinbart worden sein.[361] Bei Bestehen einer solchen Verbindlichkeit wird dem Sicherungsnehmer die Aneignung der durch die Pfandtechnik übertragenen Finanzsicherheiten gestattet, sofern er bei Ausübung seines Verfügungsrechtes die Verpflichtung übernimmt, spätestens zum Fälligkeitstermin der maßgeblichen Verbindlichkeiten eine Sicherheit derselben Art zu beschaffen, die an Stelle der ursprünglich bestellten Sicherheit tritt. Dem Sicherungsnehmer steht ein Wahlrecht zu, zum Zeitpunkt der Fälligkeit der besicherten Verbindlichkeiten entweder Sicherheiten derselben Art zurückzuübereignen oder, soweit dies in der Sicherungsvereinbarung vorgesehen, den Wert einer Sicherheit derselben Art gegen die besicherten Verbindlichkeiten aufzurechnen oder die Sicherheiten an Zahlungs statt zu verwenden. Die Ersatzsicherheit ist so zu behandeln, als ob sie zum selben Zeitpunkt wie die ursprüngliche Finanzsicherheit bestellt worden wäre, Art. 5 Abs. 3 FinRi. Dies hat seinen Grund darin, dass mögliche Anfechtungsfristen durch die Bestellung der Ersatzsicherheit nicht verkürzt werden.[362]

Zusammenfassend lässt sich feststellen, dass Art. 5 FinRi ein generelles Verfügungsrecht über beschränkt dingliche Sicherheiten vorsieht und zwar unabhängig vom Verwertungsfall, Art. 4 FinRi hingegen eine Verfügungsmöglichkeit durch Vornahme einer Verwertung für den Verwertungsfall ins Auge fast. Dementsprechend ist die Regelung des Art. 4 FinRi quasi als lex specialis zu Art. 5 FinRi zu betrachten. Diese Feststellung ist im Hinblick auf die in diesem Zusammenhang erfolgte Umsetzung, insbesondere auf die Bewertung des in das deutsche Recht eingeführten § 1259 BGB, wichtig.[363]

4. Finanzsicherheiten in Form der Vollrechtsübertragung

Während nach Art. 5 Abs. 1 FinRi die Verfügung von Finanzsicherheiten ermöglicht wird, die in Form eines beschränkt dinglichen Sicherungsrechtes bestellt wurden, haben nach Art. 6 Abs. 1 FinRi die Mitgliedstaaten sicherzustellen, dass Finanzsicherheiten auch im Wege einer Vollrechtsübertragung bestellt werden können. Dies hat zum Ziel, dass derartige Vollrechtsübertragungen nicht nach dem Recht der Mitgliedstaaten

359 Benjamin/Yates, The Law of Global Custody, Rn. 4.11, 4.22 und 4.42; Goode, Legal Problems of Credit an Security, Rn. 6-30, 6-43; Herring/Cristea, ZIP 2004, S. 1627, 1630

360 Vgl. v. Wilmowsky, in: Derleder/Knops/Bamberger, § 62 Rn. 52.

361 Das geht aus der Formulierung „[...] soweit bei der Bestellung der Finanzsicherheit vorgesehen, [...]" hervor.

362 Siehe dazu auch Kommissionsvorschlag zur Finanzsicherheiten-Richtlinie, Abl. C 180 E v. 27.03.2001, KOM (2001) 168 end, S. 9.

363 Mehr dazu unter Abschnitt F. V. 2. a) dieser Arbeit.

in beschränkt dingliche Rechte umgedeutet werden dürfen.[364] Eine solche Umdeutung („recharacterisation“) hätte u.U. die Nichtigkeit der Sicherheit zur Folge.[365]

Eine Vollrechtsübertragung ist eine vollständige Übereignung bzw. Zession eines Finanzaktivums zum Zwecke der Besicherung oder anderweitigen Deckung von Verbindlichkeiten.[366] Der Sicherungsnehmer wird im Falle einer Vollrechtsübertragung zum Volleigentümer.[367] Zum einen werden die Wertpapierpensionsgeschäfte selbst von dem Begriff der „Finanzsicherheit in Form der Vollrechtsübertragung“ erfasst, Art. 2 Abs. 1 b) FinRi. Das heißt, die Vollrechtsübertragung der Wertpapiere, welche im Rahmen der geschlossenen Verkauf-/Rückkaufverträge stattfindet, ist als Finanzsicherheit anerkannt und die Mitgliedstaaten haben sicherzustellen, dass diese Vollrechtsübertragung wirksam ist, Art. 6 Abs. 1 FinRi. Zum anderen werden sowohl in internationalen als auch zunehmend in deutschen Rahmenverträgen an Stelle der traditionellen Besicherung der Verpfändung sogenannte Ausgleichszahlungen geleistet.[368] Bei Wertpapierpensionsgeschäften dienen die übereigneten Wertpapiere als Sicherheit für die Rückzahlungsverpflichtung des Pensionsgebers.[369] Ändert sich der Marktwert der Wertpapiere, so hat ähnlich dem „Variation Margin“ ein Wertausgleich durch Lieferung weiterer Wertpapiere oder durch Geldzahlung zu erfolgen.[370]

Mit der Lieferung der Wertpapiere geht das unbeschränkte Eigentum („full transfer“) auf den Sicherungsnehmer über, welcher die Wertpapiere seinerseits zur Lieferung im Rahmen von Wertpapierpensionsgeschäften oder Wertpapierdarlehen uneingeschränkt verwenden darf.[371] Die Besonderheit besteht darin, dass sich diese Vollrechtsübertragung ohne treuhänderische Bindung des Sicherungsnehmers vollzieht, also keine fiduziarische Sicherheit darstellt.

Gemäß Art. 6 Abs. 2 FinRi trifft im Fall der Verfügung den Sicherungsnehmer die Pflicht, eine Ersatzsicherheit zu beschaffen. Ersatzsicherheit ist so zu verstehen, dass der Sicherungsgegenstand, der bei Nichteintritt des Sicherungsfalles eigentlich zurückzuübertragen ist, durch eine andere Sicherheit gleicher Art ersetzt werden kann.[372] Tritt im Fall der Vollrechtübertragung ein Verwertungs- oder Beendigungsfall ein, bevor der Sicherungsnehmer seine Verpflichtung zur Rückübereignung einer Sicherheit der-

[364] Erwägungsgrund 13 der Finanzsicherheiten-Richtlinie, Abl. EG v. 27.06.2002, Nr. L 168/44.

[365] Kommissionsvorschlag zur Finanzsicherheiten-Richtlinie v. 27.03.2001, S. 10, Begründung zu Art. 7 des Entwurfs; die Kommission spricht dabei von Umwidmung.

[366] So jedenfalls die Definition in Art. 2 Abs. 1b) FinRi.

[367] Kieper, Abwicklungssysteme, S. 225, wirft die Frage auf, ob die Vollrechtsübertragung in Einklang mit dem Sicherungszweck steht.

[368] Vgl. z.B. die sog. Wertausgleichsklausel in § 8 des Rahmenvertrages für echte Pensionsgeschäfte bzw. Nr. 4 des Rahmenvertrages für Wertpapierdarlehen.

[369] Clouth, in: Hopt, Vertrags- und Formularhandbuch, VI. Bankgeschäfte, S. 1316.

[370] MüKo-InsO/Jahn, § 104 Rn. 151.

[371] Schimansky/Bunte/Lwowski/Jahn, Bankrechts-Handbuch, § 114 Rn. 70.

[372] Kieper, Abwicklungssysteme, S. 225.

selben Art gemäß einer Vereinbarung über die Bestellung einer Finanzsicherheit in Form der Vollrechtsübertragung erfüllt hat, so kann er in diesem Fall seine Verpflichtung in die Aufrechnung in Folge Beendigung einbeziehen.[373]

III. Zweiter Regelungsabschnitt (Artt. 7 und 8 der Richtlinie)

1. Aufrechnung in Folge Beendigung

Die Mitgliedstaaten haben sicherzustellen, dass vereinbarte Aufrechnungen in Folge Beendigung für den Fall der Eröffnung von Liquidationsverfahren bzw. Einleitung von Sanierungsmaßnahmen auch bei Finanzsicherheiten, also ungeachtet behaupteter Zessionen, Pfändungen oder anderweitiger Verfügungen, über die in die Aufrechnung einbezogenen Rechte wirksam sind, Art. 7 Abs. 1 FinRi.[374] Die Finanzsicherheiten sollen demnach wirksam in die Aufrechnung in Folge Beendigung miteinbezogen werden, sofern eine entsprechende Vereinbarung bei der Sicherheitenbestellung erfolgt ist.[375]

Mit anderen Worten soll nach der Richtlinie dann, wenn bei einer Sicherheitenbestellung ein „close-out-netting" vereinbart wurde, sichergestellt werden, dass im Insolvenzfall eine gleichzeitige Beendigung der Finanzsicherheiten und der gesicherten Geschäfte eintritt und die Verrechnung der offenen Verbindlichkeiten mit den Finanzsicherheiten wirksam ist. Damit privilegiert die Finanzsicherheiten-Richtlinie die Aufrechnung in Folge Beendigung gegenüber Gläubigern bzw. gegenüber Dritten, die an einer dem Netting unterliegenden Forderung Rechte erworben haben.[376] Diese Maßnahme wird durch eine weitere Integration und höhere Kostenwirksamkeit der europäischen Finanzmärkte, welche wiederum die Stabilität der Finanzmärkte fördern, gerechtfertigt.[377] Nach Art. 7 Abs. 2 FinRi sollen auch bei der Aufrechnung besondere Verwertungsvoraussetzungen nicht zu beachten sein, sofern die Parteien hierzu nichts anderes vereinbaren.

Die Aufrechnung in Folge Beendigung ist in Art. 2 Abs. 1 n) FinRi definiert. Danach ist die Aufrechnung in Folge Beendigung unter anderem „[...] eine vertragliche Bestimmung im Rahmen der Bestellung einer Finanzsicherheit bzw. einer Vereinba-

---

373 Art. 6 Abs. 2 FinRi.

374 Sabel, ZIP 2003, S. 781, 787.

375 Vgl. Kieper, ZInsO 2003, S. 1109, 1117, der von Insolvenzfestigkeit spricht. Nach a.A. von Ehricke, ZIP 2003, S. 1065, 1070, Fn. 25, verlangt Art. 7 FinRi lediglich die Anerkennung des „close-out-nettings". Diese Auffassung berücksichtigt allerdings nicht die herausgehobene Bedeutung der Finanzsicherheiten und die Intention der Richtlinie, Vorschriften, die der effektiven Verwertung einer Finanzsicherheit im Wege stehen, aus nationalen insolvenzrechtlichen Vorschriften herausnehmen.

376 Vgl. Zahradnik/Krumhuber, § 9 FinSG, S. 73; In Österreich wurde Art. 7 FinRi mit Hilfe des im Wortlaut identischen § 9 FinSG umgesetzt.

377 Siehe Erwägungsgrund Nr. 3 für die Errichtung der Finanzsicherheiten-Richtlinie.

rung, die die Bestellung einer Finanzsicherheit umfasst [...]". Ist nichts vereinbart, so ist nach Art. 2 Abs. 1 n) FinRi die Aufrechnung in Folge Beendigung auch eine Rechtsvorschrift, wonach der Eintritt eines Verwertungs- bzw. Beendigungsfalles Entsprechendes nach sich zieht.[378] Dies bedeutet, dass zu einer vertraglich vereinbarten Aufrechnung zusätzlich in der Regel eine Finanzsicherheit (und sei sie noch so unbedeutend) bestellt werden muss.[379] Eine Aufrechnung auf Grund einer Rechtsvorschrift ist im deutschen Recht bereits durch § 104 Abs. 2 Satz 3 InsO anerkannt, auch wenn es aus dem Wortlaut der Norm nicht eindeutig hervorgeht.[380]

2. Nichtanwendung bestimmter Insolvenzvorschriften

Nach Art. 8 FinRi sollen für Finanzsicherheiten bestimmte Insolvenzvorschriften ausgeschlossen sein, wodurch die Insolvenzfestigkeit dieser Sicherheiten gewährleistet wird.

a) „Null-Uhr-Regelung" und Verdachtsfristen

Allein der Beginn eines Liquidationsverfahrens oder die Einleitung von Sanierungsmaßnahmen sollen sich nicht rückwirkend auf die Bestellung von Finanzsicherheiten auswirken. Finanzsicherheiten, die am Tag der Eröffnung des Liquidationsverfahrens oder der Einleitung der Sanierungsmaßnahme, jedoch vor Erlass des entsprechenden Gerichtsbeschlusses bzw. des entsprechenden Verwaltungsaktes bestellt wurden, sollen wirksam sein, wenn sie ansonsten *allein* wegen der Eröffnung des Liquidationsverfahrens oder der Einleitung der Sanierungsmaßnahme für unwirksam oder nichtig erklärt oder rückgängig gemacht werden dürften.[381]

Damit sollen sogenannte „Null-Uhr-Regelungen", d.h. Regelungen, bei denen die Wirkung der Insolvenzeröffnung auf Mitternacht des jeweiligen Tages zurückverlegt wird, keine Auswirkungen auf die Finanzsicherheiten haben.[382] In der Regel verliert der Insolvenzschuldner am Tag der Eröffnung des Insolvenzverfahrens oder der Einleitung anderer Insolvenzmaßnahmen die Verfügungsmacht über die Gegenstände seines Vermögens. Einige Rechtsordnungen halten dabei die Stunde des gerichtlichen Beschlusses oder der behördlichen Entscheidung für maßgeblich. Andere Rechtsordnungen verweisen auf Null-Uhr zurück. Bei solchen „Null-Uhr-Regelungen" wird der Beginn des Insolvenzereignisses deshalb rückwirkend zurückverlegt, da davon ausgegangen wird, dass das Ereignis bereits um Mitternacht (Null-Uhr) vorlag.

---

[378] Kieper, Abwicklungssysteme, S. 226.

[379] Keller, BKR 2002, S. 347, 353.

[380] Uhlenbruck/Luer, § 104 Rn. 25.

[381] Art. 8 Abs. 1 a) FinRi.

[382] Benjamin/Yates, The Law of Global Custody, Rn. 4.40; Vgl. auch Kommissionsvorschlag für die Finanzsicherheiten-Richtlinie v. 27.03.2001, S. 10, Begründung zu Art. 9 des Entwurfs.

Weiterhin haben die Mitgliedstaaten sicherzustellen, dass Finanzsicherheiten nicht *allein* deshalb unwirksam sind, weil sie innerhalb eines bestimmten Zeitraums vor Eröffnung des Liquidationsverfahrens oder der Einleitung von Sanierungsmaßnahmen bestellt wurden.[383] Damit sollen die in den jeweiligen Insolvenzordnungen geltenden Verdachtsfristen für Finanzsicherheiten dann nicht gelten, wenn bei diesen Regelungen allein auf eine Verdachtsfrist abgestellt wird. Eine Verletzung der Gleichbehandlung der Gläubiger durch diese Bestimmung per se liegt daher nicht vor.[384]

b) Aufstockungs- und Ersatzsicherheiten

Art. 8 Abs. 1 und Abs. 3 FinRi haben den gleichen Regelungsinhalt. Während sich Art. 8 Abs. 1 FinRi auf die „gewöhnliche" Bestellung von Finanzsicherheiten bezieht, werden von Art. 8 Abs. 3 FinRi die Margensicherheiten erfasst. Wie bereits erläutert, kann eine Sicherungsvereinbarung die Verpflichtung enthalten, eine Finanzsicherheit bzw. zusätzliche Finanzsicherheiten wegen Veränderungen im Wert der Finanzsicherheit oder im Betrag der maßgeblichen Verbindlichkeit zu bestellen (Aufstockungssicherheit).[385] Die Sicherheitsvereinbarung kann auch dazu berechtigen, eine Finanzsicherheit im Austausch gegen eine andere zu bestellen (Ersatzsicherheit).[386] Nach Art. 8 Abs. 3 FinRi haben die Mitgliedstaaten für diese Fälle sicher zu stellen, dass die Bestellung dieser Aufstockungs- bzw. Ersatzsicherheiten nicht *allein* deswegen unwirksam, nichtig oder anfechtbar sein kann, weil sie am Tag der Insolvenzeröffnung oder der Einleitung der Sanierungsmaßnahme, jedoch noch vor dem erforderlichen Gerichtsbeschluss oder innerhalb eines bestimmten Zeitraumes vor Eröffnung des Insolvenzverfahrens oder eines erlassenen Gerichtsbeschlusses erfolgt ist.[387] Sinn und Zweck dieser Regelung ist die rechtliche Absicherung des an den Finanzmärkten weit verbreiteten „variation margining".[388] Würden die Nachschusssicherheiten unmittelbar vor Eröffnung des Insolvenzverfahrens anfallen, so bestünde die Möglichkeit der Insolvenzanfechtung z.B. nach § 130 Abs. 1 Nr. 1 InsO oder nach § 131 Abs. 1 Nr. 1 InsO. Gleiches gilt für den Fall, dass die maßgebliche Verbindlichkeit vor der Bestellung der zusätzlichen Finanzsicherheit entstanden ist. Damit sollen auch alte Verbindlichkeiten wirksam und ohne die Gefahr einer Insolvenzanfechtung abgesichert werden können.[389]

---

[383] Art. 8 Abs. 1 b) FinRi.

[384] Unschlüssig über den Umgang mit Art. 8 Abs. 1b) FinRi ist v. Wilmowsky, in: Derleder/Knops/Bamberger, § 62 Rn. 56. Jedoch ist die Regelung auf Grund des Wortes „allein" eindeutig.

[385] Art. 8 Abs. 3 a) FinRi.

[386] Art. 8 Abs. 3 b) FinRi.

[387] A.A. ist Haubold, in: Gebauer/Wiedmann, Zivilrecht unter europäischem Einfluss, Kap. 30, Rn. 294, der entgegen dem ausdrücklichen Wortlaut von Art. 8 Abs. 3 FinRi davon spricht, dass nach der Richtlinie die Margensicherheiten überhaupt nicht angefochten werden können.

[388] Vgl. auch BT-Drucks. 15/1853, S. 15.

[389] Art. 8 Abs. 3 ii) FinRi.

c) Bestellung von Finanzsicherheiten nach Insolvenzeröffnung

Nach Art. 8 Abs. 2 FinRi haben die Mitgliedstaaten sicherzustellen, dass die Bestellung einer Finanzsicherheit oder die Besicherung einer Verbindlichkeit oder die Besitzverschaffung an einer Verbindlichkeit, die nach der Eröffnung eines Liquidationsverfahrens oder der Einleitung von Sanierungsmaßnahmen erfolgt, rechtlich verbindlich und absolut wirksam ist, wenn der Sicherungsnehmer nachweisen kann, dass er von der Eröffnung des Verfahrens bzw. der Einleitung der Maßnahmen keine Kenntnis hatte und auch nicht haben konnte. Art. 8 Abs. 2 FinRi setzt somit voraus, dass der Sicherungsnehmer gutgläubig ist. Ihn trifft insofern die Beweislast.

Fraglich ist, ob auch Aufstockungs- und Ersatzsicherheiten in den Anwendungsbereich des Art. 8 Abs. 2 FinRi fallen. Jedenfalls sind die Margensicherheiten nicht wörtlich in Art. 8 Abs. 2 FinRi aufgeführt. Zum einen kann für eine Einbeziehung der Margensicherheiten in Art. 8 Abs. 2 FinRi sprechen, dass diese Vorschrift für die Bereitstellung sämtlicher Finanzsicherheiten gilt.[390] Die Aufstockungs- und Ersatzsicherheiten könnten insofern unter den weit gefassten Begriff „Finanzsicherheiten" fallen. Zum anderen könnte man aber mit Blick auf den gesamten Regelungsinhalt des Art. 8 FinRi davon ausgehen, dass für die „gewöhnliche Bereitstellung" der Finanzsicherheiten Ausführungen in Art. 8 Abs. 1 und 2 FinRi getroffen wurden, wogegen die Aufstockungs- und Ersatzsicherheiten erst in Art. 8 Abs. 3 FinRi aufgeführt werden. Würde eine solche Systematik vorliegen, könnte dies ein Anhaltspunkt dafür sein, dass die Margensicherheiten nicht unter Art. 8 Abs. 2 FinRi fallen.

Es ist schwierig, aus der Zusammensetzung des Art. 8 FinRi bestimmte Schlussfolgerungen zu ziehen. Während die Regelungsinhalte von Art. 8 Abs. 1 FinRi und Art. 8 Abs. 3 FinRi nahezu identisch sind und sie sich lediglich von der zu bestellenden Sicherheit unterscheiden, regelt Art. 8 Abs. 2 FinRi hingegen einen ganz anderen zeitlichen Abschnitt. Nach dieser Vorschrift ist zu gewährleisten, dass die Bestellung von Finanzsicherheiten, die am der Tag der Eröffnung des Insolvenzverfahrens, jedoch nach der Eröffnung des Insolvenzverfahrens getätigt werden, wirksam ist. Art. 8 Abs. 3 FinRi regelt für Margensicherheiten aber den Zeitraum vor Eröffnung des Insolvenzverfahrens. Somit ist zumindest festzustellen, dass sich mit der Regelungsanordnung des Art. 8 Finanzsicherheiten-Richtlinie allein nicht feststellen lässt, ob die Margensicherheiten unter Art. 8 Abs. 2 FinRi fallen. Es kann aber nicht per se ausgeschlossen werden.

Allerdings ist in Art. 8 Abs. 2 FinRi ein Anhaltspunkt enthalten, der auf eine Einbeziehung der Margensicherheiten schließen lässt. Art. 8 Abs. 2 FinRi spricht nämlich von „[...] Bestellung einer Finanzsicherheit oder [...] Besicherung einer Verbindlichkeit [...]", so dass auf Grund dieser Differenzierung auch die Margensicherheiten von dieser Vorschrift erfasst werden. Somit können nach Art. 8 Abs. 2 FinRi auch Aufsto-

[390] Vgl. Kieper, Abwicklungssysteme, S. 228, der schlicht davon ausgeht, dass der Begriff „Finanzsicherheiten" auch Margensicherheiten umfasst.

ckungs- und Ersatzsicherheiten, die am Tag der Eröffnung des Insolvenzverfahrens, jedoch nach der Eröffnung wirksam bereitgestellt werden, wenn der Sicherungsnehmer nachweisen kann, dass er von der Eröffnung des Verfahrens keine Kenntnis hatte bzw. haben konnte.

d) Art. 8 Abs. 4 FinRi

Art. 8 Abs. 4 FinRi stellt ausdrücklich klar, dass das allgemeine einzelstaatliche Insolvenzanfechtungsrecht, z.B. wegen vorsätzlicher Gläubigerbenachteiligung, weiterhin anwendbar bleibt und nicht durch diese Richtlinie berührt wird.[391]

e) Zusammenfassung

Die Finanzsicherheiten-Richtlinie beinhaltet keine Regelungen, nach denen generell eine Anfechtung für Finanzsicherheiten ausgeschlossen wird. Art. 8 Abs. 1 FinRi verlangt lediglich, dass die Bestellung einer Finanzsicherheit nicht allein deshalb unwirksam oder anfechtbar ist, weil diese zu einem bestimmten Zeitpunkt abgeschlossen wurde. Gleiches gilt für Art. 8 Abs. 3 FinRi in Bezug auf Margensicherheiten. Zum anderen bleiben die allgemeinen staatlichen Insolvenzvorschriften in Bezug auf die Anfechtbarkeit unberührt, Art. 8 Abs. 4 FinRi.

Auch die Regelung des Art. 8 Abs. 2 FinRi führt zu keinem Anfechtungsausschluss, denn nach dieser Vorschrift haben die Mitgliedstaaten lediglich sicher zu stellen, dass die Bestellung einer Finanzsicherheit oder die (nachträgliche) Besicherung einer Verbindlichkeit rechtlich verbindlich und absolut wirksam ist, wenn der Sicherungsnehmer nachweisen kann, dass er von der Eröffnung des Verfahrens bzw. der Einleitung der Maßnahmen keine Kenntnis hatte und auch nicht haben konnte. Es wird keine Gewährleistung dafür gefordert, dass die Bestellung der Finanzsicherheit nicht rückgängig gemacht oder für nichtig erklärt werden kann. Insofern besteht auch nach dieser Regelung kein genereller Anfechtungsausschluss.

IV. Dritter Regelungsabschnitt: Internationales Privatrecht

Ein wichtiger Baustein im Rahmen der Finanzsicherheiten-Richtlinie ist die Vorschrift zur Bestimmung des auf die Begründung oder Verwertung eines dinglichen Sicherungsrechtes anwendbaren Rechts. Allgemein lässt sich sagen, dass die Bestimmung des anwendbaren Rechts im Rahmen von grenzüberschreitenden Wertpapierleih- und Pensionsgeschäften sowie „repurchase agreements" eine bedeutende Rolle spielt. Auf den internationalen Finanzmärkten werden Kredite gegen derartige Sicherheiten gewährt. Die Kreditgeber müssen sich, auch hinsichtlich einer möglichen Vollstreckung, sicher sein, ob die ihnen gewährte Sicherheit unter die jeweilige Rechtsordnung fällt.

[391] Vgl. auch gemeinsamer Standpunkt im Hinblick auf Finanzsicherheiten-Richtlinie, Abl. C 119 E, S. 25.

Welches Recht bei derartigen Verfügungen anwendbar ist, stellt für die Praxis daher ein wesentliches Hemmnis dar.[392]

1. Grundsätzliches zum Kollisionsrecht bei Wertpapieren

Das EGBGB kennt keine Kollisionsvorschrift für das im Zusammenhang mit Verfügungen über Wertpapieren anwendbare Recht.[393] Art. 37 Nr. 1 EGBGB bestimmt nur, dass auf Verpflichtungen aus Wechseln, Schecks und anderen Inhaber- und Orderpapieren (sofern die Verpflichtungen aus diesen anderen Wertpapieren aus deren Handelbarkeit entstehen) die Vorschriften über vertragliche Schuldverhältnisse keine Anwendung finden. Allerdings wurden von Rechtsprechung und Lehre allgemeine Grundsätze entwickelt, wonach im Internationalen Privatrecht bei Wertpapieren zwischen dem Wertpapierrechtsstatut[394] und dem Wertpapiersachstatut zu unterscheiden ist.[395]

a) Wertpapierrechtsstatut

Das Wertpapierrechtsstatut wird danach bestimmt, welches Recht nach den Regeln des Internationalen Privatrechts auf das verbriefte Recht zur Anwendung kommt (Recht aus dem Papier). Es entscheidet über den wertpapierrechtlichen Akt der Verbriefung, welcher bestimmt, ob überhaupt ein Wertpapier vorliegt bzw. welchen Charakter es hat (Inhaber-, Order- oder Rektapapier).[396] Wird mit dem Wertpapier ein Mitgliedschaftsrecht verbrieft (wie im Fall von Aktien), so unterliegt dieses Mitgliedschaftsrecht den Regeln des Internationalen Gesellschaftsrechts und somit dem Gesellschaftsstatut.[397] Handelt es sich bei dem verbrieften Recht um ein Sachenrecht (z.B. Grundschuldbrief), so ist das Wertpapierrechtsstatut der Ort, an dem die belastete Sache belegen ist; also in dem Fall die „lex- rei-sitae".[398] Beinhaltet das verbriefte Recht eine Forderung, z.B. bei einer Schuldverschreibung, einem Wechsel oder Scheck, so ist das Hauptstatut das Schuldstatut. Aus den allgemeinen Grundsätzen des Internationalen Schuldvertragrechts ergibt sich, dass diesbezüglich grundsätzlich Rechtswahlfreiheit besteht.[399] Die Parteien können demnach das auf die verbriefte Forderung anwendbare Recht prinzipiell frei wählen. In der Regel handelt es sich um das Schuld- oder Gesellschaftsstatut.

---

392 Löber, BKR 2001, 120, 122.

393 Schefold, IPRax 2000, S. 468, 469.

394 Das Wertpapierrechtsstatut wird auch als Hauptstatut bezeichnet.

395 BGHZ 108, 353, 356 = NJW 1990, S. 242, 243 = IPRax 1991, S. 338 f.; Staudinger/Stoll, Int. Sachenrecht, Rn. 412; MüKo-EGBGB/Wendehorst, Art. 43 Rn. 194.

396 Staudinger/Stoll, Int. Sachenrecht, Rn. 142; Franz, Überregionale Effektentransaktionen, S. 131.

397 Einsele, Wertpapierrecht als Schuldrecht, S. 398.

398 MüKo-HGB/Einsele, Depotgeschäft, Rn. 12.

399 Staudinger/Stoll, Int. Sachenrecht, Rn. 416; MüKo-HGB/Einsele, Depotgeschäft, Rn. 12; Einsele, WM 2003, S. 2349, 2350.

Zusammengefasst lässt sich sagen, dass das Wertpapierrechtsstatut kollisionsrechtlich entscheidet, welches Recht auf das im Wertpapier verbriefte Recht Anwendung findet, während das Wertpapiersachstatut Fragen regelt, die mit dem Statut des Wertpapiers als Sache zusammenhängen. Das Wertpapiersachstatut soll im Folgenden von Interesse sein.

b) Wertpapiersachstatut

Nach dem Wertpapiersachstatut untersteht das Wertpapier sachenrechtlich dem Recht des Lageortes (Recht am Papier). Diese „lex-rei-sitae-Regel" ist der traditionell kollisionsrechtliche Grundsatz zur Bestimmung der anwendbaren Rechtsordnung bei grenzüberschreitenden Wertpapiertransaktionen.[400] Danach entscheidet über das Recht am Papier das Recht des Ortes, an dem die Urkunde liegt.[401] Die Geltung der „lex-rei-sitae-Regel" ist grundsätzlich für Inhaberpapiere allgemein anerkannt.[402] Bei Orderpapieren muss differenziert werden, da Orderpapiere entweder ohne Indossament (blanko) oder durch Indossament übertragen werden. Im Falle von blanko indossierten Orderpapieren gilt die „lex-rei-sitae-Regel", denn auch bei Verfügungen über das Order*papier* gilt das Wertpapiersachstatut.[403] Da die Wirksamkeit dieser Verfügung jedoch nichts darüber aussagt, ob auch das Recht aus dem Papier erworben wurde, ist für die Frage, ob das verbriefte Recht auf Grund des Eigentumserwerbes geltend gemacht werden kann, das Wertpapierrechtsstatut maßgeblich. Bei der Übertragung des verbrieften Rechts durch Indossament entscheidet auch das Wertpapierrechtsstatut, ob das Indossament dem Erwerber zugleich das Eigentum an dem Papier verschafft.[404]

Eine weitere Ausnahme bildet die Namensaktie als sogenanntes „geborenes Orderpapier".[405] Obwohl die Namensaktie ebenso in einer Urkunde verbrieft ist, wird sie im Gegensatz zu Inhaberpapieren nicht als bewegliche Sache angesehen, da bei Namensaktien das in der Aktie verbriefte Mitgliedschaftsrecht im Vordergrund steht.[406] Für Namensaktien findet daher das Prinzip der „lex-rei-sitae" keine Anwendung, sondern es gilt grundsätzlich das Recht, das für die Organisation der betreffenden Gesellschaft maßgeblich ist.[407] Insofern ist nunmehr bei der Übertragung von Namensaktien das

---

400 Als Synonym wird auch der Begriff „lex-cartae-sitae" gebraucht.

401 MüKo-EGBGB/Wendehorst, Art. 43 Rn. 196; Staudinger/Stoll, Int. Sachenrecht, Rn. 413 ff.; Kegel/Schurig, Internationales Privatrecht, S. 768.

402 BGHZ 108, 353, 356; v. Bar, in: FS für Lorenz, S. 273, 294.

403 MüKo-EGBGB/Wendehorst, Art. 43 Rn. 197; Staudinger/Stoll, Int. Sachenrecht, Rn. 423, 370 f.

404 Siehe dazu §§ 93 WG, 63 ScheckG; Staudinger/Stoll, Int. Sachenrecht, Rn. 423, 413.

405 Bei der Namensaktie wird der Berechtigte durch namentliche Nennung ausgewiesen. Deshalb ist sie kein Rektapapier, sondern von Natur aus ein Orderpapier. Vgl. Hüffer-AktG, § 68 Rn. 2.

406 Vgl. KölnerKomm-AktG/Lutter, Anh. § 68 Rn. 31; Gruson, AG 2004 S. 358, 370 f.

407 Die lange umstrittene Frage, ob sich das Personalstatut einer Gesellschaft nach dem Recht des Gründungsstaates („Gründungstheorie") oder nach dem Recht des Staates, in dem sich der Sitz der Hauptverwaltung der Gesellschaft befindet („Sitztheorie"), bestimmt, ist durch die Rechtsprechung des EuGH (Urt. v. 05.11.2002 - Rs. C-208/00, Slg. 2002, I-9919 = RIW 2002, S. 945 –

Recht des Ortes anzuwenden, an dem die ausgebende Aktiengesellschaft gegründet wurde. Allerdings ist zu beachten, dass gemäß § 10 Abs. 5 AktG in der Satzung der Aktiengesellschaft der Anspruch des Aktionärs auf eine Verbriefung seines Anteils ausgeschlossen sein kann. In einem solchen Fall wird an Stelle der getrennten Streifbandverwahrung die Girosammelverwahrung angewandt, da fortan nur noch eine Globalurkunde existiert.[408] Da für den Bereich des Effektengiroverkehrs § 17a DepotG Anwendung findet, scheidet die Anknüpfung an das für die Organisation der betreffenden Gesellschaft maßgebliche Recht somit aus.

Bei Rektapapieren[409] ist umstritten, ob - ähnlich wie bei den Orderpapieren - eine Aufspaltung in Wertpapiersachstatut und Wertpapierrechtsstatut vorzunehmen ist oder nicht.[410] Auf eine vertiefte Darlegung hierzu soll jedoch verzichtet werden.

c) Problematik der „lex-rei-sitae-Regel" im Effektengiroverkehr

Die Anknüpfung nach der „lex-rei-sitae-Regel" ist im Hinblick auf das Wertpapierkollisionsrecht sachgerecht, wenn durch tatsächliche Übergabe von Urkunden über bestimmte Wertpapiere verfügt wird. Diese Anknüpfungsregelung stellt sich jedoch als zweifelhaft dar und bereitet Probleme, wenn die Wertpapiere im grenzüberschreitenden Effektengiroverkehr übertragen werden, da eine physische Übergabe der Wertpapiere nicht stattfindet.[411]

Der „lex-rei-sitae-Regel" zu Folge müssen immer die Belegenheitsorte der Wertpapiere erforscht werden, was insbesondere bei Finanzsicherheiten zu besonders gravierenden Schwierigkeiten führen kann. Gerade Finanzsicherheiten sind in der überwiegenden Mehrheit im Effektengiroverkehr übertragbare Wertpapiere, die auf Depotkonten bei Zentralverwahrern oder anderen Intermediären gehalten werden.[412] Da die Sammelbestände an solchen Wertpapieren an mehreren Stellen endverwahrt werden können, lässt sich die Frage nach dem Ort der Belegenheit der Sicherheit oft nicht genau feststellen. Insbesondere müssten Verfügungen über Miteigentumsanteile den sachenrechtlichen Anforderungen aller Staaten genügen, in denen der Sammelbestand verwahrt wird.[413] Besondere Probleme bereiten beispielsweise zur Sicherheit verpfändete Wertpapiere, bei denen die Rechtsordnungen verschiedener Staaten Anwendung

„Überseering"; Urt. v. 30.09.2003 - Rs. C-167/01, Slg. 2003, I-10155 = RIW 2003, S. 957 – „Inspire Art Ltd.") zu Gunsten der „Gründungstheorie" entschieden worden.

408 Siehe im Falle der Namensaktie auch MüKo-AktG/Bayer, § 68 Rn. 5.

409 Rektapapiere werden auch als Namenspapiere bezeichnet.

410 Gegen eine Aufspaltung: MüKo-EGBGB (3. Aufl.)/Kreuzer, nach Art. 38 EGBGB Anh. I, Rn. 118, 125; v. Bar, in: FS für Lorenz, S. 273, 294; a.A. Staudinger/Stoll, Int. Sachenrecht, Rn. 413; MüKo-EGBGB/Wendehorst, Art. 43 Rn. 199.

411 Graham-Siegenthaler, Kreditsicherungsrechte im internationalen Rechtsverkehr, S. 691 f.; Einsele, Wertpapierrecht als Schuldrecht, S. 456; Schefold, IPRax 2000, S. 468, 469.

412 Löber, BKR 2001, S. 120, 122.

413 Einsele, WM 2001, S. 7, 14 f.

finden, wobei die einzelnen sachenrechtlichen Vorschriften divergieren.[414] Desweiteren lagern die Wertpapiere in der Regel nur noch an einer Stelle und es findet kein Umlauf mehr statt, so dass es schwierig erscheint, die Depotkontenbuchung noch als „res" zu charakterisieren.[415] Dies gilt vor allem vor dem Hintergrund, dass zunehmend ein Entmaterialisierungsprozess stattfindet und damit die Wertpapierurkunde ihre Funktion verliert.[416] Auf Grund der grenzüberschreitenden Wertpapierübertragungen erscheint die Anwendung der „lex-rei-sitae-Regel" daher nicht mehr als zeitgemäß.[417]

d) Einführung des PRIMA-Grundsatzes

Mit Einführung des Art. 9 Abs. 2 Finalitätsrichtlinie wendete sich der Europäische Gesetzgeber für einen bestimmten Bereich des Wertpapierkollisionsrechts vom herrschenden „lex-rei-sitae-Grundsatz" ab. Nunmehr unterliegen Verfügungen über Wertpapiere, die zu Sicherungszwecken verwendet werden, nicht dem Recht des Lageortes des Wertpapiers, sondern vielmehr dem Recht des Ortes der maßgeblichen Depotkontenführung. Zum Teil wurde das neue Anknüpfungsmodell als „lex-conto-sitae" bezeichnet.[418] Letztlich ist aber bereits mit Art. 9 Abs. 2 Finalitätsrichtlinie der sogenannte „intermediary approach" - also die Anknüpfung an den Ort des Intermediärs, an dem das maßgebliche Depotkonto geführt wird – ins Leben gerufen worden. Diese Anknüpfung, welche die „lex-rei-sitae-Regel" ablöste, wird als „PRIMA-Grundsatz" bezeichnet.[419] Die Anknüpfung erfolgt nun an das Recht des Ortes des Intermediärs.

2. Regelung des Art. 9 FinRi

Mit Art. 9 FinRi ist eine Regelung hinsichtlich des anzuwendenden Rechts in Bezug auf Finanzsicherheiten getroffen worden. Danach ist für alle im Rahmen der Finanzsicherheiten relevanten Regelungstatbestände im Hinblick auf im Effektengiro übertragbare Wertpapiere das Recht des Landes anzuwenden, in dem das maßgebliche

---

[414] Einsele, WM 2003, S. 2349, 2349; Herring/Cristea, ZIP 2004, S. 1627, 1632; Girsberger/Hess, AJP/PJA 2006, S. 992, 996; Eidenmüller, Internationale Entwicklungen im Recht der Kreditsicherheiten, S. 117, 134.

[415] Vgl. auch Than, in: FS für Kümpel, S. 543, 558; Keller, WM 2000, S. 1269, 1274.

[416] Siehe dazu Einsele, Wertpapierrecht als Schuldrecht, S. 456 ff.; Schefold, IPRax 2000, S. 469, 470; ders., in: FS für Jayme, S. 805, 808; zur fortschreitenden Entmaterialisierung, Than, in: FS für Heinsius, S. 809, 828 ff.; Kümpel, Bank- und Kapitalmarktrecht, Rn. 11.202; Merkt/Rossbach, ZVglRWiss 102 (2003), S. 33, 43.

[417] Vgl. Graham-Siegenthaler, Kreditsicherungsrechte im internationalen Rechtsverkehr, S. 692; nach *Einsele*, WM 2001, S. 7, 15, ist auf Grund der vielen Kontoverbindungen, die die Staaten untereinander unterhalten, die Anerkennung der grenzüberschreitenden Effektenübertragung nicht gesichert.

[418] Keller, WM 2000, S. 1269, 1274.

[419] Die Abkürzung "PRIMA" steht für "Place of the Relevant Intermediary Approach". Das US-amerikanische Recht kennt bereits den intermediary approach, Art. 8 UCC.

Konto geführt wird.[420] Das maßgebliche Konto ist in Bezug auf im Effektengiro übertragbare Wertpapiere, die als Finanzsicherheit gestellt werden, das Register oder Depotkonto, in dem der maßgebliche Eintrag bzw. die Buchung erfolgt, Art. 2 Abs. 1 h) FinRi. Damit wird auf den Ort der für die Wertpapierübertragung maßgeblichen Buchung abgestellt. Ein „im Effektengiro übertragbares Wertpapier" im Sinne der Finanzsicherheiten-Richtlinie ist somit eine in Form von Finanzinstrumenten bestehende Finanzsicherheit, die in einem Register eingetragen oder auf einem Depotkonto verbucht wird, das von einem bzw. für einen Intermediär geführt wird.[421]

Insofern wurde mit dieser Regelung das mit Art. 9 Abs. 2 Finalitätsrichtlinie eingeführte Kontenprinzip für zentral verwahrte Wertpapiere noch deutlicher herausgearbeitet, denn bereits in der Finalitätsrichtlinie wurde auf den Ort der für die Wertpapierübertragung maßgeblichen Buchung abgestellt.[422] Nach ganz überwiegender Meinung finden deshalb die Aspekte des Art. 9 Abs. 2 Finalitätsrichtlinie in Art. 9 Finanzsicherheiten-Richtlinie ihre Fortsetzung, so dass mit dieser Festlegung weiterhin das „PRIMA-Prinzip" Anwendung findet.[423] Zu erwähnen bleibt noch, dass die Regelung des Art. 9 FinRi als Sachnormverweisung ausgestaltet ist, d.h. es wird jegliche Vorschrift ausgeschlossen, die für die jeweilige Rechtsfrage auf das Recht eines anderen Staates verweist.[424]

a) Ort der Kontoführung

Wie bereits unter Punkt C. I. 2. a) aa) erläutert wurde, werden beim Effektengiroverkehr die Wertpapierurkunden für die Eigentumsübertragung nicht mehr körperlich bewegt, sondern durch Umbuchung „geliefert".[425] Es stellt sich damit die Frage, wie sich der Ort der Kontoführung nach der Finanzsicherheiten-Richtlinie bestimmt. Art. 10 Abs. 2 des Richtlinienvorschlages der Kommission enthielt noch eine Definition des Ortes der Kontoführung.[426] Danach wurde als Ort der Kontoführung die Zweigstelle bzw. Niederlassung des maßgeblichen Intermediärs angesehen. Zum Zeitpunkt der Beratungen über die Errichtung der Finanzsicherheiten-Richtlinie fand parallel auf internationaler Ebene eine Haager Konferenz statt, welche Vorschläge zur Bestim-

---

420 Art. 9 Abs. 1 FinRi.

421 So auch Pöch, ÖBA 2004, S. 507, 514; wohl auch Haubold, in: Gebauer/Wiedmann, Zivilrecht unter europäischem Einfluss, Kap. 30, Rn. 295.

422 Keller, BKR 2002, S. 347, 354.

423 Mankowski, in: Reithmann/Martiny, Internationales Vertragsrecht, Rn. 1274; Gemeinsamer Standpunkt des Europäischen Parlamentes und Rates, C 119E/ 25, v. 22.05.2002, Aussage zu Art. 9; scheinbar anderer Auffassung sind Jayme/Kohler, IPRax 2003, S. 485, 487, welche nach der Kollisionsnorm der Finanzsicherheiten-Richtlinie den Grundsatz der „lex-rei-sitae" als nicht verändert sehen, jedoch bestimmt sich die Belegenheit anders. Dies führt allerdings zum gleichen Ergebnis.

424 Vgl. Art. 9 Abs. 1 Satz 2 FinRi; MüKo-EGBGB/Wendehorst, Art. 43 Rn. 228.

425 Reuschle, BKR 2003, S. 562, 563; Einsele, WM 2001, S. 2415, 2416 f.

426 Die Fassung vom 27.03.2001.

mung des auf indirekt gehaltene Wertpapiere anwendbaren Rechts zum Inhalt hatte.[427] Da man dieser Konferenz in ihren Beratungen nicht die Hände binden wollte, verzichtete man bewusst darauf, nähere Einzelheiten in der Finanzsicherheiten-Richtlinie zu regeln.[428] Somit wurde auf Art. 10 Abs. 2 des Kommissionsvorschlages in der endgültigen Fassung des Art. 9 FinRi verzichtet. Es sollte in der Richtlinie lediglich das „PRIMA-Prinzip" festgelegt werden.

Wie der Ort der Kontoführung genau zu bestimmen ist, bleibt damit unklar, zumal Art. 9 Abs. 1 FinRi darüber nichts aussagt. Art. 2 Abs. 1 h) FinRi deutet aber an, dass es für die Identifizierung des maßgeblichen Intermediärs auf die Buchung ankommen soll, aus der sich unmittelbar das Recht des Sicherungsnehmers ergibt.[429] Diese präzise Formulierung ist wichtig, da die Buchungsvorgänge für ein beschränkt dingliches Sicherungsrecht andere sind als bei einer Vollrechtsübertragung.[430] Im Falle einer Vollrechtsübertragung von Wertpapieren werden die Wertpapiere vom Konto des Verfügenden auf das Konto des Sicherungsnehmers umgebucht. Werden die Wertpapiere hingegen zur Sicherheit verpfändet, so wird auf dem Konto des Sicherungsgebers lediglich der Vermerk eingetragen, dass der Sicherungsnehmer Inhaber des wirtschaftlichen Vollrechtes ist.[431]

Die Regelung des Art. 9 FinRi ist somit wie folgt auszulegen: Es ist immer das Konto bei demjenigen Zwischenverwahrer das maßgebliche, der zu Gunsten des Sicherungsnehmers bucht.[432] Dies kann bei der Eintragung eines Vermerkes hinsichtlich eines beschränkt dinglichen Sicherungsrechts zu Gunsten des Sicherungsnehmers folglich dazu führen, dass auch das Recht des Landes zur Anwendung kommt, in dem sich das Konto des Sicherungsgebers befindet. Die Frage, ob es dabei auf die jeweils ausführende Geschäftsstelle des Zwischenverwahrers ankommt oder nicht, muss bejaht werden.[433] Auch wenn sich Art. 10 Abs. 2 des Kommissionsvorschlages in der endgültigen Fassung der Richtlinie nicht wiederfindet, so ist dennoch die Intention des Richtliniengebers bei der Auslegung von Art. 9 FinRi miteinzubeziehen. Insofern muss in

---

427 Der genaue Titel nach der deutschen Fassung lautet: „Das Übereinkommen über die auf bestimmte Rechte im Zusammenhang mit zwischenverwahrten Wertpapieren anzuwendende Rechtsordnung".

428 Gemeinsamer Standpunkt des Europäischen Parlamentes und Rates, C 119E/25, v. 22.05.2002, Aussage zu Art. 9.

429 Nach Art. 2 Abs. 1 h) FinRi ist das „maßgebliche Konto [...] das Register oder Depotkonto, in dem der maßgebliche Eintrag/Buchung erfolgt, auf Grund deren der Sicherungsnehmer die Sicherheit erlangt." So auch MüKo-EGBGB/Wendehorst, Art. 43 Rn. 228; Vgl. auch Begründung der Kommission, zum Richtlinienvorschlag v. 27.03.2001, KOM (2001) 168 end, S. 12.

430 Guynn/Marchand in: van Houtte, The Law of Cross-border Securities Transactions, Rn. 3.02.

431 MüKo-EGBGB/Wendehorst, Art. 43 Rn. 224.

432 Gleicher Ansicht ist auch MüKo-EGBGB/Wendehorst, Art. 43 Rn. 228, wonach das maßgebliche Konto das bei demjenigen Zwischenverwahrer ist, der unmittelbar für denjenigen bucht, der nach der Verfügung das wirtschaftliche Vollrecht hat.

433 Das Haager Wertpapier-Übereinkommen, welches gleich noch genauer betrachtet wird, trifft in dieser Hinsicht eindeutige Regelungen.

diesem Zusammenhang die unmittelbar tätige Geschäftsstelle des Zwischenverwahrers maßgeblich sein. Diese vom Richtliniengeber bevorzugte Lösung, auf das Konto desjenigen Zwischenverwahrers abzustellen, der zu Gunsten des Sicherungsnehmers bucht, wirft jedoch wegen fehlender Klarheit und Eindeutigkeit des Art. 9 FinRi weitere Fragen auf.

aa) Zirkularität

Dem von *Wendehorst*[434] aufgeworfenen Problem, die Regelung des Art. 9 FinRi führe zu einer Zirkularität, kann nicht zugestimmt werden. Freilich entscheidet gemäß Art. 9 Abs. 2 b) FinRi das Recht des Landes, in dem das Konto bzw. Register geführt wird, auch über die Frage, ob das Sicherungsrecht wirksam bestellt wird bzw. welche Anforderungen an eine wirksame Bestellung eines Sicherungsrechtes zu stellen sind. Die Befürchtung aber, dass sich das maßgebliche Konto nur ermitteln lässt, wenn feststeht, dass das ermittelnde Recht die Sicherheitenbestellung als wirksam ansieht, ist unberechtigt, da die Finanzsicherheiten-Richtlinie von den Mitgliedstaaten gerade die wirksame Anerkennung der Sicherheitenbestellung verlangt.

bb) Konkurrierende Verfügungen

Die Finanzsicherheiten-Richtlinie verlangt von den Mitgliedstaaten aber nicht, dass die Sicherheitenbestellung nach den gleichen Voraussetzungen zu erfolgen hat. Damit kann es bei einer konkurrierenden Verfügung über dasselbe Depot auf Grund der unterschiedlichen Rechtsordnungen - wenn die sachenrechtlichen Vorschriften divergieren[435] - zu unvorhergesehenen Kollisionen kommen.[436] Die Frage, wie mit konkurrierenden Verfügungen umzugehen ist, bleibt von der Finanzsicherheiten-Richtlinie unbeantwortet. Es werden zu diesem Problem im Wesentlichen drei Lösungen angeboten:[437]

Zum einen kann mit Blick auf den europarechtlichen Auslegungsgrundsatz des „effet utile" argumentiert werden, dass es im Falle konkurrierender Verfügungen für die Wirksamkeit der Verfügung noch auf das Recht des Depotkontos des Sicherungsgebers ankommen soll. Dieser Ansatz scheint auf den ersten Blick relativ klar und transparent. Eine solche Möglichkeit ist aber abzulehnen, da Art. 9 FinRi ansonsten zu weit teleologisch reduziert würde.

Zum anderen könnte der Prioritätsgrundsatz Anwendung finden, wonach die zuerst wirksam gewordene Verfügung das anzuwendende Statut bestimmt und für alle anderen Verfügungen maßgebend ist. Dieser Ansatz bestimmt eindeutig und exakt die

434 MüKo-EGBGB/Wendehorst, Art. 43 Rn. 229.

435 Einsele, WM 2003, S. 2349, 2349; Herring/Cristea, ZIP 2004, S. 1627, 1632.

436 In der Regel wird der Sicherungsgeber ein großes Interesse haben, das jeweilige Wertpapierdepot nur einmal als Sicherheit einzusetzen, so dass konkurrierende Verfügungen eher die Ausnahme darstellen. Allerdings sind auch Buchungsfehler nicht auszuschließen.

437 Vgl. ausführlich dazu MüKo-EGBGB/Wendehorst, Art. 43 Rn. 232 ff.

Voraussetzungen, um aus den vorgenommenen Verfügungen die maßgebliche zur Anwendung kommen zu lassen. Eventuell auftretende Schwierigkeiten, die bei zeitnah vorgenommenen Verfügungen entstehen können, müssen dabei in Kauf genommen werden. Für den Prioritätsgrundsatz spricht letztendlich auch der Erwägungsgrund Nr. 11 der Finanzsicherheiten-Richtlinie. Danach schützt diese Richtlinie nur Finanzsicherheiten, deren Bereitstellung schriftlich entweder durch elektronische Aufzeichnung oder durch jede andere Art der Aufzeichnung mittels eines dauerhaften Datenträgers nachgewiesen werden kann.

Wendehorst vertritt eine sogenannte „quasi-schuldrechtliche Lösung".[438] Nach dieser Ansicht haben beide Sicherungsnehmer zunächst die Sicherheit zu erhalten. Da es sachenrechtlich immer nur eine Sicherheit geben kann, kann der unterlegende Sicherungsnehmer von seinem Intermediär oder von dem maßgeblichen Sicherungsnehmer bzw. von dessen Intermediär schuldrechtliche Schadensersatzansprüche geltend machen. Allerdings sagt diese Ansicht nichts darüber aus, wer letztendlich der „unterlegende Sicherungsnehmer" ist. Da auch dieser Ansatz wohl nach dem Prioritätsprinzip den „unterlegenden Sicherungsnehmer" bestimmt, ähneln sich beide Auffassungen stark. Somit ist im Falle von konkurrierenden Verfügungen nach dem Prioritätsprinzip vorzugehen und zu ermitteln, welcher Sicherungsnehmer zuerst die wirksame Finanzsicherheit erhalten hat.

Da sich erst mit der Buchung zu Gunsten des endgültigen Verfügungsempfängers der gesamte Erwerbstatbestand nach dem Recht des Staates beurteilt, in dem das maßgebliche Konto geführt wird, ist fraglich, wonach sich das anwendbare Recht bei stattfindenden Kettenverfügungen (innerhalb einer Verwahrkette) bestimmt. Die Finanzsicherheiten-Richtlinie trifft diesbezüglich keine Regelungen. Es ist jedoch davon auszugehen, dass bis zur Buchung zu Gunsten des Verfügungsempfängers das Recht des Buchungskontos maßgeblich ist, welches den jeweiligen Vollrechtsinhaber ausweist.[439]

cc) Zwischenergebnis

Aus dem Wortlaut des Art. 9 FinRi lässt sich der maßgebliche Ort der Kontoführung nicht feststellen. Die Definition des Art. 2 Abs. 1 h) FinRi macht jedoch deutlich, dass für die Ermittlung des Ortes der Kontoführung immer das Konto bei demjenigen Zwischenverwahrer das maßgebliche ist, der zu Gunsten des Sicherungsnehmers bucht. Dabei ist die Buchung entscheidend, aus der sich unmittelbar das Recht des Sicherungsnehmers ergibt. Daraus folgt wiederum, dass nur die jeweilige Geschäftsstelle des Zwischenverwahrers, welche die unmittelbare Buchung zu Gunsten des Sicherungsnehmers vornimmt, entscheidend ist. Bei konkurrierenden Verfügungen ist nach dem Prioritätsprinzip vorzugehen. Bei Verfügungen innerhalb einer Verwahrkette beurteilt sich mit der Buchung zu Gunsten des endgültigen Verfügungsempfängers

[438] MüKo-EGBGB/Wendehorst, Art. 43 Rn. 234.
[439] MüKo-EGBGB/Wendehorst, Art. 43 Rn. 248.

der gesamte Erwerbstatbestand nach dem Recht des Staates, in dem das maßgebliche Konto geführt wird. Bis zu diesem Zeitpunkt ist das Recht des Buchungskontos maßgeblich, welches den jeweiligen Vollrechtsinhaber ausweist.

b) Einschränkung des Wertpapierrechtsstatuts ?

Ein wesentlicher Grund für die inhaltliche Unklarheit des Art. 9 FinRi ist - wie bereits angedeutet - die Haager Wertpapier-Konferenz. Bevor in diesem Zusammenhang auf das Haager Wertpapier-Übereinkommen kurz eingegangen wird, ist hinsichtlich des Regelungsgegenstandes von Art. 9 Abs. 1 FinRi noch Folgendes klarzustellen: Art. 9 Abs. 2 a) FinRi legt fest:

> „Die von Abs. 1 [dem Recht der Kontobuchung, Anm. d. Verf.] erfassten Regelungsgegenstände sind: a) Rechtsnatur und dingliche Wirkung von im Effektengiro übertragbaren Wertpapieren [...]".

Diese sprachliche Fassung der Richtlinie könnte so verstanden werden, als ob Art. 9 Abs. 1 FinRi darüber entscheidet, ob ein im Effektengiroverkehr übertragbares Wertpapier vorliegt.[440] Insofern würde nach diesem Verständnis nicht mehr das Wertpapierrechtsstatut darüber entscheiden, ob ein „im Effektengiroverkehr übertragbares Wertpapier" vorliegt.

Allerdings zeigt die Definition von „im Effektengiro übertragbare[n] Wertpapiere[n]" lediglich, dass es sich diesbezüglich im Rahmen der Richtlinie um Finanzsicherheiten handelt und auf diese auch abzustellen ist, Art. 2 Abs. 1 g) FinRi. Auch offenbaren die übrigen Sprachfassungen der Richtlinie, dass das anzuwendende Recht lediglich die Rechtsnatur des Sicherungsrechts, nicht jedoch die Rechtsnatur der verwahrten Effekten an sich bestimmen soll.[441] Somit gilt lediglich für im Effektengiroverkehr übertragbare Wertpapiere, welche als Finanzsicherheit eingesetzt werden, dass künftig nicht mehr das Wertpapierrechtsstatut anzuwenden ist, sondern stattdessen das Recht einschlägig ist, das am Ort der Kontoführung und Verbuchung maßgeblich ist.[442]

c) Einbeziehung von Gutschriften in Wertpapierrechnung

Art. 9 FinRi legt das anwendbare Recht von im Effektengiro übertragbaren Wertpapieren, die als Finanzsicherheiten eingesetzt werden, fest. Dabei spricht Art. 9 Abs. 2 c) FinRi nur von Eigentum oder dinglichen Rechten, so dass man annehmen könnte, schuldrechtliche Gutschriften in Wertpapierrechnung würden nicht darunter fallen. Allerdings lässt der Wortlaut der Finanzsicherheiten-Richtlinie darauf schließen, dass

---

440 Dieser Ansicht ist wohl Franz, Überregionale Effektentransaktionen, S. 127, 129.

441 Vgl. die englische Fassung von Art. 9 Abs. 2 a) FinRi, wo von „book entry securities collateral" die Rede ist. Kronke/Haubold, Handbuch Internationales Wirtschaftsrecht, Teil L Rn. 183 (Fn. 7) hat dies richtigerweise mit „Sicherheiten an im Effektengiroverkehr übertragbaren Wertpapieren" übersetzt.

442 Schefold, in: FS für Jayme, S. 805, 814.

zumindest Sicherheiten an Gutschriften in Wertpapierrechnung vom Anwendungsbereich des Art. 9 FinRi erfasst sind. Art. 9 Abs. 2 a) FinRi spricht von „im Effektengiroverkehr übertragbare[n] Wertpapiere[n]".[443] Der Begriff „im Effektengiroverkehr übertragbare Wertpapiere" hat im Bereich der Finanzsicherheiten-Richtlinie jedoch die Bedeutung von „Finanzsicherheiten in Form von Finanzinstrumenten", Art. 2 Abs. 1 g) FinRi.[444] Finanzinstrumente sind wiederum „jegliche Rechte oder Ansprüche im Zusammenhang mit Wertpapieren". Gutschriften in Wertpapierrechnung zählen daher zu den Finanzinstrumenten, Art. 2 Abs. 1 e) FinRi.[445] Folglich sind auch Sicherheiten in Form von Gutschriften in Wertpapierrechnung von der Kollisionsnorm des Art. 9 FinRi erfasst, wenn diese durch Verpfändung als Sicherheit eingesetzt werden.

3. Das Haager Wertpapier-Übereinkommen

Am 13. Dezember 2002 wurde das „Übereinkommen über die auf bestimmte Rechte im Zusammenhang mit zwischenverwahrten Wertpapieren anzuwendende Rechtsordnung" von der Haager Konferenz für Internationales Privatrecht auf ihrer 19. diplomatischen Sitzung angenommen.[446] Das HWPÜ wird als der bislang weitreichendste Versuch angesehen, den Bereich der intermediär-verwahrten Wertpapiere im internationalen Privatrecht zu vereinheitlichen.[447] Es soll davon abgesehen werden, im Rahmen dieser Arbeit auf alle Einzelheiten des Haager Wertpapier-Übereinkommens einzugehen. Jedoch ist es gerade im Zusammenhang mit Art. 9 FinRi wichtig zu zeigen, welche Regelungen die Mitgliedstaaten der Haager Konferenz getroffen haben.

Die Beseitigung von rechtlichen Unsicherheiten bei grenzüberschreitenden Wertpapiertransaktionen war die Grundausrichtung, wobei es nicht das Ziel der Haager Konferenz war, mit dem Haager Wertpapier-Übereinkommen ein vereinheitlichtes Sachrecht zu schaffen. Vielmehr ist das Haager Wertpapier-Übereinkommen auf die Schaffung einer weltweit geltenden Kollisionsregel angelegt, so dass sich der sachliche An-

---

443 Wie bereits angedeutet, ist der Wortlaut insoweit missverständlich. Nach der englischen Fassung der Finanzsicherheiten-Richtlinie ist vielmehr „Sicherheiten an im Effektengiro übertragbaren Wertpapieren" zu lesen.

444 Nach der englischen Fassung würde man von - insofern ähnlich der deutschen Fassung - „Sicherheiten an allen Arten von Finanzinstrumenten" sprechen, vgl. Kronke/Haubold, Handbuch Internationales Wirtschaftsrecht, Teil L Rn. 286; ähnlich auch Herring/Cristea, ZIP 2004, S. 1629, 1633, welche der Ansicht sind, Art. 2 Abs. 1 g) FinRi spräche allgemein „von durch Kontobuchungen nachgewiesene Finanzinstrumente".

445 Ebenso unterfällt das „security entitlement" dem Begriff der Finanzinstrumente, vgl. v. Wilmowsky, in: Derleder/Knops/Bamberger, § 62 Rn. 40.

446 So die amtliche deutsche Übersetzung. Im fortlaufenden Text wird hierfür der Begriff „Haager Wertpapier-Übereinkommen", abgekürzt „HWPÜ", verwendet. Der Text des Übereinkommens ist in RabelsZ 68 (2004) auf den Seiten 757 ff. abgedruckt.

447 Girsberger/Hess, AJP/PJA 2006, S. 992, 997.

wendungsbereich darauf beschränkt, das auf die dinglichen Aspekte einer Wertpapiertransaktion anwendbare Recht zu bestimmen.[448]

Art. 4 HWPÜ enthält mit der Hauptanknüpfungsregel eine zentrale Bestimmung des Haager Wertpapier-Übereinkommens.[449] Nach dieser Bestimmung ist es dem Depotinhaber und dessen maßgeblichem Intermediär[450] überlassen, für die dinglichen Aspekte einer Wertpapiertransaktion die anzuwendende Rechtsordnung zu bestimmen. Sie können somit für Verfügungen über Wertpapiere eine Rechtswahlvereinbarung treffen. Für die Möglichkeit einer parteiautonomen Vereinbarung spricht der Umstand, dass eine Anknüpfung an den Ort der Kontoführung als objektiven Bezugspunkt schwierig erscheint.[451] Nur wenn die getroffene Rechtswahlvereinbarung ungültig ist bzw. wenn eine Rechtswahlvereinbarung überhaupt nicht getroffen wurde, bestimmt sich die anwendbare Rechtsordnung subsidiär nach Art. 5 HWPÜ.

Insofern ist nach dem HWPÜ nicht der Ort des unmittelbar depotführenden Intermediärs für die Entscheidung hinsichtlich des anwendbaren Rechts maßgeblich, sondern es besteht eine Rechtswahlmöglichkeit zu Gunsten aller Rechtsordnungen derjenigen Staaten, die mit dem maßgeblichen Intermediär durch dessen Geschäftsstelle verbunden sind.[452] Diese Einschränkung ist in Art. 4 Abs. 1 Satz 2 HWPÜ verankert.

a) Weiterentwicklung von PRIMA oder ein neues Anknüpfungsmodell ?

Durch die im HWPÜ festgelegte Möglichkeit einer Rechtswahlvereinbarung stellt sich nunmehr die Frage, ob man weiterhin von einem „PRIMA-Prinzip“ ausgehen kann oder ob nicht vielmehr ein neues Anknüpfungsmodell entwickelt wurde. Es besteht nämlich die Gefahr, dass die Intention des Europäischen Gesetzgebers, mit der Schaffung der Finanzsicherheiten-Richtlinie weiterhin am „PRIMA-Prinzip“ festzuhalten, ja dieses sogar noch zu konkretisieren, durch die Regelungen des Haager Wertpapier-Übereinkommens unterlaufen wird. Somit ist zunächst zu klären, ob die Hauptanknüpfungsregel des HWPÜ zumindest noch als Fortentwicklung des „PRIMA-Grundsatzes“ anzusehen ist. Auf den ersten Blick könnte man nämlich meinen, dass das „PRIMA-Prinzip“ in den Regelungen des HWPÜ nicht verwirklicht worden ist, da vom Grundsatz her nicht der Ort des unmittelbar depotführenden Intermediärs für die Entscheidung hinsichtlich des anwendbaren Rechts maßgeblich ist.

Ob das von der Haager Wertpapier-Konferenz gewählte Anknüpfungsmodell das „PRIMA-Prinzip“ weiterhin beinhaltet oder ein neues Anknüpfungsmodell favorisiert, ist innerhalb der Literatur umstritten. Einigkeit besteht im Schrifttum insoweit darüber, dass die Möglichkeit, eine unbeschränkte Rechtswahlvereinbarung treffen zu

---

448 Reuschle, BKR 2003, S. 562, 565; ders., IPRax 2003, S. 495, 498.

449 Siehe auch Reuschle, BKR 2003, S. 562, 565; ders., IPRax 2003, S. 495, 500; Einsele, WM 2003, S. 2349, 2350; dies., WM 2005, S. 1109, 1112; Rögner, ZBB 2006, S. 98, 101 f.

450 Das ist derjenige, der das Depotkonto für den Depotinhaber führt, Art. 1 Abs. 1g) HWPÜ.

451 Girsberger/Hess, AJP/PJA 2006, S. 992, 998.

452 V. Wilmowsky, in: Derleder/Knops/Bamberger Bankrecht, § 62 Rn. 61.

können, in keinerlei Beziehung zu dem „PRIMA-Prinzip" stünde.[453] In der Haager Wertpapier-Konvention ist jedoch eine beschränkte Rechtswahlvereinbarung geregelt.[454] Die Rechtswahlvereinbarung nach Art. 4 HWPÜ wird nämlich nur zu Gunsten des Rechts derjenigen Staaten zugelassen, die mit dem maßgeblichen Intermediär mit Hilfe einer Niederlassung verbunden sind.

Auf Grund dieses Aspekts geht eine Ansicht in der Literatur davon aus, dass das HWPÜ weiterhin den „PRIMA-Grundsatz" beinhaltet.[455] Zum Teil wird innerhalb dieser Ansicht berechtigterweise auch von einer Fortentwicklung bzw. Modifizierung des „PRIMA-Prinzips" gesprochen.[456] Nach dieser Literaturmeinung ist nach Art. 4 Abs. 1 HWPÜ das Anknüpfungsmoment nicht mehr der Ort der aufbewahrten Wertpapiere, sondern der maßgebliche Intermediär, der die Buchungen tatsächlich vornimmt.[457] Jedoch ist die subjektive Anknüpfung nach Art. 4 Abs. 1 HWPÜ an bestimmte objektive Kriterien gebunden, so dass das entscheidende Anknüpfungsmoment, der Ort des maßgeblichen Intermediärs, nicht aus den Augen verloren wird.

Nach einer anderen Meinung in der Literatur wurde das ursprüngliche „PRIMA-Konzept" im Sinne von Art. 9 Abs. 2 Finalitätsrichtlinie und Art. 9 Abs. 1 Finanzsicherheiten-Richtlinie nicht durch die Haager Wertpapier-Konferenz übernommen, so dass es im Haager Wertpapier-Übereinkommen keine Anwendung findet.[458] Stattdessen wird zum Teil davon ausgegangen, dass nunmehr der „AAA-Grundsatz" im Haager Wertpapier-Übereinkommen verankert ist.[459] Der „AAA-Grundsatz" wird als modifizierte Version des „PRIMA-Prinzips" angesehen, weil der zentrale Anknüpfungstatbestand die beschränkte Rechtswahlvereinbarung ist.[460]

---

[453] So auch Schefold, FS für Jayme, Bd. I, S. 805, 810.

[454] Inwieweit überhaupt eine Rechtswahlvereinbarung für den Bereich des Internationalen Sachenrechts als zulässig erachtet werden kann - das Verkehrsschutzinteresse sei als Stichwort genannt - ist problematisch.

[455] So Einsele, WM 2003, S. 2349, 2350; Merkt/Rossbach, ZVglRWiss 102 (2003), S. 33, 47; Dittrich, Effektengiroverkehr, S. 194; Girsberger, Rechte an entmaterialisierten Wertpapieren, S. 1, 6; Reuschle, BKR 2003, S. 562, 567.

[456] Bernasconi, Preliminary Doc. No 1, S. 30; Haubold, RIW 2005, S. 656, 656; Kronke/Haubold, Handbuch Internationales Wirtschaftsrecht, Teil L Rn. 202; Graham-Siegenthaler, Kreditsicherungsrechte im internationalen Rechtsverkehr, S. 703.

[457] Einsele, WM 2003, S. 2349, 2350 f.

[458] Mankowski, ZBB 2003, S. 258, 258; ders. RIW 2004, S. 481, 492; Pöch, ÖBA 2004, S. 507, 516; Schefold, in: FS für Jayme, S. 804, 810 f.; wohl auch MüKo-EGBGB/Wendehorst, Art. 43 Rn. 238.

[459] So z.B. Mankowski, RIW 2004, S. 481, 491; Mankowski, in: Reithmann/Martiny, Internationales Vertragsrecht, Rn. 1273 f.; Mankowski, ZBB 2003, S. 258, 258; MüKo-EGBGB/Wendehorst, Art. 43 Rn. 238; Eidenmüller, Internationale Entwicklungen im Recht der Kreditsicherheiten, S. 117, 138 f.; „AAA-Grundsatz" steht für „Account Agreement Approach".

[460] Mankowski, ZBB 2003, S. 258, 258.

Nach einer weiteren Ansicht ist in Bezug auf das Haager Wertpapier-Übereinkommen einfach von einer „free standing rule" die Rede.[461] Nach dieser Auffassung kann selbst von einer Fortentwicklung des „PRIMA-Prinzips" nicht mehr gesprochen werden, da bei einer getroffenen Rechtswahlvereinbarung für ein Land der Ort der tatsächlichen Depotführung auch außerhalb des Landes liegen kann.[462]

Um eine Entscheidung darüber treffen zu können, ob das Haager Wertpapier-Übereinkommen weiterhin dem „PRIMA-Prinzip" folgt, ist im Folgenden der Inhalt des „PRIMA-Prinzips" genauer zu untersuchen: Das „PRIMA-Prinzip" beinhaltet seinem Ursprung nach gemäß Art. 9 Abs. 2 Finalitätsrichtlinie und Art. 9 Abs. 1 Finanzsicherheiten-Richtlinie den Ort der Kontoführung als Anknüpfungspunkt. Jedoch lässt es Art. 9 Abs. 2 Finalitätsrichtlinie offen, ob mit dem Ort der Kontobuchung auf den Sitz bzw. die Niederlassung des Intermediärs oder aber auf die kontoführende Zweig- oder Hauptstelle abzustellen ist.[463] Auch bei der Finanzsicherheiten-Richtlinie ist aus dem Wortlaut nicht ersichtlich, wie sich der Ort der Kontoführung bestimmt. Durch Auslegung und unter Einbeziehung des Art. 10 Abs. 2 des Kommissionsvorschlages wurde festgestellt, dass nach Art. 9 FinRi der Ort der Kontoführung die im Kontoführungsvertrag genannte Zweigstelle bzw. Niederlassung des maßgeblichen Intermediärs ist.[464] Eine ausdrückliche Regelung hierzu findet sich in der Finanzsicherheiten-Richtlinie nicht. Die Vorschriften des Haager Wertpapier-Übereinkommens führen insofern den „PRIMA-Ansatz" fort und treffen diesbezüglich klarstellende Regelungen.

Von einer eigenen „free standing rule" des Haager Wertpapier-Übereinkommens kann daher nicht gesprochen werden. Vielmehr ist von einem „PRIMA-Grundsatz" auszugehen, der durch die Haager Wertpapier-Konvention genauer spezifiziert und den praktischen Bedürfnissen (Stichwort: Rechtswahlvereinbarung) angepasst wurde. Durch das Übereinkommen wird den Parteien in erster Linie ermöglicht, den „Place of the relevant Intermediary" vertraglich festzulegen. Für diese Ansicht spricht auch, dass die Vertreter der Haager Wertpapier-Konferenz den „PRIMA-Ansatz" für das Haager Wertpapier-Übereinkommen beibehalten wollten.[465] Jedoch sollte diesbezüglich eine nähere Bestimmung verankert werden.[466] Während der Verhandlungen zum Übereinkommen standen sich dabei im Wesentlichen zwei Parteien gegenüber: Auf

---

461 Bernasconi, Prel. Doc. No 1, S. 30, dort: Fn. 121.

462 Schefold, in: FS für Jayme, S. 804, 810 f.

463 So auch Schefold, in: FS für Kümpel, S. 463, 468.

464 Vorschlag der Kommission über RL für Finanzsicherheiten, KOM (2001) 168 end, v. 27.03.2001, S. 3.

465 Für eine grundsätzliche Beibehaltung des „PRIMA-Prinzips" spricht auch die ausdrückliche Erwähnung in der Präambel zur Konvention.

466 Vgl. auch Goode/Kanda/Kreuzer, Explanatory Report, S. 67 „[...] it was decided to move beyond the initial formulation of the PRIMA principle", bzw. „in moving beyond the initial formulation of the PRIMA principle, the Convention *retains* for the purposes of its conflict rules *the concept of the relevant intermediary* [...]"; siehe auch Girsberger, in: FG für Schnyder, S. 77, 84.

der einen Seite vertraten einige Staaten die Ansicht, dass die Privatautonomie im Hinblick auf das „PRIMA-Prinzip" gelten sollte.[467] Andere Staaten hingegen wollten eine objektive Anknüpfung an den Lageort und befürworteten demnach die Geltung des ursprünglichen „PRIMA-Prinzips".[468] Als Ergebnis einigte man sich auf eine Kompromisslösung, auf eine quasi kombinierte Anknüpfung. Einerseits ist auf die Parteivereinbarung abzustellen, welche andererseits wiederum ein objektives Element voraussetzt - nämlich, dass der relevante Intermediär am vereinbarten Ort eine Niederlassung hat, welche in diesem Geschäftsbereich tätig ist. Inwieweit es überhaupt möglich ist, das objektive Kriterium im Übereinkommen festzulegen, wurde ebenfalls heftig auf der Konferenz diskutiert.[469]

Die Literaturansicht, welche vom „AAA-Grundsatz" spricht, geht ebenfalls von einer modifizierten Version des „PRIMA-Prinzips" aus. Insofern erscheint im Ergebnis kein Unterschied zu der hier vertretenen Ansicht vorzuliegen. Allerdings wird bei dem „AAA-Grundsatz" davon ausgegangen, dass immer ein „Agreement" getroffen wurde. Zwar ist der Tatbestand der beschränkten Rechtswahl richtigerweise der zentrale Anknüpfungstatbestand. Für den Fall jedoch, dass überhaupt keine Rechtswahl getroffen wurde bzw. eine vereinbarte Rechtswahl unwirksam ist, greifen die subsidiären, objektiven Anknüpfungspunkte nach Art. 5 HWPÜ ein. Diese Konstellation wird übersehen, sodass es etwas verkürzt erscheint, wenn man schlicht von einer „AAA-Konvention" spricht.[470] Dieser Literaturansicht kann somit nicht gefolgt werden.

b) Zwischenergebnis

Auch nach den Regelungen des Haager Wertpapier-Übereinkommens gilt weiterhin der „PRIMA-Grundsatz", welcher durch die Möglichkeit einer beschränkten Rechtswahlvereinbarung detaillierter ausgestaltet wurde. Allerdings gilt der „PRIMA-Prinzip" nicht mehr in seiner ursprünglichen Form, vielmehr können die Parteien kraft Rechtswahlvereinbarung ihren „Place of the relevant Intermediary" vertraglich festzulegen. Insofern ist von einer Weiterentwicklung des „PRIMA-Grundsatzes" zu sprechen.

c) Die maßgebliche Rechtsordnung

Die Rechtsnatur und die Wirkung von Verfügungen unterliegen gemäß Art. 4 Abs. 1 in Verbindung mit Art. 2 Abs. 1 b) HWPÜ dem Recht, welches zwischen dem maßgeblichen Intermediär und seinem Depotinhaber im Depotführungsvertrag vereinbart wurde. Ob jedoch bei Verfügungen an die Kontovereinbarung zwischen dem verfügenden Depotinhaber und seinem Intermediär oder an die Kontovereinbarung des Verfügungsempfängers und seines Intermediärs anzuknüpfen ist, ist im Haager Wert-

[467] Dies waren vor allem die USA, Kanada und das Vereinigte Königreich.
[468] Dies waren im Wesentlichen die kontinentaleuropäischen Staaten.
[469] Siehe ausführlich zu den Diskussionen bei Girsberger, in: FG für Schnyder, S. 77, 85 ff.
[470] So wird das Übereinkommen von Mankowski, ZBB 2003, S. 258, 258 bezeichnet.

papier-Übereinkommen expressis verbis nicht geregelt. Bereits in den Beratungen wurde mit Nachdruck auf diese Problematik hingewiesen.[471] Da jedoch eine entsprechende Regelung nicht in das HWPÜ verankert wurde, werden hierzu unterschiedliche Ansichten vertreten:

Zum Teil wird die Anknüpfung an die Rechtswahlvereinbarung zwischen dem Verfügungsempfängers und seinem Depotführer befürwortet[472], andere bejahen eine Anknüpfung an die vereinbarte Rechtswahl zwischen dem Verfügenden und seinem Depotführer.[473] Nach der wohl herrschenden Meinung ist das anwendbare Recht für jede Stufe der Verwahrpyramide gesondert zu bestimmen.[474] Zum Teil wird noch dahingehend differenziert, dass das Recht Anwendung findet, welches zwischen dem Verfügenden und seinem Intermediär vereinbart wurde; allerdings ist für die Wirksamkeit des Rechtserwerbs die Rechtsordnung maßgeblich, die zwischen dem Verfügungsempfänger und dessen Intermediär vereinbart wurde.[475]

An Hand dieser Diskussionen zeigt sich, dass trotz des hohen Anspruches, mit dem Haager Wertpapier-Übereinkommen werde Rechtssicherheit und Vorhersehbarkeit im Hinblick auf die auf Wertpapiere anzuwendende Rechtsordnung eintreten,[476] noch längst nicht alle Fragen beseitigt sind. Die „PRIMA-Regel" kommt zwar zur Geltung, jedoch wird die genaue Anwendung dieser Regel durch das Haager Wertpapier-Übereinkommen offen gelassen.

d) Verhältnis von Art. 9 FinRi zum HWPÜ

Da das Haager Wertpapier-Übereinkommen das „PRIMA-Prinzip" weiterentwickelt hat und diese Konvention nicht identisch mit Art. 9 Abs. 2 FinRi ist, ist das Verhältnis der Kollisionsnorm des Art. 9 FinRi zu den Regelungen des HWPÜ als internationales Abkommen zu erörtern. Die Problematik wird insbesondere dadurch hervorgerufen, dass die Mitgliedstaaten der Europäischen Gemeinschaft, welche die Finanzsicherheiten-Richtlinie umgesetzt haben, zugleich Mitglieder der Haager Konferenz sind. Zwar ist das Haager Wertpapier-Übereinkommen mangels Ratifizierung bisher noch nicht in Kraft getreten,[477] jedoch haben die Mitgliedstaaten der Europäischen Gemeinschaft

---

471 Hague Conference on Private International Law, Prel. Doc. No 9, S. 23 ff.

472 Goode/Kanda/Kreuzer, Explanatory Report, S. 14.

473 Reuschle, RabelsZ (68) 2004, S. 687, 746 ff.

474 Than, in FS für Kümpel, S. 543, 558; Einsele, WM 2003, S. 2349, 2354; dies., Unif. L. Rev./Rev. dr. unif. 2005, S. 251, 254 f.; Haubold, RIW 2005, S. 656, 658; Kronke/Haubold, Handbuch Internationales Wirtschaftsrecht, Teil L Rn. 194, welche den Entwurf der Haager Konvention zum Maßstab nehmen.

475 Einsele, WM 2003, S. 2349, 2354.

476 So in der Präambel.

477 Für das Inkrafttreten des Übereinkommens ist gemäß Art. 19 HWPÜ die Ratifikation durch drei Staaten erforderlich. Bislang haben die Schweiz und die Vereinigten Staaten das HWPÜ am 5. Juli 2006 unterzeichnet.

ein Übereinkommen beschlossen, welches den bislang verabschiedeten EG-Richtlinien im Bereich des Kollisionsrechts entgegensteht.[478]

Die Europäische Kommission hatte bislang argumentiert, dass durch die Unterzeichnung des HWPÜ die Mitgliedstaaten lediglich gezeigt hätten, dass sie insbesondere den vom HWPÜ festgeschriebenen Ansatz unterstützen und für eine Änderung des EU-Rechts bereit sind.[479] Fest steht, da das Übereinkommen zumindest teilweise in die Zuständigkeit der EG fällt, dass eine Ratifizierung des Übereinkommens nur durch die Europäische Gemeinschaft und die Mitgliedstaaten gemeinsam geschehen kann.[480] Für eine Ratifizierung des Haager Wertpapier-Übereinkommens durch die Europäische Gemeinschaft liegen bereits bedeutsame Absichtserklärungen vor.[481] Diesen Weg wollte auch die Kommission gehen und hat am 15. Dezember 2003 dem Rat vorgeschlagen, die Unterzeichnung durch die Europäische Gemeinschaft zu genehmigen.[482] Desweiteren möchte sie Vorschläge zur Änderung der Finalitäts- und Finanzsicherheiten-Richtlinie vorlegen.

Ein entsprechender Gemeinschaftsbeschluss liegt bislang jedoch noch nicht vor. Die EZB hat in einer Stellungnahme vom 17. März 2005 Bedenken hinsichtlich des Vorschlags für einen Beschluss des Rates zur Unterzeichnung des Haager Wertpapier-Übereinkommens vorgetragen.[483] Zwar begrüßt die EZB die generelle Zielsetzung des Übereinkommens, Rechtssicherheit und Vorhersehbarkeit bei grenzüberschreitenden Wertpapiergeschäften zu erreichen. Jedoch haben ihrer Auffassung nach die in den von der EG verabschiedeten Richtlinien enthaltenen Vorschriften einen wichtigen Beitrag in puncto Rechtssicherheit geleistet. Bereits zu dem Zeitpunkt, als ein Entwurf für das spätere HWPÜ vorlag, hat die EZB die Mitgliedstaaten darauf hingewiesen, dass eine Lösung zu entwickeln ist, die im Einklang mit Art. 9 Abs. 2 Finalitätsrichtlinie bzw. mit Art. 10 des Richtlinienvorschlages zur Finanzsicherheiten-Richtlinie steht.[484]

---

478 Vgl. auch Merkt/Rossbach, ZVglRWiss 102 (2003), S. 33, 48.

479 Vgl. Vorschlag für einen Beschluss des Rates, vorgelegt durch die Kommission, v. 15.12.2003, KOM (2003) 783 end, S. 3.

480 Diesbezüglich muss es nach der „AETR-Doktrin" des EuGH aus Sicht der Europäischen Gemeinschaft vermieden werden, dass die normsetzende Tätigkeit der Gemeinschaft dadurch konterkariert wird, dass ein Mitgliedstaat sich gegenüber Drittstaaten zu Regeln verpflichtet, die sich als unvereinbar mit den Regeln der Europäischen Gemeinschaft erweisen. Vgl. EuGH, Rs. 22/70, Slg. v. 31.03.1971, S. 263 ff.; vgl. auch Franz, Überregionale Effektentransaktionen, S. 192 ff., welcher von einer geteilten Außenkompetenz zwischen der EU auf der einen und den Mitgliedstaaten auf der anderen Seite ausgeht; siehe auch die Stellungnahme des BMJ v. 11.02.2005, zu finden unter: www.bmj.gv.at/vorhaben/index... (Stand: 25.07.2005).

481 So beispielsweise die "Group of Thirty" (G-30), Global Clearing and Settlement - A plan of Action, vom 20.01.2003, zu finden unter www.group30.org/docs/executive_summary.pdf (Stand: 24.04.2006).

482 Vorschlag für einen Beschluss des Rates, vorgelegt durch die Kommission, v. 15.12.2003, KOM (2003) 783 end, S. 6 f.

483 Stellungnahme der EZB v. 17.03.2005, Abl. EU v. 02.04.2005, C 81/10 ff.

484 Stellungnahme der EZB, v. 13.06.2001, Abl. EG v. 12.07.2001, C 196/10, Abs. 6 und 19.

Letztendlich vertritt die EZB die Ansicht, dass vor einer Ratifizierung des HWPÜ zunächst umfassend zu erörtern sei, welche Folgen das Haager Wertpapier-Übereinkommen für die Europäische Gemeinschaft genau mit sich bringt, gerade weil die vom Haager Wertpapier-Übereinkommen verabschiedete Lösung entscheidend von den Vorschriften in den Richtlinien abweicht.[485] Auch bei einigen Mitgliedstaaten der Europäischen Gemeinschaft, wie Italien, Spanien, Frankreich, Polen und Österreich regte sich Widerstand gegen eine Unterfertigung des Übereinkommens. Der Rat forderte die Kommission auf, eine Studie im Hinblick auf die Unterzeichnung des Haager Wertpapierübereinkommens über die auf bestimmte Rechte in Bezug auf Intermediär-verwahrte Wertpapiere anzuwendende Rechtsordnung durchzuführen.[486] In der Studie der Kommission sollen vor allem Aspekte zum Anwendungsbereich, zum Umfang der Rechte Dritter sowie die Auswirkungen auf das materielle Recht bzw. auf die Verrechnungssysteme ausgearbeitet werden. Das Europäische Parlament rief die Kommission insbesondere dazu auf, eine umfassende Analyse zu den Auswirkungen eines Beitritts für die Wirtschaft vorzulegen.[487]

4. Fazit und Bewertung

Das Haager Wertpapier-Übereinkommen beschränkt sich in seinem Regelungsbereich nicht nur auf Finanzsicherheiten. Es bezweckt vielmehr die Vereinheitlichung der Kollisionsnormen für durch Intermediäre verwahrte Wertpapiere. Durch die Weiterentwicklung des „PRIMA-Grundsatzes" wurden gerade in Bezug auf Finanzsicherheiten andere Regelungen als vom europäischen Gesetzgeber im Hinblick auf Art. 9 FinRi beabsichtigt vereinbart. Da aber auch im HWPÜ einige Regelungen, vor allem in Bezug auf die maßgebliche Rechtswahlvereinbarung, nicht eindeutig festgelegt sind, ist eine unterstützende Wirkung auf die vom Wortlaut her zu unbestimmten Regelungen der Finalitätsrichtlinie und Finanzsicherheiten-Richtlinie nur marginal.

Auch ist festzuhalten, dass die Möglichkeit einer Rechtswahlvereinbarung nach dem HWPÜ mit den objektiven Anknüpfungspunkten der Richtlinien nicht übereinstimmt. Sollte daher das Übereinkommen tatsächlich ratifiziert werden, ist eine Anpassung der EG-Richtlinien unumgänglich. Eine lediglich eingeführte Verweisungsregelung der Konvention in die bestehenden Rechtsakte des europäischen Gemeinschaftsrechts wäre nicht ausreichend.[488] Ob der Kommission abzuraten ist, das HWPÜ im Namen

---

485 Stellungnahme der EZB v. 17.03.2005, Abl. EU v. 02.04.2005, C 81/10 ff., Abs. 8 und 20.

486 Pressemitteilung des Rates der Europäischen Union vom 27./28.06.2005, zu finden unter: http://europa.eu.int/rapid/pressReleasesAction.do?reference=PRES/05/156&format=HTML&aged=1&language=DE&guiLanguage=en. (Stand: 31.07.2007).

487 Zu finden unter: http://www.europarl.europa.eu/sides/getDoc.do?pubRef=//EP//NONSGML+MOTION+B6-2006-0632+0+DOC+PDF+V0//DE (Stand: 31.07.2007)

488 Vgl. Schefold, in FS für Jayme, S. 805, 821.

der Mitgliedstaaten zu unterzeichnen,[489] oder ob die Kommission in ihrem Vorhaben zu unterstützen ist, weil die parteiautonome Vereinbarung des HWPÜ als konkurrenzlos und als mit Sicherheit feststellbare Anknüpfung angesehen wird,[490] darüber kann - je nachdem, welche Rechtsordnung vertreten wird, trefflich gestritten werden. So ist es nur verständlich, dass *Girsberger/Hess* aus dem schweizerischen Blickwinkel heraus einen anderen Standpunkt vertreten als *Rögner*, der vor allem die deutschrechtliche Sicht berücksichtigt.

Allerdings können - egal welche Auffassung man vertritt - die großen Ziele wie Rechtssicherheit und Vorhersehbarkeit für das anwendbare Recht zu schaffen, nicht erreicht werden, wenn wesentliche Aspekte nicht eindeutig beantwortet werden können:[491] Es muss zweifelsfrei feststehen, wer der maßgebliche Intermediär ist bzw. auf welche konkrete Rechtswahlvereinbarung abzustellen ist. Es muss unzweifelhaft sein, ob hinsichtlich des maßgeblichen Intermediärs auf die konkrete kontoführende Zweigstelle, ob auf den Sitz des Intermediärs oder ob auf sein Gründungsstatut abzustellen ist. Sowohl bei Art. 9 Abs. 1 FinRi als auch im Falle des Haager Wertpapier-Übereinkommens können diese Fragen nicht eindeutig beantwortet werden, was sich wiederum in Spekulationen und daraus folgend in unterschiedlichen nationalen Regelungen widerspiegelt.

V. Sonstige Bestimmungen

Die Schlussbestimmungen der Finanzsicherheiten-Richtlinie finden sich in den Artt. 10 bis 13. Spätestens bis zum 27. Dezember 2006 hatte die Kommission dem Europäischen Parlament und dem Rat einen Bericht über die Anwendung dieser Richtlinie vorzulegen und gegebenenfalls Vorschläge für eine Überprüfung zu unterbreiten.[492] Am 26. Januar 2006 wurden hierfür die Mitgliedstaaten und die Industrie gebeten, die Finanzsicherheiten-Richtlinie zu beurteilen und Stellungnahmen bzw. die Beantwortung eines Fragebogens abzugeben.[493] Nach Art. 11 FinRi hatten die Mitgliedstaaten die Richtlinie bis spätestens zum 27. Dezember 2003 umzusetzen. Die Finanzsicher-

---

[489] So die Ansicht von Rögner, ZBB, S. 98, 105, nach welcher die objektiven Anknüpfungspunkte in den Rechtsordnungen der meisten Mitgliedstaaten mit der Parteiautonomie des HWPÜ nicht kompatibel sind und zu weit auseinander liegen.

[490] So die Auffassung von Girsberger/Hess, AJP/PJA 2006, S. 992, 998, wonach es keinen brauchbaren objektiven Anknüpfungspunkt gibt, da das Konto keinen sinnlich wahrnehmbaren räumlichen Bezug hat.

[491] Vgl. auch MüKo-EGBGB/Wendehorst, Art. 43 Rn. 218.

[492] Art. 10 Finanzsicherheiten-Richtlinie. Der Bewertungsbericht der Kommission vom 20.12.2006 ist unter http://ec.europa.eu/internal_market/financial-markets/docs/collateral/fcd_report_de.pdf (Stand: 31.07.2007) zu finden.

[493] Vgl. Informationsvermerk der Kommission, zu finden unter: http://europa.eu.int/comm/internal_market/financial-markets/docs/collateral/information-note_en.pdf (Stand: 24.04.2006).

heiten-Richtlinie trat gemäß Art. 13 am Tag ihrer Veröffentlichung im Amtsblatt der Europäischen Gemeinschaften und damit am 27.06.2002 in Kraft.

F. Die Umsetzung der Richtlinie in das deutsche Recht

I. Grundsätzliches

Das Bundesministerium der Justiz veröffentlichte am 22.04.2003 den Diskussionsentwurf eines Gesetzes zur Änderung der Insolvenzordnung, des Bürgerlichen Gesetzbuches und anderer Gesetze.[494] Dieser Diskussionsentwurf hatte zum einen das Ziel, Defizite im Unternehmensinsolvenzverfahren zu beheben, zum anderen sollte die Finanzsicherheiten-Richtlinie umgesetzt werden.[495] Auch das Verbraucherinsolvenzverfahren zeigte einen Änderungsbedarf an und in der Öffentlichkeit wurde eine intensive Diskussion zur Reform des Unternehmensinsolvenzverfahrens mit zahlreichen Anregungen und Änderungsvorschlägen geführt.[496] Da zudem der Zeitpunkt für die Umsetzung der Finanzsicherheiten-Richtlinie als recht eng bemessen angesehen wurde, wurde beschlossen, die Umsetzung der Richtlinie von den übrigen Reformvorhaben abzukoppeln.[497]

Am 13.08.2003 hatte das Bundeskabinett den „Entwurf eines Gesetzes zur Umsetzung der Richtlinie 2002/47/EG vom 6. Juni 2002 über Finanzsicherheiten und zur Änderung des Hypothekenbankgesetzes und anderer Gesetze" beschlossen.[498] Dieser Gesetzesentwurf enthält insbesondere Änderungen in der Insolvenzordnung, in den pfandrechtlichen Vorschriften des Bürgerlichen Gesetzbuches, im Kreditwesengesetz und im Hypothekenbankgesetz.

Der Gesetzesentwurf wurde dem Bundesrat zugeleitet. Nachdem der Bundesrat auf Grund der Komplexität des Gesetzentwurfes zunächst unter Berufung auf Art. 76 Abs. 2 Satz 3 GG eine Fristverlängerung zur Stellungnahme beantragte,[499] lehnte er am 17.10.2003 den Regierungsentwurf ab, da unter anderem die in dem Regierungsentwurf vorgesehene Privilegierung der Banken nicht mit dem Ziel der Insolvenzordnung vereinbar sei.[500] Die Bundesregierung widersprach dieser Auffassung[501] und verabschiedete am 29.10.2003 ihren Gesetzesentwurf.[502] Dieser Entwurf wurde am 6.11.2003 im Bundestag gelesen und in die Ausschüsse verwiesen. Der anschließend gefundene Kompromiss führte dazu, dass der Bundestag am 12.02.2004 das Gesetz zur Umsetzung der Finanzsicherheiten-Richtlinie beschlossen hatte.

---

494 Diskussionsentwurf des BMJ zur Änderung der InsO, des BGB und anderer Gesetze = ZVI 2003, Beilage 1; siehe auch Sabel, ZIP 2003, S. 781 ff.

495 Wimmer, ZIP 2003, S. 1563, 1563.

496 Wimmer, ZIP 2003, S. 1563, 1563.

497 Vallender, NJW 2003, S. 3605, 3605.

498 BR-Drucks. 563/03 v. 15.08.2003.

499 Vorschlag des Ständigen Beirates, BR-Drucks. 563/03, S. 1.

500 Stellungnahme des Bundesrates, BR-Drucks. 563/03, S. 3.

501 Gegenäußerung der Bundesregierung zur Stellungnahme des Bundesrates, BT-Drucks. 15/1853, S. 46.

502 BT-Drucks. 15/1853, S. 3.

Mit Inkrafttreten des Umsetzungsgesetzes am 09.04.2004 ist die Finanzsicherheiten-Richtlinie in das deutsche Recht umgesetzt worden. Dass die Finanzsicherheiten-Richtlinie nicht in dem vorgegebenen zeitlichen Rahmen umgesetzt wurde, war vor allem den Diskussionen um den festzulegenden Anwendungsbereich geschuldet.[503] Insbesondere die Frage, wie mit der Möglichkeit des „opt-out-Rechtes" umzugehen ist, wurde ausführlich erörtert. Hinsichtlich des nachfolgend zu behandelnden Anwendungsbereiches werden für die Entscheidung für oder gegen die „opt-out-Möglichkeit" die jeweiligen Argumente von Bundestag und Bundesrat eine Rolle spielen.

II. Der festzulegende Anwendungsbereich

1. Vorschläge und Diskussionen

Die Finanzsicherheiten-Richtlinie sieht als Regelfall für den persönlichen Anwendungsbereich sowohl die Unternehmen aus dem Finanzsektor als auch sonstige juristische Personen, Personengesellschaften und Einzelkaufleute als erfasst an, Art. 1 Abs. 2 a-e) FinRi. Jedoch ist für Art. 1 Abs. 2 e) FinRi eine „opt-out-Klausel" vorgesehen, die es dem jeweiligen mitgliedstaatlichen Gesetzgeber ermöglicht, den persönlichen Anwendungsbereich auf Finanzinstitute zu beschränken.

a) Ursprünglicher Vorschlag nach dem BMJ-Diskussionsentwurf

Der deutsche Gesetzgeber wollte ursprünglich von der Möglichkeit des „opt-out-Rechtes" Gebrauch machen, denn der Diskussionsentwurf des BMJ wollte sämtlichen juristischen Personen, Personenhandelsgesellschaften und Einzelkaufleuten, die nicht zu den in Art. 1 Abs. 2 a-d) FinRi genannten Finanzinstituten gehören, die Möglichkeit absprechen, Teilnehmer im Sinne der Finanzsicherheiten-Richtlinie zu sein.[504] Danach sollten Finanzsicherheiten nur im Verkehr zwischen Finanzinstituten und Unternehmen der Versicherungsbranche bestellt werden können. Eine Bestellung im gewöhnlichen Bank-Kunden- Verhältnis sollte nicht möglich sein, da die Befürchtung bestand, dass sonst praktisch jede geschäftliche Bank-Kunden-Beziehung erfasst werde, was wohl den Finanzsektor gegenüber anderen Gläubigern ungerechtfertigt privilegieren würde.[505] Eine Ausweitung des persönlichen Anwendungsbereiches über den Finanzsektor hinaus würde die Grundkonzeption der InsO berühren und den Grund-

503 Speziell in den Niederlanden - so scheint es - wurden diese Diskussionen vermeintlich als kurz empfunden, da die Richtlinie „bereits im Jahr 2004 umgesetzt wurde", so die Ansicht von Westrik, ZVglRWiss 105 (2006), S. 325, 325.

504 Diskussionsentwurf des BMJ zur Änderung der InsO, des BGB und anderer Gesetze, S. 19, 38 = ZVI 2003, Beilage 1; Ehricke, ZIP 2003, S. 1065, 1068; Kieper, Abwicklungssysteme, S. 233.

505 Sabel, ZIP 2003, S. 781, 786 f.

satz der Gläubigergleichbehandlung beeinträchtigen.[506] Die Umsetzung der Finanzsicherheiten-Richtlinie sollte demnach nur eine Privilegierung für Finanzsicherheiten, die im Interbankenverkehr bestellt werden, mit sich bringen.

Der Diskussionsentwurf des BMJ hat für viel Kritik und Gesprächstoff gesorgt, denn bei einer Privilegierung nur für Finanzsicherheiten, die im Interbankenverkehr bestellt werden, wäre die Insolvenzfestigkeit bestimmter Wertpapiergeschäfte, die als Sicherheit bestellt wurden, für Unternehmen aus dem Nichtbankensektor in Frage gestellt. Daher gab es Befürchtungen, dass die Unternehmen aus der Nichtbankenbranche möglicherweise einen Anreiz haben könnten, bilaterale Besicherungsvereinbarungen mit Banken abzuschließen, die ihren Sitz in einem Staat haben, dessen Rechtordnung bei der Umsetzung der Finanzsicherheiten-Richtlinie die weite Umsetzung des persönlichen Anwendungsbereiches vorgenommen hat, sprich: von dem „opt-out-Recht" keinen Gebrauch gemacht hat.[507] Ein Grund dafür wurde darin gesehen, dass diese Unternehmen sich einen leichten Zugang zu den Finanzmärkten vorstellen und sich insofern auch einen erleichterten Vorteil bei der Fremdkapitalbeschaffung versprechen könnten. Dies wiederum würde zu einer Beeinträchtigung des Standortes Deutschland führen, auch weil Kreditinstitute erwägen könnten, den jeweiligen Geschäftsbereich, der für die Finanzsicherheiten zuständig ist, in einen Staat zu verlagern, der von der „opt-out-Möglichkeit" keinen Gebrauch gemacht hat.[508]

Schließlich wurde durch die Ausübung des „opt-out-Rechtes" eine mögliche Gefährdung der Vorgaben von Basel II befürchtet.[509] Diese neuen Baseler Empfehlungen zu den Eigenkapitalanforderungen an Kreditinstitute (Basel II) legen u. a. nahe, die Verwendung von Wertpapieren als Sicherheit insolvenzrechtlich großzügiger zu behandeln.[510]

b) Gesetzesentwurf der Bundesregierung

In dem von der Bundesregierung eingebrachten Gesetzesentwurf zur Umsetzung der Richtlinie 2002/47/EG vom 6. Juni 2002 über Finanzsicherheiten und zur Änderung des Hypothekenbankgesetzes und anderer Gesetze wurde eine andere Auffassung vertreten. Der Regierungsentwurf sah im Gegensatz zum Diskussionsentwurf davon ab, von dem „opt-out-Recht" Gebrauch zu machen. Ein wichtiger Punkt für diese Entscheidung war, so die Argumentation der Bundesregierung, dass die ganz überwiegende Zahl der anderen Mitgliedstaaten ebenfalls von der „opt-out-Möglichkeit" keinen Gebrauch machen und daher deutsche Unternehmen - bei Nutzung des „opt-out-

[506] Diskussionsentwurf des BMJ zur Änderung der InsO, des BGB und anderer Gesetze, S. 38 = ZVI 2003, Beilage 1.

[507] Ehricke, ZIP 2003, S. 1065, 1068.

[508] So auch Keller, BKR 2003, S. 481, 482.

[509] Ehricke, ZIP 2003, S. 1065, 1068.

[510] 3. Konsultationspapier des Baseler Ausschusses für Bankenaufsicht v. April 2003, S. 22 ff.

Rechtes" - Wettbewerbsnachteile im Binnenmarkt hätten hinnehmen müssen.[511] Dabei war man sich jedoch bewusst, dass eine Ausweitung der durch die Finanzsicherheiten-Richtlinie bereitgestellten Erleichterungen auf sonstige juristische Personen, Personengesellschaften und Einzelkaufleute, zu einer Privilegierung des Finanzsektors gegenüber anderen Gläubigern führen würde, da die zur Umsetzung der Finanzsicherheiten-Richtlinie notwendigen Änderungen des Insolvenzrechtes auch zahlreiche Bank-Kunden-Geschäfte erfassen.[512]

Allerdings wäre eine leichte Einschränkung der par condicio creditorum durch gewichtige Interessen der Kreditwirtschaft und der gesamtwirtschaftlichen Belange gerechtfertigt und daher hinnehmbar gewesen. Ein weiteres Argument war die Tatsache, dass bei insolvenzfesten Finanzsicherheiten die ihnen zu Grunde liegenden Kredite nach Basel II mit weniger Eigenkapital unterlegt werden müssen, was sich wiederum positiv auf die Bereitschaft der Kreditinstitute, Fremdkapital zu günstigeren Bedingungen bereitzustellen, auswirken dürfte.[513] Ferner wurde wiederum eine Verlagerung der Geschäfte auf ausländische Finanzplätze befürchtet, würde man von dem „opt-out-Recht" Gebrauch machen.[514]

Der Gesetzesentwurf der Bundesregierung nimmt in dem neu gefassten § 1 Abs. 17 KWG ausdrücklich auf Art. 1 Abs. 2 a-e) FinRi Bezug. Als taugliche Sicherungsgeber und Sicherungsnehmer einer Finanzsicherheit kommen damit auch branchenfremde juristische Personen, Personengesellschaften und Einzelkaufleute in Betracht.

c) Stellungnahme des Bundesrates

Der Bundesrat lehnte den Stellungnahmen seiner Ausschüsse entsprechend[515] den Gesetzesentwurf der Bundesregierung ab und kritisierte besonders die Privilegierung der Kreditwirtschaft.[516] Seiner Ansicht nach gehe die Begünstigung der Kreditwirtschaft zu Lasten anderer Wirtschaftszweige und diese Privilegierung werde noch verstärkt, würde nicht von der „opt-out-Möglichkeit" Gebrauch gemacht werden.[517]

Desweiteren war der Bundesrat in seiner Stellungnahme zum Gesetzesentwurf der Bundesregierung der Ansicht, dass die Befürchtungen der Bundesregierung spekulativ seien. Dies betrifft sowohl die Erwartung, eine Privilegierung der Finanzbranche in der Insolvenz werde sich auf die Kreditbedingungen günstig auswirken, als auch die Vermutung, deutsche Unternehmen würden bei einer engen Umsetzung der Richtlinie ins Ausland flüchten. Eine weite Umsetzung der Finanzsicherheiten-Richtlinie über den Finanzsektor hinaus würde den Gläubigergleichbehandlungsgrundsatz des deutschen

[511] BT-Drucks. 15/1853, S. 12.
[512] Wimmer, ZIP 2003, S. 1563, 1564.
[513] BT-Drucks. 15/1853, S. 12.
[514] Kieper, Abwicklungssysteme, S. 233.
[515] Empfehlungen der Ausschüsse, BR-Drucks. 563/2/03.
[516] Stellungnahme des Bundesrates, BR-Drucks. 563/03; BT-Drucks. 15/1853, Anlage 2, S. 25 ff.
[517] Stellungnahme des Bundesrates, BT-Drucks. 15/1853, Anlage 2, S. 25, 29.

Insolvenzrechts in seinem Kern in Frage stellen.[518] Die Richtlinie sollte daher auf das gemeinschaftsrechtlich unabdingbar notwendige Maß, d.h. die Anwendung eines engen, auf die Kreditwirtschaft beschränkten Anwendungsbereiches, umgesetzt werden.[519] Der Bundesrat hatte daher vorgeschlagen, § 1 Abs. 17 KWG ähnlich dem Entwurf des BMJ zu fassen. Weitere Aussagen und Befürchtungen, die zu der Auffassung des Bundesrates geführt haben, waren Stellungnahmen von Insolvenzverwaltern, der DIHK sowie einigen Praktikern. Der Vorwurf des Verstoßes gegen den Gläubigergleichbehandlungsgrundsatz wurde dabei durch die vorgesehene Privilegierung der Banken untermauert. Es bestand die Befürchtung, der Gläubigergleichbehandlungsgrundsatz werde ohne rechtfertigenden Grund aus den Angeln gehoben.[520]

Außerdem würde eine Ausdehnung des Anwendungsbereiches auch auf branchenfremde Unternehmen dazu führen, dass gewöhnliche Sicherungsnehmer insofern benachteiligt werden, als dass ihnen die Kosten für Feststellung und Verwertung der Finanzsicherheiten vom auszukehrenden Erlös abgezogen werden.[521] Die Sicherungsnehmer von Finanzsicherheiten hätten hingegen keine derartigen Beträge zu Lasten der Insolvenzmasse zu leisten. Weiterhin wurde auch kritisiert, dass das Verwertungsrecht an verpfändeten Unternehmensbeteiligungen auf die Banken übertragen werde, so dass Unternehmenssanierungen und das Ziel der Insolvenzordnung, betriebliche Einheiten zusammenzuhalten, vereitelt würden.[522] Die Insolvenzmasse würde damit zum Nachteil der anderen Gläubiger geschmälert werden.[523]

Vom Inhalt der Regelungen einmal abgesehen wurde auch die Unübersichtlichkeit der Gesetzgebungstechnik mit langen Verweisungsketten bemängelt.[524] Die Bundesrechtsanwaltskammer kritisierte in ihrer Stellungnahme zum Regierungsentwurf zu dem im Gesetzesentwurf neu formulierten § 1 Abs. 17 KWG den Verweis auf die Richtlinie 2002/47/EG, auf Grund dessen es dem Anwender nicht ohne weiteres möglich sei, festzustellen, wann genau eine Finanzsicherheit vorliegt und wann nicht.[525] Sie appellierte daher dringend an den Gesetzgeber, die entscheidenden Rechtsbegriffe „Finanzsicherheit" und „maßgebliche Verbindlichkeiten" kurz, klar und prägnant zu definieren. Diese Vorhaltungen haben ihren Grund in den weiteren gesetzlichen Änderungen, die im Gesetzesentwurf der Bundesregierung enthalten sind.

518 Beschluss des Bundesrates, BR-Drucks. 318/01.

519 Gemeinsame Stellungnahme des BGA und der CDH zum Gesetzesentwurf, S. 3 ff.; Stellungnahme des Bundesrates, BT-Drucks. 15/1853, Anlage 2, S. 29.

520 Hölzle, ZIP 2003, S. 2144, 2148.

521 Ehricke, ZIP 203, S. 1068, 1070.

522 Hölzle, ZIP 2003, S. 2144, 2144; Insolvenzverwalter Piepenburg in der FAZ v. 22.10.2003, S. 23; Börsenzeitung v. 21.11.2003; DIHK-Pressemitteilung v. 20.11.2003.

523 Hölzle, ZIP 2003, S. 2144, 2148.

524 Meyer/Rein, NZI 2004, S. 367, 370.

525 BRAK-Stellungnahme-Nr. 3/2004, S. 2 f.

d) Reaktion der Bundesregierung auf die Kritik/Vorschläge

Die Bundesregierung sah in den Zweifeln des Bundesrates keinen Grund, § 1 Abs. 17 KWG in der Fassung des Regierungsentwurfes zu ändern.[526] Eine redaktionelle Änderung von § 1 Abs. 17 KWG war ihrer Meinung nach auch nicht notwendig, da sich die Vorschrift an einen hochspezialisierten Adressatenkreis wendet, der mit dem Anwendungsbereich der Finanzsicherheiten-Richtlinie vertraut ist. Insofern seien auch keine Definitionen notwendig. Weiterhin sei die Behauptung des Bundesrates, dass der Gleichheitsgrundsatz in seinem Kern in Frage gestellt sei, übertrieben.[527] Dies sei sicher auf Grund von Fehlvorstellungen der Fachpresse über den sachlichen Anwendungsbereich der Finanzsicherheiten-Richtlinie geschehen. In puncto „Verstoß gegen den Gläubigergleichbehandlungsgrundsatz" müsse im Insolvenzrecht zwischen persönlichen Forderungen und dinglichen Rechten unterschieden werden. Nur die persönlichen Forderungen unterfielen dem Gleichbehandlungsgrundsatz. Eine dingliche Sicherung, die ein Gläubiger vor Eröffnung des Insolvenzverfahrens erlangt hat, bliebe grundsätzlich im Verfahren unberührt.[528] Somit kenne das Insolvenzrecht keine formale Gleichbehandlung gesicherter Gläubiger. Die Bundesregierung brachte ihren Gesetzesentwurf, ohne von dem „opt-out-Recht" gebraucht gemacht zu haben, in den Bundestag ein.

2. Verabschiedung des Umsetzungsgesetzes durch den Bundestag

Im Bundestag befasste sich der Rechtsausschuss mit dem Gesetzesentwurf der Bundesregierung und beschloss, den eingebrachten Regelungsentwurf des § 1 Abs. 17 KWG zu ändern.[529]

a) Sachlicher Anwendungsbereich

Nach dem Vorschlag des Rechtsausschusses sollte nun § 1 Abs. 17 KWG den Begriff der Finanzsicherheiten ausführlich definieren, anstatt wie dem Entwurf zu Folge nur auf Art. 1 Abs. 4 a) FinRi zu verweisen. Unter Finanzsicherheiten im Sinne des § 1 Abs. 17 Satz 1 KWG sind danach Barguthaben, Wertpapiere, Geldmarktinstrumente sowie sonstige Schuldscheindarlehen einschließlich jeglicher damit in Zusammenhang stehender Rechte oder Ansprüche zu verstehen, die als Sicherheiten in Form eines beschränkt dinglichen Sicherungsrechts oder im Wege der Vollrechtsübertragung auf Grund einer Vereinbarung bereitgestellt werden. Damit deckt sich diese Beschreibung für Finanzsicherheiten mit den etwas abstrakt gehaltenen Begriffen „Barsicherheit und

[526] Gegenäußerung der Bundesregierung, BT-Drucks. 15/1853, Anlage 3, S. 34.
[527] Gegenäußerung der Bundesregierung, BT-Drucks. 15/1853, Anlage 3, S. 31.
[528] Gegenäußerung der Bundesregierung, BT-Drucks. 15/1853, Anlage 3, S. 31.
[529] Beschlussempfehlung und Bericht des Rechtsausschusses, BT-Drucks. 15/2485, S. 7 f.

Finanzinstrumente" der Finanzsicherheiten-Richtlinie.[530] Auch hat der deutsche Gesetzgeber richtigerweise den Begriff der „Bereitstellung" verwendet.

Nach dem Wortlaut der Definition des § 1 Abs. 17 Satz 1 KWG sind von dem Begriff Finanzsicherheiten auch Gutschriften in Wertpapierrechnung erfasst, da diese Gutschriften Ansprüche dokumentieren, die im Zusammenhang mit dem Eigentum an den Wertpapieren stehen.[531]

b) Persönlicher Anwendungsbereich

aa) Differenzierter Anwendungsbereich

Hinsichtlich des persönlichen Anwendungsbereiches wurde der Verweis auf Art. 1 Abs. 2 a-e) FinRi beibehalten. Damit scheint es zunächst, als ob der komplette Anwendungsbereich der Richtlinie übernommen und nicht von der „opt-out-Möglichkeit" Gebrauch gemacht wurde. Als Erweiterung wurde in § 1 Abs. 17 KWG jedoch ein Satz 2 eingefügt:

> „Ist der Sicherungsgeber eine der in Art. 1 Abs. 2 e) Finanzsicherheiten-Richtlinie genannte Person oder Gesellschaft, dann liegt eine Finanzsicherheit nur vor, wenn die Finanzsicherheit der Besicherung von Verträgen über Finanzinstrumente dient".

Das sind explizit Verträge über die Anschaffung und die Veräußerung von Finanzinstrumenten (§ 1 Abs. 17 Satz 2 Nr. a KWG), über Pensions-, Darlehens- sowie vergleichbare Geschäfte auf Finanzinstrumenten (§ 1 Abs. 17 Satz 2 Nr. b KWG) oder über Darlehen zur Finanzierung des Erwerbs von Finanzinstrumenten (§ 1 Abs. 17 Satz 2 Nr. c KWG).[532] Handelt demnach ein „sonstiges Unternehmen", welches nicht aus der Finanzbranche stammt, als Sicherungsgeber, so liegt eine Finanzsicherheit nur vor, wenn damit Verträge über Finanzinstrumente besichert werden. Handeln diese „sonstigen Unternehmen" als Sicherungsnehmer, so gelten im Umkehrschluss diese Sonderregeln hinsichtlich des zulässigen Sicherungszwecks nicht. In diesem Fall können sie als Sicherungsnehmer Finanzsicherheiten für alle Arten von Verbindlichkeiten, auch aus Finanztermingeschäften, annehmen.

Der Gesetzgeber hat damit keinen einheitlichen persönlichen und sachlichen Anwendungsbereich gewählt und in diesem Punkt erfolgte eine überschießende Umsetzung der Richtlinie. Die Bedeutung jedoch, dass die „sonstigen Unternehmen" als Sicherungsnehmer Finanzsicherheiten für sämtliche Verbindlichkeiten annehmen können, dürfte sehr gering sein. Zu einem weiteren Aspekt wurde wiederum ein differenzierter persönlicher und sachlicher Anwendungsbereich gewählt. Werden nämlich Unternehmen aus dem Finanzbereich untereinander bzw. mit öffentlichen Stellen ge-

---

530 So auch Obermüller/Hartenfels, BKR 2004, S. 440, 442.

531 Vgl. auch Herring/Cristea, ZIP 2004, S. 1627, 1629.

532 Beschlussempfehlung und Bericht des Rechtsausschusses, BT-Drucks. 15/2485, geänderter § 1 Abs. 17 S. 2 a-c KWG.

schäftlich tätig, so gilt ein anderer sachlicher Anwendungsbereich. Das lässt sich von § 1 Abs. 17 Satz 1 KWG (n.F.) ableiten, welcher nur von „Finanzsicherheiten, die [...] auf Grund einer Vereinbarung [...] bereitgestellt werden" spricht. Das bedeutet dem Wortlaut nach, dass der Begriff der maßgeblichen Verbindlichkeiten keine Berücksichtigung gefunden hat.[533] Besicherungsvereinbarungen im Interbankenverkehr oder zwischen der öffentlichen Hand und einem Kreditinstitut unterliegen damit keiner Beschränkung. In diesen Fällen ist nur entscheidend, ob die Sicherungsinstrumente als Finanzsicherheiten im Sinne des § 1 Abs. 17 Satz 1 KWG (n.F.) zu qualifizieren sind, unabhängig davon, welche Verbindlichkeiten mit Hilfe der Finanzsicherheiten besichert werden.[534] Daraus folgt, dass Finanzsicherheiten, die diese Unternehmen als Sicherungsnehmer erhalten oder die unter Kreditinstituten, Versicherungsunternehmen, zentralen Abwicklungseinrichtungen und öffentlichen Stellen erbracht werden, als Sicherheit für Verbindlichkeiten aller Art eingesetzt werden können. Die Umsetzung der Richtlinie erfolgte damit auch in diesem Punkt weiter als der Richtliniengeber es vorsah.

Ob dieses Vorgehen des Gesetzgebers als gewollt erscheint, ist zweifelhaft, da solche, von der Finanzsicherheiten-Richtlinie weitergehenden Regelungen kaum einen praktischen Anwendungsbereich haben.[535] Zudem spiegelt die vorgenommene Maßnahme die Ansicht der Gesetzgebers und einiger Stimmen in der Literatur wieder, welche einen weiten Anwendungsbereich durch die Finanzsicherheiten-Richtlinie erfasst ansehen. Jedoch lassen diese Regelungen nur Spielraum für Besicherungen für Unternehmen aus der Finanzbranche untereinander bzw. wenn die „sonstigen Unternehmen" als Sicherungsnehmer auftreten. Die Gewährung eines Lombardkredits durch Verpfändung von Effekten würde dieser Regelung theoretisch unterfallen. „Sonstige Unternehmen" in diesem Zusammenhang als Kreditgeber und damit als Sicherungsnehmer scheiden aus. Ebenso stellen Lombardkredite zwischen Finanzinstituten doch eher die Ausnahme dar, so dass an Stelle solcher Kredite zwischen Finanzinstituten eher Finanzverbindlichkeiten abgesichert werden.

bb) Zwischenergebnis

Der Gesetzgeber wählte für den neu eingefügten § 1 Abs. 17 KWG keinen einheitlichen persönlichen und sachlichen Anwendungsbereich. Unternehmen aus der Finanzbranche sind als Vertragspartei zugelassen und können als Sicherungsnehmer oder als Sicherungsgeber in Erscheinung treten. Handeln zwei Finanzinstitute miteinander, so können sämtliche Verbindlichkeiten mit Finanzsicherheiten besichert werden.

Handelt ein nicht aus der Finanzbranche stammendes „sonstiges Unternehmen" als Sicherungsgeber, so liegt eine Finanzsicherheit nur vor, wenn damit Verträge über Fi-

[533] So auch Kollmann, WM 2004, S. 1012, 1016; Obermüller/Hartenfels, BKR 2004, S. 440, 444.

[534] Die Entscheidung des Gesetzgebers, von einer „Vereinbarung" zu sprechen, ist wiederum konsequent, da von vornherein von einem weiten Anwendungsbereich ausgegangen wurde.

[535] Obermüller/Hartenfels, BKR 2004, S. 440, 444.

nanzinstrumente besichert werden. Tritt dieses Unternehmen als Sicherungsnehmer auf, so können Verbindlichkeiten aller Art besichert werden.

cc) Verträge über Finanzinstrumente

Die in § 1 Abs. 17 Satz 2 Nr. a) KWG genannte Gruppe beinhaltet neben der „Anschaffung und Veräußerung" von Finanzinstrumenten auch den Abschluss von Verträgen.[536] Die in § 1 Abs. 17 Satz 2 Nr. b) KWG bezeichneten Pensions-, Darlehens- sowie vergleichbaren Geschäfte auf Finanzinstrumenten beziehen Pensions- und Darlehensgeschäfte mit ein. Damit sind insbesondere Wertpapierpensionsgeschäfte, Wertpapierdarlehen und Edelmetalldarlehen als davon erfasst anzusehen.[537] Gelddarlehen werden ausschließlich von § 1 Abs. 17 Satz 2 Nr. c) KWG erfasst, sofern sie zur Finanzierung des Erwerbs von Finanzinstrumenten dienen. Der in § 1 Abs. 17 Satz 2 KWG verwendete Begriff „Finanzinstrumente" wird in § 1 Abs. 11 Satz 1 KWG als „Wertpapiere, Geldmarkinstrumente, Devisen oder Rechnungseinheiten sowie Derivate" legaldefiniert. Geldmarkinstrumente sind Forderungen, die nicht bereits unter den Begriff der Wertpapiere fallen und üblicherweise auf dem Geldmarkt gehandelt werden. Dies sind z.B. kurzfristige Schuldscheindarlehen, Unternehmensgeldmarkpapiere, Deposit Notes, Euronotes, Commercial Papers, Finanzierungs-Fazilitäten, Finanz-Swaps und Schatzwechsel, § 1 Abs. 11 Satz 3 KWG.[538] Wertpapiere, Geldmarkinstrumente, Devisen und Rechnungseinheiten, Zinsen, Waren und Edelmetalle sind als Basiswerte für die Derivate im Katalog des § 1 Abs. 11 Satz 4 Nr. 1 bis 5 KWG abschließend aufgezählt.

dd) Erweiterter Anwendungsbereich durch § 1 Abs. 17 Satz 3 KWG

Der Rechtsausschuss ging davon aus, dass die Definition des KWG bezüglich des Begriffes „Finanzinstrumente" weitgehend deckungsgleich ist mit der in Art. 2 Abs. 1 e) FinRi aufgeführten Definition.[539] Allerdings ist seiner Ansicht nach in § 1 Abs. 11 KWG ein abschließender und damit einengender Katalog der Basiswerte vorgegeben, der der Finanzsicherheiten-Richtlinie so nicht entspricht. Zum einen fallen unter den in § 1 Abs. 11 Satz 1 KWG aufgeführten Begriff der Geldmarktinstrumente u. a. nur kurzfristige Schuldscheindarlehen. Und da zum zweiten auch noch eventuelle Zweifel hinsichtlich des sachlichen Anwendungsbereiches des § 1 Abs. 11 Satz 4 KWG beseitigt werden sollten, wurde der Anwendungsbereich erweitert. Aus diesem Grund wurde in § 1 Abs. 17 KWG ein dritter Satz als Öffnungsklausel eingefügt, wonach Finanzinstrumente auch Termingeschäfte sind, deren Preis von anderen als den in § 1 Abs.

---

536 Obermüller/Hartenfels, BKR 2004, S. 440, 443.

537 Siehe auch Meyer/Rein, NZI 2004, S. 367, 368; Gegenäußerung der BReg. zur Stellungnahme des BRates, BT-Drucks. 15/1853, S. 34.

538 Fülbier, in: Boos/Fischer/Schulte-Mattler, § 1 Rn. 221.

539 Begründung des Rechtsausschusses, BT-Drucks. 15/2485, S. 29.

11 Satz 4 Nr. 1 bis 5 KWG genannten Basiswerten abhängt.[540] Somit werden jetzt auch Kreditderivate oder Derivate, deren Preis von Wetterbedingungen oder von CO_2-Emissionsberechtigungen als Basiswert abhängt, erfasst.[541]

ee) Eigene Anteile an Beteiligungsunternehmen/verbundenen Unternehmen

Wie bereits in Abschnitt E. I. 2. a) cc) angemerkt, ergibt sich aus Art. 1 Abs. 4 b) FinRi für die Mitgliedstaaten die Möglichkeit, eigene Anteile des Sicherungsgebers und Anteile an verbundenen Unternehmen aus dem Anwendungsbereich der Umsetzungsvorschriften herauszunehmen. Bezüglich der Anteile an verbundenen Unternehmen verweist Art. 1 Abs. 4 b) FinRi auf die Richtlinie 83/349/EWG vom 13. Juni 1983 über den konsolidierenden Abschluss.[542] Bei der Umsetzung der Konzernbilanz-Richtlinie durch das Bilanzrichtliniengesetz[543] wurde in § 290 HGB für die gesetzlichen Vertreter einer inländischen Kapitalgesellschaft allgemein die Pflicht geregelt, einen Konzernabschluss für das vergangene Geschäftsjahr aufzustellen.[544] Diese Pflicht besteht, wenn zum einen die Kapitalgesellschaft als Mutterunternehmen eines Konzerns die einheitliche Leitung über ein Tochterunternehmen tatsächlich ausübt. Dieses Konzept der einheitlichen Leitung ist in § 290 Abs. 1 HGB geregelt. Zum anderen besteht diese Pflicht auch dann, wenn das Tochterunternehmen kraft Stimmenrechtsmehrheit oder mit Hilfe eines Beherrschungsrechts beherrscht wird. Dieses wird als sogenanntes Control-Konzept bezeichnet und ist in § 290 Abs. 2 HGB geregelt.

Es gibt somit zwei Wege für ein verbundenes Unternehmen - durch einheitliche Leitung und durch das Control-Konzept. Der deutsche Gesetzgeber hatte bezüglich der Umsetzung der Finanzsicherheiten-Richtlinie die Möglichkeit, hinsichtlich der verbundenen Unternehmen generell auf § 290 HGB zu verweisen. Dies wiederum hätte dazu geführt, dass beide Konzepte undifferenziert in Anspruch genommen würden. Die Ausfüllung des Begriffs der einheitlichen Leitung als unbestimmter Rechtsbegriff erweist sich jedoch als schwierig.[545] Vorteile hat demgegenüber das Control-Konzept wegen seiner klaren tatbestandlichen Voraussetzungen. Da der Gesetzgeber bei einer generellen Bezugnahme auf § 290 HGB die Gefahr von zusätzlichen Interpretationsmöglichkeiten sah, und nicht noch für zusätzliche Verwirrung angesichts der ohnehin schon komplexen rechtlichen Umsetzung der Richtlinie sorgen wollte, beschloss er, zur Beschreibung der verbundenen Unternehmen nur auf § 290 Abs. 2 HGB zu ver-

540 Begründung des Rechtsausschusses, BT-Drucks. 15/2485, S. 29.

541 Obermüller/Hartenfels, BKR 2004, S. 440, 443; zu den Kreditderivaten ausführlich Brandt, BKR 2002, S. 243 ff.; Schimansky/Bunte/Lwowski/Jahn, Bankrechts-Handbuch, § 114 Rn. 24 ff.

542 Die Konzernbilanz-Richtlinie ist abgedruckt im Abl. L 193 v. 18.07.1983, S. 1 ff.; zuletzt geändert durch die Richtlinie 2001/65/EG des Europäischen Parlaments und des Rates, Abl. L 283 v. 27.10.2001, S. 28 ff.

543 BGBl. I 1985, S. 2355.

544 MüKo-HGB/Busse von Colbe, § 290 Rn. 1.

545 MüKo-HGB/Busse von Colbe, § 290 Rn 13.

weisen.[546] Insgesamt hat der deutsche Gesetzgeber hinsichtlich dieser Problematik wie folgt entschieden:

§ 1 Abs. 17 Satz 4 KWG legt fest, dass Sicherungsgeber, die als juristische Personen, Einzelkaufleute oder Personengesellschaften tätig werden, eigene Anteile an Beteiligungsunternehmen (§ 271 Abs. 1 HGB) oder verbundenen Unternehmen im Sinne von § 290 Abs. 2 HGB nicht als Finanzsicherheiten verwenden können. Maßgeblich für die Beurteilung ist der Zeitpunkt der Bestellung der Sicherheit. Der Grund für die Regelung des § 1 Abs. 17 Satz 4 KWG war, dass aus Kreisen der Insolvenzverwalter und der DIHK die Kritik aufkam, das Verwertungsrecht an verpfändeten Unternehmensbeteiligungen werde ansonsten auf die Banken übertragen.[547] Es bestünde dieser Ansicht nach die Möglichkeit, dass sich die Banken die verpfändeten Unternehmensbeteiligungen an Tochtergesellschaften als Finanzsicherheiten von den sonstigen Unternehmen bestellen lassen. Im Falle der Insolvenz bliebe ein Zugriff der Insolvenzverwalter damit verwehrt.

Aus Sicht der Banken allerdings hat diese gesetzliche Regelung wirtschaftlich keine Bedeutung, da Anteile an Tochtergesellschaften nur selten die Sicherheit bieten, die von Finanzsicherheiten an sich verlangt wird.[548] Das muss jedoch nicht bedeuten, dass verpfändete Unternehmensbeteiligungen überhaupt nicht als Finanzsicherheiten verwendet werden, denn Aktien von Beteiligungsunternehmen oder von verbundenen Unternehmen sind nach der Definition Finanzsicherheiten im Sinne der Richtlinie. Dies gilt vor allem vor dem Hintergrund, wie sich die Besicherungsvereinbarungen in naher Zukunft entwickeln werden.

Letztendlich wurden gegen die Regelung des § 1 Abs. 17 Satz 4 KWG von Seiten der Kreditwirtschaft keine gravierenden Bedenken entgegengebracht, so dass diese Norm sowohl für eine Klarstellung als auch zur Beruhigung der Insolvenzverwalter als vernünftig anzusehen ist. Allerdings ist zweifelhaft und es wird sich zeigen, ob die Verweisung auf § 290 Abs. 2 HGB wirklich möglichen Interpretationen bezüglich verbundener Unternehmen aus dem Weg geht.

3. Bewertung der Entscheidung bezüglich des „opt-out-Rechtes"

In Teilen der Literatur wird der Vorschlag des Rechtsausschusses, der sich letztendlich in der gesetzgeberischen Entscheidung wiederfindet, sonstige Unternehmen in den Anwendungsbereich der Richtlinie einzubeziehen, soweit bestimmte Vereinbarungen mit Finanzsicherheiten besichert werden, als „Teil-opt-out" bezeichnet.[549] Nach dieser Ansicht hat sich der Gesetzgeber für eine „Teil-opt-out"-Lösung entschieden, da das

---

546 BT-Drucks. 15/2485, S. 29.

547 DIHK-Pressemitteilung v. 20.11.2003, zu finden unter www.dihk.de (Stand: 02.04.2004); ein Gespräch mit Insolvenzverwalter Piepenburg in der FAZ v. 22.10.2003, S. 23; Hölzle, ZIP 2003, S. 2144, 2144. Siehe ausführlich dazu unter Abschnitt F. V. 1. b) dieser Arbeit.

548 Obermüller/Hartenfels, BKR 2004, S. 440, 443.

549 Kollmann, WM 2004, S. 1012, 1016.

klassische Unternehmenskreditgeschäft aus dem sachlichen Anwendungsbereich des Gesetzes[550] ausgeschlossen ist, wenn die Besicherungsvereinbarung unter Beteiligung eines „sonstigen Unternehmens" abgeschlossen wird. Diese Ansicht ist dahingehend konsequent, als dass sie von vornherein schon von einem weiten sachlichen Anwendungsbereich der Richtlinie ausgeht.[551] Verwirrend ist die Stellungnahme der Europäischen Kommission, welche in ihrem Bewertungsbericht zu der Finanzsicherheiten-Richtlinie davon spricht, dass Deutschland von einem „Teil-opt-out-Recht" Gebrauch gemacht habe, da nunmehr langfristige Bardarlehen an Unternehmen ausgeschlossen seien.[552] Grund hierfür sei die Tatsache, dass die sonstigen Unternehmen als Sicherungsgeber lediglich Finanzsicherheiten zur Besicherung spezifisch definierter finanzieller Verpflichtungen einsetzen können. Auf der anderen Seite habe Deutschland den Anwendungsbereich auch auf Personen ausgedehnt, die auch nicht in der Richtlinie erwähnte Unternehmen umfassen.[553]

Jedoch sieht die Finanzsicherheiten-Richtlinie vor, dass ihre Regelungen nur bei Finanzsicherheiten, die bestimmte maßgebliche Verbindlichkeiten besichern, zur Anwendung kommen sollen. Ihr sachlicher Anwendungsbereich ist also von vornherein nur auf bestimmte, mit Finanzsicherheiten ausgestattete Vereinbarungen beschränkt. Deshalb ist bei der gesetzlichen Ausgestaltung nicht von der Anwendung eines „Teil-opt-out-Rechtes" zu sprechen. Der deutsche Gesetzgeber hat vielmehr die Richtlinie in ihrem vorgegebenen Rahmen vollständig ausgeschöpft und in dieser Hinsicht nicht von dem „opt-out-Recht" Gebrauch gemacht.[554] Auf die Tatsache, dass kein einheitlicher sachlicher und persönlicher Anwendungsbereich gewählt wurde, wurde bereits hingewiesen. Auch wird in der erfolgten Umsetzung des § 1 Abs. 17 KWG ausdrücklich auf Art. 1 Abs. 2 a-e) bzw. Art. 1 Abs. 2 e) FinRi Bezug genommen. Eine Erweiterung auf sonstige Personen, die nicht in der Richtlinie aufgeführten sind, kann - entgegen der Auffassung der Kommission - nicht festgestellt werden.

Zusammengefasst ist festzuhalten, dass der deutsche Gesetzgeber nicht von der Möglichkeit Gebrauch gemacht hat, den personellen Anwendungsbereich durch Geltendmachung des „opt-out-Rechtes" in dem von der Finanzsicherheiten-Richtlinie vorgesehenen Rahmen zu beschränken.

---

550 Gemeint ist hier das „Gesetz zur Umsetzung der Richtlinie 2002/47/EG vom 6. Juni 2002 über Finanzsicherheiten und zur Änderung des Hypothekenbankgesetzes und anderer Gesetze".

551 So auch Primozic, Börsen-Zeitung v. 14.04.2004, S. 4, der von einem weiten Begriff der Finanzsicherheit ausgeht. Seiner Meinung nach wurde der Begriff der Finanzsicherheit bei Geschäften mit sonstigen Unternehmen einengend definiert.

552 Bericht der Kommission an das Europäische Parlament und den Rat, vom 20.12.2006, S. 9, zu finden unter: http://ec.europa.eu/internal_market/financial-markets/docs/collateral/fcd_report_de.pdf.

553 Bericht der Kommission an das Europäische Parlament und den Rat, vom 20.12.2006, S. 10.

554 Johansson, European Business Law Review 2005, S. 1093, 1097.

a) Behandlung der „opt-out-Möglichkeit" in den europäischen Mitgliedstaaten

Die Diskussion, wie mit der „opt-out-Möglichkeit" verfahren werden soll, verlief in Österreich ähnlich wie in Deutschland. Sowohl der Begutachtungsentwurf als auch die Regierungsvorlage zum Finanzsicherheiten-Gesetz (FinSG) machten von dieser Umsetzungsoption keinen Gebrauch und bezogen auch Teilnehmer, die nicht aus der Finanzbranche stammen, in den personellen Anwendungsbereich des FinSG ein.[555] Auf Grund eines parlamentarischen Abänderungsantrages wurde der in § 2 Abs. 2 FinSG vorgeschlagene, weite Anwendungsbereich gestrichen. Man war besorgt, dass vor allem kleine und mittlere Unternehmen durch die „gläubigerfreundlichen" Sicherungs- und Verwertungsrechte der Finanzsicherheiten-Richtlinie benachteiligt würden.[556] Österreich hat sich somit nun doch für die Ausübung des „opt-out-Rechtes" und damit für eine enge Umsetzung der Finanzsicherheiten-Richtlinie entschieden.[557] Im Hinblick auf die Gefahr einer Benachteiligung des Finanzplatzes Österreich geht aber der Justizausschuss davon aus, dass das Justizministerium die Auswirkung dieser Entscheidung beobachten und gegebenenfalls eine Änderung des Anwendungsbereiches vorschlagen wird.

Auch Frankreich hat neben Österreich und Schweden von der Möglichkeit der Geltendmachung des „opt-out-Rechtes" Gebrauch gemacht und damit den personellen Anwendungsbereich drastisch reduziert.[558]

Im Vereinigten Königreich wurde die Finanzsicherheiten-Richtlinie durch die Financial Collateral Arrangements (No. 2) Regulations 2003 (Statutory Instruments 2003 No. 3226) umgesetzt. Der Gesetzgeber hat sich hinsichtlich der Frage des „opt-out-Rechtes" für eine überschießende Umsetzung entschieden. Danach können sowohl Sicherungsnehmer als auch Sicherungsgeber und zwar unabhängig davon, ob diese Unternehmen aus der Finanzbranche stammen oder nicht, sonstige Unternehmen sein.[559]

In Irland hat sich der Gesetzgeber ebenfalls gegen das „opt-out-Recht" entschieden und die sonstigen Unternehmen in den Anwendungsbereich einbezogen. Allerdings muss eine Vertragspartei - gemäß den Vorgaben des Richtliniengebers - aus der Finanzbranche stammen.[560] Eine überschießende Umsetzung fand damit nicht statt.

---

555 Zahradnik/Krumhuber, § 2 FinSG, S. 43.

556 Kathrein, ÖBA 2004, S. 172, 179.

557 So auch Kronke/Haubold, Handbuch Internationales Wirtschaftsrecht, Teil L Rn. 299.

558 Vgl. für Frankreich Art. L 431-7 des Gesetzes Nr. 171 v. 24.02.2005; Lastenouse, IFLR 2005, S. 43, 43 f.

559 Dass sämtliche Unternehmen erfasst sind, signalisiert der im ersten Abschnitt der Financial Collateral Arrangements (No. 2) Regulations 2003 (S. I. No. 3226 of 2003) verwendete Begriff „non-natural person".

560 Vgl. European Communities (Financial Collateral Arrangements) Regulations 2004 (S. I. No I of 2004).

In Spanien ist die Finanzsicherheiten-Richtlinie zusammen mit der Richtlinie 2003/71/EG (Prospektrichtlinie) umgesetzt worden.[561] Hinsichtlich des „opt-out-Rechtes" wurde festgelegt, dass wenigstens eine Vertragspartei aus der Finanzbranche stammen sollte, während die andere Vertragspartei eine natürliche oder juristische Person sein kann.[562] Die Einbeziehung von natürlichen Personen stellt im Hinblick auf die Finanzsicherheiten-Richtlinie eine extensive Umsetzung dar. Wichtig ist jedoch auch, festzuhalten, dass nicht zwei sonstige Unternehmen als Vertragspartei in den Genuss der von der Finanzsicherheiten-Richtlinie vorgegebenen Regelungen kommen können.

b) Fazit

Die Mitgliedstaaten in Europa haben sich hinsichtlich der Geltendmachung des „opt-out-Rechtes" für unterschiedliche Umsetzungen entschieden. Dabei divergieren die mitgliedstaatlichen Umsetzungen in diesem Punkt stark zwischen einer überschießenden Umsetzung und einer Geltendmachung des „opt-out-Rechtes". Einige Staaten haben sich ähnlich wie Deutschland zu diesem Aspekt, wie vom Richtliniengeber vorgesehen, entschieden. Zwar wurde damit die Geltung eines Mindestbereiches in jedem Mitgliedstaat gewährleistet. Eine wesentliche Rechtsvereinheitlichung in diesem Punkt wurde jedoch nicht erreicht. Der deutsche Gesetzgeber hat sich daher für eine Regelung entschieden, die als ausgewogen und im Sinne des Richtliniengebers bezeichnet werden kann.

III. Wirksamkeit der Besicherung unabhängig von Formerfordernissen

Nach Art. 3 Abs. 1 FinRi dürfen die Mitgliedstaaten nicht verlangen, dass die Bestellung und die Wirksamkeit einer Finanzsicherheit sowie die prozessuale Beweisführung bei einer Finanzsicherheit oder die Besitzverschaffung an einer Finanzsicherheit von der Erfüllung von Formerfordernissen abhängen. Nach dem deutschen Recht sind Vereinbarungen über Finanzsicherheiten formlos möglich. Die wirksame Bestellung einer Finanzsicherheit ist weder von der Eintragung in ein öffentliches Register noch von sonstigen Formvorschriften abhängig, so dass hinsichtlich der Umsetzung von Art. 3 FinRi in das deutsche Recht kein Änderungsbedarf bestand. Von Änderungsbedarf hätte man lediglich im Hinblick auf die Eigenanzeige in schriftlicher Form nach § 4 Abs. 2 DepotG und auf die Drittschuldneranzeige gemäß § 1280 BGB sprechen können, doch diese Vorschriften tangieren die Bestimmung von Art. 3 FinRi nicht.[563]

---

561 El Real Decreto Ley 5/2005, de 11 de marzo.

562 Vgl. Nunez/Perrotto, IFLR 2005, Vol. 24 (Juni), S. 41, 41f.

563 Vgl. BT-Drucks. 15/1853, S. 11; Eidenmüller, Internationale Entwicklungen im Recht der Kreditsicherheiten, S. 117, 130.

1. Eigenanzeige nach § 4 Abs. 2 DepotG

Die depotrechtliche Eigenanzeige nach § 4 Abs. 2 DepotG gilt nicht als Formerfordernis im Sinne des Art. 3 FinRi. Sie hat mit der Bestellung einer Finanzsicherheit nicht direkt zu tun, sondern hat lediglich den Zweck, die Fremdvermutung des § 4 Abs. 1 Satz 1 DepotG zu widerlegen.[564] Vertraut nämlich der Verwahrer die Wertpapiere einem Dritten an, so gilt nach § 4 Abs. 1 Satz 1 DepotG die Fremdvermutung, dass dem Dritten bekannt ist, dass die Wertpapiere nicht dem Verwahrer gehören. Mit der Fremdvermutung soll der Hinterleger im Falle einer Drittverwahrung vor einer Belastung der von ihm hinterlegten Wertpapiere mit Pfandrechten des Drittverwahrers geschützt werden.[565]

Nach § 4 Abs. 2 DepotG hatte die Eigenanzeige für jedes einzelne Geschäft bisher schriftlich in Papierform zu erfolgen. Neben diesem Schriftformerfordernis wurde von der Praxis auch die weitere Notwendigkeit der Anzeige „für jedes einzelne Geschäft ausdrücklich" kritisiert, da dies die Abwicklung der jeweiligen Wertpapiertransaktionen beeinträchtigt.[566] Dieser Kritik hat sich der Gesetzgeber erfreulicherweise angenommen und durch Änderung des § 16 DepotG dafür gesorgt, dass die nun vorgesehene formlose Erklärung zu einer beschleunigten Abwicklung beiträgt.

2. Drittschuldneranzeige nach § 1280 BGB

Auch die nach § 1280 BGB erforderliche Drittschuldneranzeige,[567] die bei der Verpfändung einer Forderung vonnöten ist, ist - trotz gelegentlicher Zweifel[568] - kein der wirksamen Bestellung einer Finanzsicherheit hinderliches Formerfordernis. Sinn und Zweck der Drittschuldneranzeige nach § 1280 BGB ist es, den Schuldner vor einer Leistung an die falsche Adresse zu schützen, und zwar dadurch, dass der Gläubiger, der seine Forderung verpfändet, dem Schuldner die Verpfändung anzeigt.[569] Die Anzeige ist neben der Einigung über die Pfandrechtsbestellung erforderlich. Jedoch ist sie formlos möglich und kann sogar konkludent erfolgen.[570] Da aber die Drittschuldneranzeige lediglich eine empfangsbedürftige Willenserklärung des Gläubigers ist und daher eine Mitwirkungspflicht des Gläubigers erfordert, ist sie kein Formerfordernis im Sinne des Art. 3 FinRi.

---

564 Zur Eigenanzeige ausführlich Heinsius/Horn/Than, DepotG, § 4 Rn. 24 ff.

565 Ebenroth/Boujong/Joost/Scherer, BankR VI, § 4 DepotG Rn. VI 331.

566 Vgl. Keller, BKR 2003, S. 481, 481; Begründung des Regierungsentwurfs, ZIP 2003, S. 1563, 1571; Kollmann, WM 2004, S. 1012, 1018.

567 Synonym hierfür wird auch „Verpfändungsanzeige" verwendet.

568 V. Wilmowsky, in: Derleder/Knops/Bamberger, § 62 Rn. 44.

569 MüKo-BGB/Damrau, § 1280 Rn. 4.

570 Palandt/Bassenge, § 1280 Rn. 2.

IV. Wirksamkeit der Besicherung durch Finanzsicherheiten

1. § 81 Abs. 3 Satz 2 InsO

Nach Art. 8 Abs. 2 FinRi müssen die Mitgliedstaaten sicherstellen, dass die Bestellung oder die Besitzverschaffung an einer Finanzsicherheit und die Besicherung einer Verbindlichkeit, die der Schuldner zu Gunsten eines gutgläubigen Sicherungsnehmers auch nach Einleitung des Insolvenzverfahrens vornimmt, rechtlich verbindlich und absolut wirksam ist.

Nach der Grundkonzeption der InsO verliert der Schuldner mit der Eröffnung des Insolvenzverfahrens seine Verfügungsbefugnis über die zur Insolvenzmasse gehörenden Gegenstände seines Vermögens, d.h. es tritt ein absolutes Verfügungsverbot ein.[571] Dies ergibt sich aus § 81 Abs. 1 InsO, wonach entgegenstehende Verfügungen des Schuldners über Gegenstände der Masse absolut unwirksam sind. Um dem Regelungsgehalt von Art. 8 Abs. 2 FinRi gerecht zu werden, fügte der deutsche Gesetzgeber § 81 Abs. 3 Satz 2 InsO ein. Danach sind vorbehaltlich der Regeln über die Insolvenzanfechtung (§§ 129 bis 147 InsO) Verfügungen des Schuldners über Finanzsicherheiten im Sinne des § 1 Abs. 17 KWG nach der Insolvenzeröffnung wirksam, wenn sie noch am Tag der Eröffnung erfolgen und der andere Teil (Sicherungsnehmer) nachweist, dass er die Verfahrenseröffnung weder kannte noch kennen musste.

Da mit dieser Regelung Art. 8 Abs. 2 FinRi umgesetzt wurde, fallen unter die Vorschrift des § 81 Abs. 3 Satz 2 InsO nicht nur Verfügungen über bestehende Sicherheiten, sondern auch die Bestellung von Sicherheiten, soweit sie der Ersetzung oder Verstärkung gleichartiger Sicherheiten dienen.[572] Somit fallen auch Margensicherheiten unter den Anwendungsbereich des § 81 Abs. 3 Satz 2 InsO. Unter den Voraussetzungen des § 81 Abs. 3 Satz 2 InsO können folglich Finanzsicherheiten auch noch nach Eröffnung des Insolvenzverfahrens über das Vermögen des Sicherungsgebers wirksam bestellt werden.

a) Uneingeschränktes Anfechtungsrecht nach §§ 129 ff. InsO

Die Bestellung einer Finanzsicherheit nach Einleitung des Insolvenzverfahrens ist gemäß § 81 Abs. 3 Satz 2 InsO wirksam, jedoch besteht weiterhin eine Anfechtungsmöglichkeit nach den §§ 129 ff. InsO.[573] Die in § 81 Abs. 3 Satz 2 InsO enthaltene Anfechtungsmöglichkeit lässt sich nicht mit Art. 8 Abs. 4 FinRi begründen. Nach dieser Norm bleiben die einzelstaatlichen Insolvenzvorschriften bezüglich der Anfechtung unberührt bei Geschäften, die während der in Art. 8 Abs. 1 b) und Art. 8 Abs. 3 i) FinRi genannten Zeiträume getätigt werden. Die betreffenden Zeiträume nach diesen Vorschriften ist der Tag der Insolvenzeröffnung, jedoch die Zeit vor dem Gerichtsbe-

---

571 Uhlenbruck/Uhlenbruck, § 81 Rn. 1.

572 Eickmann, in HK-InsO, § 81 Rn. 20; Meyer/Rein, NZI 2004, S. 367, 370.

573 Vgl. auch Kübler/Prütting/Lüke, InsO-Kommentar, § 81 Rn. 13e.

schluss. § 81 Abs. 3 Satz 2 InsO betrifft aber gerade die Zeit nach dem Gerichtsbeschluss. Allerdings haben die Mitgliedstaaten nach Art. 8 Abs. 2 FinRi lediglich sicher zu stellen, dass die Bestellung einer Finanzsicherheit oder die Besicherung einer Verbindlichkeit rechtlich verbindlich und absolut wirksam ist. Es wird nicht gefordert, zu gewährleisten, dass die Bestellung der Finanzsicherheit nicht rückgängig gemacht oder für nichtig erklärt werden kann.[574] Somit bleibt die Möglichkeit, die Anfechtungsvorschriften anzuwenden, unberührt.

Im Allgemeinen ist eine Anfechtung von Rechtshandlungen des Schuldners nach Verfahrenseröffnung nicht erforderlich, da Verfügungen des Schuldners ab diesem Zeitpunkt unwirksam sind, § 81 Abs. 1 Satz 1 InsO. Die Einführung von § 81 Abs. 3 Satz 2 InsO, wonach die Wirksamkeit der Bestellung von Finanzsicherheiten am gleichen Tag nach Insolvenzeröffnung festgelegt ist, machte jedoch eine Regelung notwendig. Nach § 147 Satz 1 InsO kann daher eine Rechtshandlung, die gemäß § 81 Abs. 3 Satz 2 InsO wirksam ist, nach den Vorschriften der Anfechtung einer vor der Verfahrensöffnung vorgenommenen Rechtshandlung angefochten werden.[575]

b) Problematik der Beweislast

Da nach § 81 Abs. 3 Satz 2 InsO Verfügungen über Finanzsicherheiten, die am Tag der Eröffnung nach dem Eröffnungsbeschluss nur dann wirksam sind, wenn der Sicherungsnehmer nachweist, dass er die Eröffnung des Verfahrens weder kannte noch kennen musste, liegt die Beweislast gänzlich beim Sicherungsnehmer. Der Sicherungsnehmer muss danach beweisen, dass Informationen über die Eröffnung des Insolvenzverfahrens nicht zu ihm gelangt sind und auch nicht gelangen konnten. Da aber in der Regel die Banken als Sicherungsnehmer auftreten, wird es schwierig sein, gerade auf Grund der vielfältigen medialen Quellen den Nachweis der negativen Tatsachen zu führen.[576] Letztlich wird immer der Einzelfall betrachtet werden müssen.

c) Zwischenergebnis

Das in § 81 Abs. 1 InsO enthaltene Verfügungsverbot ist im Rahmen der Umsetzung der Finanzsicherheiten-Richtlinie dahingehend aufgelockert worden, dass nunmehr Verfügungen über Finanzsicherheiten auch nach der Insolvenzeröffnung wirksam sind, wenn die Bereitstellung noch am Tag der Verfahrenseröffnung erfolgt und der Sicherungsnehmer nachweist, dass er die Verfahrenseröffnung weder kannte noch kennen musste. Die Möglichkeit der Insolvenzanfechtung nach §§ 129 ff. InsO bleibt darüber hinaus bestehen. Mithin wurde Art. 8 Abs. 2 FinRi vom deutschen Gesetzgeber richtlinienkonform umgesetzt.

---

[574] Dies ist neben des Zeitraumes der zweite, wichtige Unterschied zwischen Art. 8 Abs. 2 FinRi und Art. 8 Abs. 1 und 3 FinRi.

[575] Vgl. auch Braun/Riggert, § 147 Rn. 6.

[576] Braun/Lüke, § 81 Rn. 13d.

2. § 130 Abs. 1 Satz 2 InsO

Art. 8 Abs. 3 FinRi verlangt, dass die Bestellung, der Austausch oder die Erweiterung von Finanzsicherheiten nicht allein deshalb anfechtbar sind, weil die besicherte Verbindlichkeit vor der Bestellung oder der Erweiterung der Finanzsicherheit entstanden ist. Wie bereits unter Abschnitt E. III. 2. b) erläutert, bezweckt Art. 8 Abs. 3 FinRi ausschließlich die Übertragung von Margensicherheiten zu schützen, welche nach Abschluss des Geschäftes bestellt werden.[577] Der deutsche Gesetzgeber hat im Rahmen der Umsetzung der Finanzsicherheiten-Richtlinie in § 130 Abs. 1 InsO folgenden Satz 2 eingeführt:

> „Dies gilt nicht, soweit die Rechtshandlung auf einer Sicherungsvereinbarung beruht, die die Verpflichtung enthält, eine Finanzsicherheit, eine andere oder eine zusätzliche Finanzsicherheit im Sinne des § 1 Abs. 17 des Kreditwesengesetzes zu bestellen, um das in der Sicherungsvereinbarung festgelegte Verhältnis zwischen dem Wert der gesicherten Verbindlichkeiten und dem Wert der geleisteten Sicherheiten wiederherzustellen (Margensicherheit)".

Damit wurde teilweise der Wortlaut von Art. 8 Abs. 3 FinRi, welcher die Margensicherheit definiert, übernommen. Insofern ist die Aufzählung „[...] eine Finanzsicherheit, eine andere oder eine zusätzliche Finanzsicherheit [...]" in diesem Kontext zu lesen. Es geht hierbei um die Bestellung einer Finanzsicherheit als Margensicherheit.[578] Keinesfalls ist auch die „gewöhnliche" Bestellung von Finanzsicherheiten von § 130 Abs. 1 Satz 2 InsO erfasst.[579]

Die Platzierung dieser Regelung in § 130 InsO setzt voraus, dass die Sicherheitenbestellung, die in der Phase vor dem Eröffnungsantrag bzw. zwischen dem Eröffnungsantrag und dem Gerichtsbeschluss vorgenommen wurde, eine kongruente Rechtshandlung darstellt, denn § 130 Abs. 1 InsO beinhaltet die sogenannte Anfechtung wegen kongruenter Deckung. Danach ist diejenige Rechtshandlung anfechtbar, die einem Insolvenzgläubiger eine Sicherung oder Befriedigung ermöglicht, wenn sie in den letzten drei Monaten vor dem Eröffnungsantrag vorgenommen wurde, der Schuldner zu dieser Zeit der Handlung zahlungsunfähig war und der Gläubiger zur Zeit der Handlung die Zahlungsunfähigkeit oder den Eröffnungsantrag kannte, § 130 Abs. 1 Nr. 1 InsO. Ebenso ist eine Rechtshandlung, die einem Insolvenzgläubiger eine Sicherung oder Befriedigung ermöglicht, anfechtbar, wenn sie nach dem Eröffnungsantrag vorgenommen wurde und der Gläubiger zur Zeit der Handlung die Zahlungsunfähigkeit oder den Eröffnungsantrag kannte, § 130 Abs. 1 Nr. 2 InsO. In beiden Fällen wird die Kenntnis von Umständen, die zwingend auf die Zahlungsunfähigkeit

[577] So auch Kollmann, WM 2004, S. 1012, 1022.

[578] So auch der Vorschlag der Bundesregierung in BT-Drucks. 15/1853, S. 15; vgl. auch Flöther/Bräuer, DZWIR 2004, S. 89, 93, die in diesem Zusammenhang von Anfangssicherheit sprechen.

[579] Dies belegt allein schon der weitere Nebensatz „[...] um das in der Sicherungsvereinbarung festgelegte Verhältnis [...] wiederherzustellen".

oder auf den Eröffnungsantrag schließen lassen, der Kenntnis von der Zahlungsunfähigkeit oder vom Eröffnungsantrag gleichgestellt, § 130 Abs. 2 InsO.

Der Gesetzgeber hat nun mit der Einführung des § 130 Abs. 1 Satz 2 InsO festgelegt, dass für die Bestellung von Margensicherheiten eine Ausnahme gelten soll. Nach der Neuregelung würde auch dann keine Anfechtungsmöglichkeit bestehen, wenn die Bank als Sicherungsnehmer Kenntnis von der Zahlungsunfähigkeit oder vom Eröffnungsantrag hatte. Damit wurde die Finanzsicherheiten-Richtlinie überschießend umgesetzt, da Art. 8 Abs. 3 FinRi lediglich den Schutz für Margensicherheiten vor automatischen Anfechtungen innerhalb bestimmter Fristen verlangt.[580] Zwar erscheint die wirtschaftliche Bedeutung der Ausnahmeregelung wohl eher gering, da sowohl Nr. 10 Abs. 2 der Sonderbedingungen für Termingeschäfte als auch Nr. 7 Abs. 2 des Rahmenvertrages für Finanztermingeschäfte eine automatische Beendigung - „close-out-netting" - für den Fall vorsehen, dass Antrag auf Insolvenzeröffnung gestellt wird bzw. Zahlungsunfähigkeit vorliegt.[581] In der Regel ist davon auszugehen, dass ein „close-out-netting" schon allein deshalb vereinbart wird, weil sich der Systembetreiber vor dem Risiko einer Insolvenzanfechtung schützen will.[582] Da aber sowohl nach Nr. 10 Abs. 2 der Sonderbedingungen für Termingeschäfte als auch nach Nr. 7 Abs. 2 des Rahmenvertrages für Finanztermingeschäfte die „insolvente Partei" den Antrag auf Insolvenzeröffnung auch selbst gestellt haben muss, führen die Fälle, in denen ein Dritter den Eröffnungsantrag gestellt hat, nicht automatisch zu einem „close-out-netting". Insofern ist die Tatsache, dass die Ausnahmeregelung des § 130 Abs. 1 Satz 2 InsO unabhängig von der Kenntnis der Bank von der Zahlungsunfähigkeit eine Anfechtungsmöglichkeit verneint, nicht unbedeutend. Die überschießende Umsetzung wird insbesondere bei der Behandlung der Frage, ob ein Verstoß gegen den Gläubigergleichbehandlungsgrundsatz vorliegt, zu berücksichtigen sein.

a) Margensicherheiten als kongruente Deckung

Da der Gesetzgeber die Ausnahmeregelung im Rahmen des § 130 InsO eingeführt hat, muss die Bestellung von Margensicherheiten folglich eine kongruente Deckung darstellen. Der Begriff „kongruente Deckung" besagt, dass ein Insolvenzgläubiger genau die Leistung erhalten hat, welche vertraglich geschuldet war.[583] Die Sicherung bzw. Befriedigung wurde in der Art und Weise erbracht, wie der Sicherungsnehmer auch einen Anspruch hatte.[584] Im Gegensatz dazu wird im Falle einer inkongruenten Deckung dem Insolvenzgläubiger eine Sicherung oder Befriedigung gewährt, die er nicht oder nicht in der Art oder nicht zu der Zeit zu beanspruchen hatte, § 131 InsO.

---

580 So auch Kieper, Abwicklungssysteme, S. 236; Obermüller, ZInsO 2004, S. 187, 188.

581 Vgl. auch Obermüller, ZIP 2003, S. 2336, 2340; Obermüller/Hartenfels, BKR 2004, S. 440, 445.

582 Kieper, Abwicklungssysteme, S. 166.

583 Uhlenbruck/Hirte, § 130 Rn. 7.

584 Kreft, in HK-InsO, § 130 Rn. 10.

Die nachträgliche Besicherung von Finanzverbindlichkeiten - wie sie z.B. nach Nr. 9 Abs. 2 der Sonderbedingungen für Termingeschäfte vereinbart wird - stellt nach herrschender Meinung eine inkongruente Deckung dar.[585] Dies belegt die ständige Rechtsprechung u.a. an Hand des heutigen Nr. 13 AGB-Banken.[586] Danach hat die Bank, wenn sich z.B. die bereits geleisteten Sicherheiten wertmäßig verschlechtert haben, zwar einen Anspruch, eine zusätzliche Sicherheit zu verlangen. Jedoch ist dieser Anspruch auf Nachbesicherung nicht von vornherein auf eine bestimmte Sicherheit gerichtet, sondern der Sicherungsgeber hat unter den in Betracht kommenden Sicherheiten die freie Wahl.[587] Dabei gilt auch nichts anderes, wenn der Nachbesicherungsanspruch - wie hier - auf Finanzsicherheiten im Sinne des § 1 Abs. 17 KWG eingeengt ist.[588] Insofern liegt im Falle solcher Sicherheitsleistungen eine inkongruente Deckung vor.[589]

Die neu geschaffene Regelung des § 130 Abs. 1 Satz 2 InsO zeigt, dass der Gesetzgeber die Bereitstellung von Margensicherheiten als kongruente Deckung qualifiziert. Dies erscheint jedoch vor allem vor dem Hintergrund der gefestigten höchstrichterlichen Rechtsprechung problematisch. Zwar hat der Gesetzgeber in seiner Gesetzesbegründung, vielleicht auch um nicht in Konflikt mit der bisherigen Rechtsprechung zu geraten, die Abgrenzungsprobleme erkannt und eine Hintertür offen gelassen: „Soll allerdings die Bestellung einer Finanzsicherheit als inkongruente Deckung angefochten werden, so ist § 131 InsO im Lichte von § 130 Abs. 1 Satz 2 InsO auszulegen".[590] Damit sind wohl Fälle, in denen Margensicherheiten bestellt werden und der Anfechtung nach § 131 InsO unterliegen, nach der Intention des Gesetzgebers zu behandeln, so dass mithin § 130 Abs. 1 Satz 2 InsO analog auf § 131 InsO anzuwenden ist. Jedoch wäre es im Hinblick auf die Transparenz besser gewesen, die Ausnahmeregelung ausdrücklich in § 131 InsO zu verankern.[591]

b) Austauschsicherheiten als Bargeschäft gemäß § 142 InsO

Zu den unter Art. 8 Abs. 3 FinRi fallenden Margensicherheiten gehören, wie bereits angedeutet, die Bestellung, der Austausch oder die Erweiterung von Finanzsicherheiten. Die Bestellung bzw. der Austausch einer Finanzsicherheit in Krisenzeiten stellt nach Meinung des Gesetzgebers eine kongruente Deckung dar, da in diesen Fällen

---

585 BGHZ 33, 389, 393 f. = NJW 1961, S. 408, 409; BGH WM 1969, S. 968; BGH ZIP 1982, S. 158, 160; BGH ZIP 1982, S. 82, 83; BGH 1999, S. 76, 77; MüKo-InsO/Kirchhof, § 131 Rn. 39; Obermüller, Insolvenzrecht, Rn. 6.102; ders., ZInsO 2004, S. 187, 189; a.A. Scholz, NJW 1961, S. 2006, 2006 f.

586 Abgedruckt in Kümpel, Bank- und Kapitalmarktrecht, Anhang, S. 2647 ff.; Stand: April 2002.

587 Nr. 9 Abs. 2 der Sonderbedingungen für Termingeschäfte bestimmt auch lediglich, dass die Bank weitere Sicherheiten verlangen kann.

588 Obermüller/Hartenfels, BKR 2004, S. 440, 445.

589 MüKo-InsO/Kirchhof, § 131 Rn. 39.

590 BT-Drucks. 15/1853, S. 16.

591 So wohl auch Kollmann, WM 2004, S. 1012, 1022; Obermüller, ZIP 2003, S. 2336, 2340.

Leistung und Gegenleistung auseinander fallen.[592] Insofern stellen diese Arten von Margensicherheiten kein Bargeschäft im Sinne von § 142 InsO dar und unterfallen somit der Anfechtung.[593] Dies gilt jedoch nicht für Austauschsicherheiten, deren Vornahme als Bargeschäfte gemäß § 142 InsO anzusehen sind und daher, mit Ausnahme von § 133 Abs. 1 InsO, nicht der Anfechtung unterliegen.[594] Somit war für Austauschsicherheiten richtigerweise keine Regelung erforderlich.

3. Umsetzung der sonstigen Regelungen des Art. 8 FinRi

Unabhängig von dem oben genannten Aspekt ist zu untersuchen, ob mit der Einführung von § 130 Abs. 1 Satz 2 InsO den Regelungen von Art. 8 FinRi insgesamt Rechnung getragen wurde. Eine Regelung für die Umsetzung von Art. 8 Abs. 1 FinRi, wonach die Mitgliedstaaten sicherzustellen haben, dass die Bestellung von Finanzsicherheiten „nicht allein deshalb unwirksam" ist, weil sie - kurz gesagt - am Tag der Eröffnung des Liquidationsverfahrens, jedoch vor dem Gerichtsbeschluss noch bestellt wurden, hat der deutsche Gesetzgeber nicht eingeführt.

Da es eine „Null-Uhr-Regelung" im deutschen Insolvenzrecht nicht gibt, brauchte der Gesetzgeber - zu Recht - diesbezüglich nicht zu reagieren, so dass keine Umsetzung von Art. 8 Abs. 1 FinRi erforderlich war.[595] Die Bestellung von Finanzsicherheiten kann als Rechtshandlung nach § 130 Abs. 1 InsO unter bestimmten Voraussetzungen angefochten werden. Jedoch nicht allein deshalb, weil sie am Tag der Insolvenzeröffnung, jedoch vor dem Gerichtsbeschluss bzw. innerhalb eines bestimmten Zeitraumes vor Eröffnung des Insolvenzverfahrens bestellt wurde. Insofern hat der Gesetzgeber richtig gehandelt.

Der von *Obermüller* geäußerten Kritik - um Art. 8 Abs. 1 b) FinRi umzusetzen, hätte § 131 Abs. 1 Nr. 1 InsO ganz von Finanzsicherheiten ausgenommen werden müssen - kann sich nicht angeschlossen werden.[596] Die Bedenken sind zum einen abwegig, da die in Art. 8 Abs. 1 FinRi enthaltene „gewöhnliche" Bestellung von Finanzsicherheiten unter § 130 InsO fällt, also eine kongruente Deckung darstellt und deshalb nicht unter § 131 InsO zu fassen ist. Zum anderen wird von Art. 8 Abs. 1 FinRi gerade nicht verlangt, dass Finanzsicherheiten generell von der Anfechtung ausgenommen werden müssen. Ansonsten würde sich hier das Problem der überschießenden Umsetzung stellen.

Auch Art. 8 Abs. 3 FinRi spricht davon, dass „[...] die Margensicherheiten nicht allein deswegen als unwirksam angesehen, rückgängig gemacht oder für nichtig erklärt

---

592 Nach herrschender Meinung sind dies Fälle der inkongruenten Deckung.

593 Vgl. Begründung des Gesetzentwurfes 15/1853, S. 16.

594 Bei den Austausch- oder Ersatzsicherheiten ist eine Anfechtung ausgeschlossen, da es an einer Gläubigergleichbehandlung fehlt, vgl. BGH, ZIP 2001, S. 885 f.; Obermüller, Insolvenzrecht, Rn. 6.79 a.

595 BT-Drucks. 15/1853, S. 11.

596 Obermüller, ZIP 2003, S. 2336, 2340.

werden [...]". Diesbezüglich muss § 131 InsO im Lichte von § 130 Abs. 1 Satz 2 InsO ausgelegt werden, wenngleich - wie bereits angedeutet wurde - eine ausdrückliche Regelung in § 131 InsO die bessere Variante gewesen wäre.

Zum Teil wurde eine Ausnahmeregelung im Hinblick auf § 131 Abs. 1 Nr. 2 InsO gewünscht, um den Gläubiger, der die Zahlungsunfähigkeit nicht kennt und deshalb die Verträge nicht glattstellt, sondern die Margensicherheit weiterleistet, zu schützen.[597] Jedoch ist weder nach Art. 8 Abs. 1 noch Art. 8 Abs. 3 FinRi die Unkenntnis zu schützen. Die geforderte Ausnahmeregelung würde mithin eine überschießende Umsetzung der Richtlinie bedeuten. Da nach dem Willen des Gesetzgebers § 130 Abs. 1 Satz 2 InsO „im Lichte von § 131 InsO auszulegen" ist, werden Margensicherheiten von der Anfechtung wegen inkongruenter Deckung generell ausgeschlossen. Für die „gewöhnliche" Bestellung von Finanzsicherheiten bleibt es jedoch bei der Anfechtungsmöglichkeit nach § 130 InsO. Da eine Anfechtung nach § 130 InsO nur möglich ist, wenn der Gläubiger Kenntnis von der Zahlungsunfähigkeit bzw. vom Eröffnungsantrag hatte, wird der gutgläubige Sicherheitennehmer weiterhin geschützt. Der Gesetzgeber hat damit die Umsetzung der Finanzsicherheiten-Richtlinie - mit Ausnahme der überschießenden Umsetzung durch § 130 Abs. 1 Satz 2 InsO - richtig durchgeführt.

4. Zusammenfassung

Die Anfechtung der „gewöhnlichen" Bestellung von Finanzsicherheiten ist auch nach der Umsetzung der Finanzsicherheiten-Richtlinie gemäß §§ 130, 133 InsO möglich. Die Bestellung von Margensicherheiten ist nach der Neuregelung des Gesetzgebers, mit Ausnahme des § 133 InsO, nicht mehr anfechtbar. Mit Einführung des § 130 Abs. 1 Satz 2 InsO wurde die Anfechtung von Margensicherheiten auch bei Kenntnis des Sicherungsnehmers von der Zahlungsunfähigkeit oder vom Eröffnungsantrag ausgeschlossen. Damit wurde die Finanzsicherheiten-Richtlinie überschießend umgesetzt, da Art. 8 Abs. 3 FinRi lediglich den Schutz für Margensicherheiten vor automatischen Anfechtungen innerhalb bestimmter Fristen verlangt. Da in den meisten Fällen die Bereitstellung von Margensicherheiten eine inkongruente Deckung darstellt, ist unter Einbeziehung der Gesetzesbegründung § 130 Abs. 1 Satz 2 InsO analog auf § 131 InsO anzuwenden. Die Austauschsicherheiten, welche nicht unter die Regelung des § 130 Abs. 1 Satz 2 InsO fallen, stellen Bargeschäfte gemäß § 142 InsO dar und sind daher von der Anfechtung nach §§ 130, 131 InsO ausgenommen.

[597] Obermüller, ZIP 2003, S. 2336, 2340.

V. Verwertung von Finanzsicherheiten

Nach Art. 4 Abs. 1 und 5 FinRi ist sicherzustellen, dass die Verwertung einer Finanzsicherheit weder durch die Eröffnung eines Liquidationsverfahrens noch durch die Einleitung von Sanierungsmaßnahmen beeinträchtigt wird.

1. Anpassungen der InsO

a) Antragsverfahren, § 21 Abs. 2 Satz 2 InsO

Der Gesetzgeber hat im Hinblick auf das Antragsverfahren reagiert und mit Hilfe der eingeführten Regelung des § 21 Abs. 2 Satz 2 InsO verhindert, dass durch die Anordnung von Sanierungsmaßnahmen im Insolvenzeröffnungsverfahren die vereinbarungsgemäße Verwertung einer Finanzsicherheit unterbunden oder verzögert wird.[598] Nach § 21 Abs. 2 Satz 2 InsO wird nämlich gewährleistet, dass Verfügungen über Finanzsicherheiten nicht durch die Anordnung von Sicherungsmaßnahmen berührt werden. Nach Ansicht des Bundesrates geht diese Regelung über den von der Richtlinie vorgegebenen Rahmen hinaus, denn zu den Liquidationsmaßnahmen sind nach dessen Legaldefinition in Art. 2 Abs. 1 j) FinRi bloße Sicherungsmaßnahmen nicht zu zählen.[599]

Die Bundesregierung teilt zu Recht nicht die Ansicht des Bundesrates, denn zu den in Art. 2 Abs. 1 k) FinRi definierten Sanierungsmaßnahmen werden alle Maßnahmen gerechnet, die von einem Gericht oder einer Behörde mit dem Ziel erlassen werden, die finanzielle Lage zu sichern. Nach § 21 Abs. 1 InsO hat das Insolvenzgericht alle Sicherungsmaßnahmen zu erlassen, um Verschlechterungen in der Vermögenslage des Schuldners während des Eröffnungsverfahrens zu verhindern, und um die Masse im Hinblick auf ein etwaiges Insolvenzverfahren zu sichern.[600] Diese Sicherungsmaßnahmen zählen daher zu dem in der Finanzsicherheiten-Richtlinie verwendeten Begriff der Sanierungsmaßnahmen. Im Übrigen kommt der Gesetzgeber mit der Vorschrift des § 21 Abs. 2 Satz 2 InsO dem Versäumnis nach, im Rahmen der Umsetzung der Finalitätsrichtlinie klarzustellen, dass die Definition von Insolvenzverfahren weit zu verstehen ist und die Verrechnungen in den Systemen auch nicht durch vorläufige Sicherungsmaßnahmen beeinträchtigt werden dürfen.[601]

---

598 BT-Drucks. 15/1853, S. 14.

599 Stellungnahme des Bundesrates, BT-Drucks. 15/1853, S. 25.

600 Kirchhof, in HK-InsO, § 21 Rn. 2; Braun/Kind, § 21 Rn. 9.

601 So in dem Kommissionsbericht „Final Report - Study into the Transposition by Member States of Directive 98/26/EEC", vom 19.02.2003, S. 78 ff., zu finden unter: http://europa.eu.int/comm/internal_market/payments/docs/transposition-dir-98-26/main_en.pdf (Stand:31.07.2007); siehe auch Gegenäußerung der Bundesregierung, BT-Drucks. 15/1853, S. 31.

b) Eröffnetes Verfahren, § 166 Abs. 3 InsO

Nach Art. 4 FinRi ist sicherzustellen, dass die Verwertung von Finanzsicherheiten nicht durch die Vorschriften des Insolvenzrechts beeinträchtigt wird. Da für Pfandrechte an Wertpapieren grundsätzlich die Vorschriften für die Verpfändung beweglicher Gegenstände gelten, ergibt sich bei verpfändeten Wertpapieren nach § 50 Abs. 1 InsO ein Recht auf abgesonderte Befriedigung.[602] Die gesetzlichen Vorschriften zur Verwertungsberechtigung finden sich in den §§ 166 bis 173 InsO. Soweit nach § 173 Abs. 1 InsO der Insolvenzverwalter nicht zur Verwertung einer beweglichen Sache oder einer Forderung berechtigt ist, hat der Gläubiger das Recht zur Verwertung. Der deutsche Gesetzgeber hat für die Umsetzung von Art. 4 FinRi Veränderungen an § 166 InsO vorgenommen. Zum einen wurde § 166 Abs. 2 Satz 2 InsO gestrichen und zum anderen wurde in § 166 InsO ein dritter Absatz eingefügt.

Nach § 166 Abs. 1 InsO steht dem Insolvenzverwalter an beweglichen Sachen, die sich in seinem Besitz befinden, ein Verwertungsrecht zu. Trotz bestehender Absonderungsrechte darf er diese beweglichen Sachen freihändig veräußern.[603] Klassische Anwendungsfälle des § 166 Abs. 1 InsO sind das Sicherungseigentum, der erweiterte Eigentumsvorbehalt und das gesetzliche Vermieterpfandrecht.[604] Ein Verwertungsrecht des Verwalters bestand nach § 166 Abs. 2 Satz 1 InsO (a.F.) auch auf Forderungen, die der Schuldner im Rahmen einer Sicherungszession abgetreten hat. Diese Regelung hat in dem jetzigen § 166 Abs. 2 InsO weiterhin Bestand. Als Ausnahme schloss § 166 Abs. 2 Satz 2 InsO (a.F.) das Verwertungsrecht des Verwalters bei Forderungen jedoch insoweit aus, als diese an Teilnehmern von Zahlungs- oder Abrechnungssystemen abgetreten worden sind.[605] Mit § 166 Abs. 3 InsO ist nun ein breiterer Anwendungsbereich vorhanden, der den Regelungsinhalt des ehemaligen § 166 Abs. 2 Satz 2 InsO mitumfasst, so dass diese Vorschrift gestrichen werden konnte.[606] Der neu eingeführte § 166 Abs. 3 InsO nimmt ausdrücklich Gegenstände, die als Sicherheit im Rahmen eines Systems bzw. zu Gunsten einer Zentralbank bestellt wurden sowie Finanzsicherheiten im Sinne des § 1 Abs. 17 KWG, aus dem Anwendungsbereich des § 166 Abs. 1 und 2 InsO heraus. Insbesondere für Finanzsicherheiten besteht somit kein Verwertungsrecht des Insolvenzverwalters.

Diese Regelung hat heftige Kritik von Seiten der Wirtschaftsverbände und der Insolvenzverwalter hervorgerufen. Es wurde befürchtet, dass mit dieser Regelung das Verwertungsrecht an verpfändeten Unternehmensbeteiligungen auf die Banken über-

602 MüKo-InsO/Ganter, § 50 Rn. 19 ff.; Nerlich/Römermann/Becker, § 166 Rn. 30; Kieper, Abwicklungssysteme, S. 160.

603 Braun/Gerbers, § 166 Rn. 4.

604 Landfermann, in HK-InsO, § 166 Rn. 12.

605 § 166 Abs. 2 Satz 2 InsO (a.F.) wurde im Rahmen der Umsetzung von Art. 9 Abs. 1 Finalitätsrichtlinie eingeführt.

606 Vgl. Gesetzesbegründung, BT-Drucks. 15/1853, S. 16.

tragen wird.[607] Aber auch in der Literatur wurde etwas vorschnell Kritik dahingehend geübt, dass bei verpfändeten Anteilen an Tochtergesellschaften von nun an die Verwertung des Vermögens als Einheit bzw. eine Unternehmensfortführung nicht mehr gewährleistet ist.[608] Dass diese Befürchtungen ins Leere gehen, zeigt sich daran, dass Finanzsicherheiten nicht mit Beteiligungen an Unternehmen gleichzusetzen sind. Finanzsicherheiten sind Barsicherheiten bzw. handelbare Finanzinstrumente. Beteiligungen an Tochterunternehmen hingegen sind grundsätzlich nicht handelbar, geschweige denn an den Börsen zugelassen.[609] Sie werden zwar auch als Sicherheiten im Rahmen üblicher Betriebsmittelkredite von Wirtschaftsunternehmen eingesetzt,[610] jedoch sind sie keine Finanzsicherheiten im Sinne der hier umgesetzten Richtlinie. Im Übrigen hat der Gesetzgeber - um quasi die Bedenken ausdrücklich zu entkräften - in § 1 Abs. 17 Satz 4 KWG festgelegt, dass eigene Anteile von Sicherungsgebern, die als juristische Personen, Einzelkaufleute oder Personengesellschaften geführt werden, keine Finanzsicherheiten sind.[611] Das Gleiche gilt für Anteile an verbundenen Unternehmen im Sinne von § 290 Abs. 2 HGB. Mit dem in § 1 Abs. 17 KWG eingefügten und ausführlich beschriebenen Begriff der Finanzsicherheit hat auch der Gesetzgeber verdeutlicht, dass klassische Kreditsicherheiten nicht darunter fallen. Die Kritik wäre damit fortan nicht mehr berechtigt.

aa) Anwendbarkeit von § 166 InsO für im Effektengiroverkehr eingesetzte Finanzsicherheiten

Voraussetzung für eine Anwendbarkeit von § 166 Abs. 1 InsO ist, dass der Insolvenzverwalter Besitz an der beweglichen Sache hat. Dabei ist in der Literatur umstritten, ob für § 166 InsO unmittelbarer Besitz erforderlich ist[612] oder ob mittelbarer Besitz ausreicht.[613] Einigkeit besteht wohl insoweit, als dem Insolvenzverwalter als mittelbarem Besitzer ein Verwertungsrecht nicht zusteht, sofern der Sicherungsnehmer unmittelbarer Besitzer ist.[614] Mittelbarer Besitz des Insolvenzverwalters wird teilweise dann für ausreichend angesehen, wenn z.B. ein Dritter den unmittelbaren Besitz am Gegens-

607 Vgl. Äußerungen des Insolvenzverwalters Piepenburg in der FAZ v. 22.10.2003, S. 23; Burger/Wolf-Zimper, informaciones I/2004, S. 24, 25; DIHK-Pressemitteilung v. 22.11.2003.

608 Hölzle, ZIP 2003, S. 2144, 2144; v. Wilmowsky, in: Derleder/Knops/Bamberger, § 62 Rn. 54.

609 Obermüller, ZIP 2003, S. 2336, 2338; Finanzsicherheiten sind keine Finanzanlagen im Sinne von § 266 Abs. 2 HGB.

610 Primozic/Voll, NZI 2004, S. 363, 363; zu der Kreditqualität eigener Anteile des Sicherungsgebers oder verbundener Unternehmen siehe auch Kollmann, WM 2004, S. 1012, 1017 (Fn. 50).

611 So auch Tetzlaff, ZInsO 2007, S. 478, 484.

612 So die herrschende Meinung, Gottwald/Gottwald, Insolvenzrechtshandbuch, § 42 Rn. 101; Haunschild, DZWIR 1999, S. 60, 61; MüKo-InsO/Lwowski, § 166 Rn. 37; Nerlich/Römermann/ Becker, § 166 Rn. 17 f.; Obermüller, Insolvenzrecht, Rn. 6.320a.; wohl auch FK/Wegener, § 166 Rn. 4.

613 Landfermann, in HK-InsO, § 166 Rn. 14; Uhlenbruck/Uhlenbruck, § 166 Rn. 4 f.; Marotzke, ZZP 109 (1996), S. 429, 443.

614 Smid, Insolvenzrecht, § 20 Rn. 34.

tand hat.[615] Ein „näheres" Besitzrecht des Sicherungsnehmers gegenüber dem Verwalter schließt jedoch dessen Verwertungsrecht aus.[616]

Die Frage, welche Art von Besitz für das Verwertungsrecht des Insolvenzverwalters erforderlich ist, ist insbesondere dann von entscheidender Bedeutung, wenn es sich um Wertpapiere handelt, die im Wege des Effektengiroverkehrs verpfändet werden. Für die Verpfändung von Wertpapieren des Kunden an seinen Gläubiger - dies kann beispielsweise „seine" Depotbank oder die Depotbank eines Dritten sein - ist gemäß § 1205 Abs. 2 BGB die Abtretung des Herausgabeanspruches des Kunden an den Gläubiger und die gleichzeitige Anzeige der Verpfändung an die Wertpapiersammelbank erforderlich.[617] Nach herrschender Meinung ist die Wertpapiersammelbank unmittelbarer Besitzer der Wertpapiere, die Depotbank mittelbarer Besitzer erster Stufe, der Kunde als Miteigentümer des Sammelbestandes mittelbarer Besitzer zweiter Stufe. Die Wertpapiersammelbank bleibt auch nach der Verpfändungsanzeige unmittelbarer Besitzer der Wertpapiere, so dass sich nichts an den gestuften Besitzverhältnissen ändert. Gleiches gilt auch bei der Sicherungsübereignung von Wertpapieren. Auf Grund dieser gestuften Besitzmittlungsverhältnisse hat der Sicherungsnehmer ein „näheres" Besitzrecht an den Wertpapieren als der Verwalter, so dass letztlich nach beiden Ansichten in der Literatur ein Verwertungsrecht des Insolvenzverwalters ausscheidet.[618]

Daher sind die Banken als Sicherungsnehmer verwertungsberechtigt. § 166 Abs. 3 Nr. 3 InsO legt damit gesetzlich etwas fest, was ohnehin schon gilt. Nichtsdestotrotz wird mit der Regelung des § 166 Abs. 3 Nr. 3 InsO in Bezug auf Finanzsicherheiten ausdrücklich klargestellt, dass nicht nur für die Sicherungszession als eine Form der Sicherheit, sondern auch für die Sicherungsübereignung eine Verwertung durch den Insolvenzverwalter nicht in Betracht kommt.[619]

bb) Besonderheit bei der Verpfändung nach AGB-Banken und Sparkassen

Sinn und Zweck der Übertragung des Verwertungsrechts auf den Insolvenzverwalter ist es, die Chancen für eine Sanierung des Unternehmens zu erhöhen bzw. eine Gesamtveräußerung oder eine Veräußerung von wichtigen Betriebsteilen profitabler zu gestalten.[620] Durch eine Verwertungsmöglichkeit der Gläubiger könnten nämlich Sicherungsrechte aus dem Unternehmensverbund herausgelöst werden, welche für eine Unternehmensfortführung unentbehrlich sind. Aus diesem Grund wird davon ausgegangen, dass Vertragspfandrechte wie beispielsweise das AGB-Pfandrecht der Banken und Sparkassen nicht dem Verwertungsrecht des Insolvenzverwalters nach § 166 Abs.

[615] Nerlich/Römermann/Becker, § 166 Rn. 17; Braun/Gerbers, § 166 Rn. 7.
[616] Flöther/Bräuer, DZWIR 2004, S. 89, 92; Wimmer, ZInsO 2004, S. 1, 4.
[617] Uhlenbruck/Uhlenbruck, § 50 Rn. 6.
[618] Flöther/Bräuer, DZWIR 2004, S. 89, 92; Wimmer, ZInsO 2004, S. 1, 4.
[619] Vgl. auch Keller, BKR 2003, S. 481, 483; Begründung der Bundesregierung, BT-Drucks. 15/1853, S. 16.
[620] Häsemeyer, Insolvenzrecht, Rn. 13.44; Braun/Gerbers, § 166 Rn. 3.

1 InsO unterliegen, da das Pfandrecht vor der Insolvenz nur auf Grund des Besitzverlustes des Schuldners begründet wurde und der Schuldner mit dem Besitzverlust angezeigt hat, dass der Gegenstand für das Unternehmen nicht notwendig war.[621] Somit sind für verpfändete Bankguthaben bzw. Wertpapieren nach Nr. 14 AGB-Banken die Regelungen des § 166 Abs. 1 und Abs. 2 InsO nicht anzuwenden.[622] Dies führt im Ergebnis dazu, dass § 166 Abs. 3 InsO de facto nur bei Sicherungsübereignungen von Finanzsicherheiten Anwendung findet. Da jedoch festgestellt wurde, dass auch bei im Rahmen des Effektengiroverkehrs stattfindenden Sicherungsübereignungen von Wertpapieren ein näherer Besitz des Insolvenzverwalters nicht vorliegt, ist die Regelung des § 166 Abs. 3 InsO im Ganzen lediglich als eine gesetzgeberische Klarstellung anzusehen.[623]

c) Verwertung durch Aufrechnung

Gemäß Art. 7 Abs. 1 a) FinRi haben die Mitgliedstaaten sicherzustellen, dass eine vereinbarte Aufrechnung in Folge Beendigung wirksam werden kann und zwar auch dann, wenn ein Liquidationsverfahren eröffnet wurde bzw. ein solches Verfahren noch andauert. Die Umsetzung dieser „close-out-netting-Regelung" in das deutsche Recht erfolgte im Wesentlichen durch vorgenommene Änderungen und Ergänzungen der §§ 96, 104 InsO.

aa) § 96 Abs. 2 InsO

Im Rahmen der Umsetzung von Art. 7 FinRi wurde § 96 Abs. 2 InsO dabei wie folgt erweitert und ergänzt:

> „Absatz 1 sowie § 95 Abs. 1 Satz 3 stehen nicht der Verfügung über Finanzsicherheiten im Sinne des § 1 Abs. 17 des Kreditwesengesetzes oder der Verrechnung von Ansprüchen und Leistungen aus Überweisungs-, Zahlungs- oder Übertragungsverträgen entgegen, die in ein System im Sinne des § 1 Abs. 16 des Kreditwesengesetzes eingebracht wurden, das der Ausführung solcher Verträge dient, sofern die Verrechnung spätestens am Tage der Eröffnung des Insolvenzverfahrens erfolgt."

Während § 96 Abs. 1 InsO die Aufrechnungsbefugnis zum Schutz der Insolvenzmasse und der gleichmäßigen Gläubigerbefriedigung für unzulässig erklärt, soll dies nach § 96 Abs. 2 InsO nicht für Verfügungen über Finanzsicherheiten gelten. Somit werden Verrechnungen bei der Verwertung von Finanzsicherheiten ebenso geschützt wie Ver-

---

621 Uhlenbruck, in: FS für Vieregge, S. 883, 897; MüKo-InsO/Lwowski, § 166 Rn. 40; Obermüller/Hartenfels, BKR 2004, S. 440, 446; Obermüller, Insolvenzrecht, Rn. 6.352; wohl auch Nerlich/Römermann/Becker, § 166 Rn. 48.

622 Obermüller/Hartenfels, BKR 2004, S. 440, 446.

623 Landfermann, in: HK-InsO, § 166 Rn. 37; Wimmer, ZInsO 2004, S. 1, 4.

rechnungen für Ansprüche aus Verträgen von Abwicklungssystemen.[624] Die Verrechnungsmöglichkeit für Ansprüche und Leistungen aus diesen Überweisungs-, Zahlungs- oder Übertragungsverträgen war bereits nach § 96 Abs. 2 InsO (a.F.) gegeben, so dass diese Verrechnungsmöglichkeit nach § 96 Abs. 2 InsO (n.F.) auf Verfügungen über Finanzsicherheiten erweitert wurde.

bb) § 104 Abs. 2 InsO

Desweiteren erfolgte eine Ergänzung und Erweiterung von § 104 InsO, welcher eine Sonderregel zu § 103 InsO darstellt.[625] Nach § 103 InsO hat der Insolvenzverwalter bei gegenseitigen Verträgen, die zur Zeit der Eröffnung des Insolvenzverfahrens vom Schuldner und vom Vertragspartner nicht oder nicht vollständig erfüllt sind, die Wahl, ob er den Vertrag erfüllen möchte oder nicht. Das Wahlrecht führt dazu, dass er die für den Schuldner ungünstigen Geschäfte beenden - der dadurch entstehende Schadensersatzanspruch wird eine einfache Insolvenzforderung - und an den für die Masse günstigen Geschäften festhalten kann (cherry-picking). Eine Aufrechnungsmöglichkeit für den Vertragspartner ist zwar grundsätzlich vorhanden - noch nicht fällige Forderungen werden gemäß § 41 InsO als fällig fingiert und nach § 45 InsO auch umgerechnet - allerdings verhindert § 95 Abs. 1 Satz 2 InsO die Anwendung dieser Vorschriften. Somit scheitert letztendlich eine Aufrechnungsmöglichkeit.

Die Möglichkeit eines Wahlrechts seitens des Insolvenzverwalters besteht für Finanztermingeschäfte auf Grund von § 104 InsO nicht. Hintergrund für die Einführung dieser Norm war, dass bei diesen Geschäften im Insolvenzfall - insbesondere wegen der Notwendigkeit etwaiger Deckungsgeschäfte - sofortige Klarheit herrschen muss. Die solvente Partei muss die Möglichkeit haben, unverzüglich ein Ersatzgeschäft abschließen zu können.[626] Ein Wahlrecht des Insolvenzverwalters bei Finanztermingeschäften sollte vermieden werden, gerade auch um Unsicherheiten und etwaige Kursspekulationen zu verhindern.[627] Der Insolvenzverwalter könnte nämlich die Ausübung seines Wahlrechts von der Entwicklung des Marktpreises abhängig machen.

Nach § 104 Abs. 2 InsO werden Finanztermingeschäfte dem Wahlrecht des Insolvenzverwalters entzogen.[628] Explizit ordnet § 104 Abs. 2 Satz 1 InsO dabei an, dass für Finanzleistungen, die einen Markt- oder Börsenpreis haben und für welche eine bestimmte Zeit oder eine bestimmte Frist vereinbart war die erst nach Eröffnung des Insolvenzverfahrens eintritt, an Stelle der Erfüllung nur eine Forderung wegen Nichterfüllung verlangt werden kann. Die gegenseitig noch nicht erfüllten Verträge werden damit automatisch ab dem Zeitpunkt der Eröffnung des Insolvenzverfahrens in Aus-

---

624 Vgl. Kieper, ZInsO 2003, S. 1109, 1117.

625 Bosch, in: Kölner Schrift zur InsO, S. 1009 f.; MüKo-InsO/Huber, § 103 Rn. 97.

626 Kieper, Abwicklungssysteme, S. 57.

627 BT-Drucks. 12/7302, S. 167 f.; siehe auch Häsemeyer, Insolvenzrecht, Rn. 20.35; Bosch, WM 1995, S. 365, 367; MüKo-InsO/Jahn, § 104 Rn. 26 f.; Benzler, ZInsO 2000, S. 1, 3.

628 Braun/Kroth, § 104 Rn. 7.

gleichsforderungen umgewandelt.[629] Bestehen Ausgleichsforderungen aus mehreren Geschäften sowohl zu Gunsten der Masse als auch zu Gunsten der solventen Partei, so werden diese gegeneinander aufgerechnet.[630] Die gegenseitigen Erfüllungsansprüche erlöschen und werden durch einen einseitigen Differenzanspruch ersetzt.

Der Begriff der Finanzleistungen ist durch Aufzählung im bisherigen § 104 Abs. 2 Satz 2 Nr. 1 bis 5 InsO definiert. Darunter fällt unter anderem die Lieferung von Edelmetallen, Wertpapieren, Forderungen und Optionen. Die Verwendung des Wortes „insbesondere“ zeigt an, dass die Aufzählung nicht abschließend sein soll.[631] Um sich zukünftigen Entwicklungen nicht zu verschließen, wurde die Definition absichtlich offen gehalten.[632] Desweiteren müssen die in § 104 Abs. 2 Satz 2 Nr. 1 bis 5 InsO genannten Finanzleistungen die vertragstypische Leistung darstellen.[633] So fallen unter § 104 Abs. 2 Satz 2 Nr. 2 InsO - Lieferung von Wertpapieren - keine Wertpapiergeschäfte, die dem Erwerb einer dauerhaften Beteiligung an einem Unternehmen dienen, denn die vertragstypische Leistung ist hierbei nicht das Wertpapiergeschäft als Finanzleistung, sondern der Erwerb der Beteiligung.[634]

Der Gesetzgeber tauschte den ehemals in der Überschrift von § 104 InsO verwendeten Begriff „Finanztermingeschäft“ durch das Wort „Finanzleistung“ aus. Der ursprüngliche Begriff „Finanztermingeschäft“ wurde nämlich von Seiten der Literatur kritisiert, da die Unsicherheit bestand, dass dadurch nur Finanztermingeschäfte im engeren Sinne angesprochen sind. Ob auch Kassageschäfte in den Anwendungsbereich des § 104 Abs. 2 InsO fallen, war umstritten.[635] Mit dem neuen Begriff stellte der Gesetzgeber somit klar, dass auch Kassageschäfte, also Geschäfte mit kurzen Erfüllungsfristen, unter den Anwendungsbereich von § 104 InsO fallen.

Überhaupt muss die Leistung nach § 104 Abs. 2 Satz 1 InsO - im Gegensatz zu § 104 Abs. 1 Satz 1 InsO - nicht genau zu einem festbestimmten Zeitpunkt oder innerhalb einer festbestimmten Frist erbracht werden. Vielmehr ist es ausreichend, wenn für die Erbringung der Finanzleistung ein Endtermin vereinbart wird.[636] Der Endter-

---

629 Marotzke, in HK-InsO, § 104 Rn. 2; Smid/Meyer, § 104 Rn. 13.

630 Bosch, in: Kölner Schrift zur InsO, S. 1009, 1012.

631 MüKo-InsO/Jahn, § 104 Rn. 49; Kieper, Abwicklungssysteme, S. 57; Marotzke, in HK-InsO, § 104 Rn. 4.

632 So auch die Begründung im RegE, BT-Drucks. 12/7302, S. 168.

633 Ehricke, ZIP 2003, S. 273, 274; MüKo-InsO/Jahn, § 104 Rn. 50.

634 Die in § 104 Abs. 2 Satz 2 Nr. 1 bis 5 InsO aufgeführten Finanzleistungen sind hinsichtlich ihrer Verständlichkeit umstritten. Dieser Streit soll ebenso wie weitere Ausführungen zu den einzelnen Finanzleistungen nicht Gegenstand dieser Arbeit sein. Siehe ausführlich dazu Kieper, Abwicklungssysteme, S. 60 f.

635 Die h.M. war für eine Einbeziehung, so z.B. Bosch, in: Kölner Schrift zur InsO, S. 1009, 1018; MüKo-InsO/Jahn, § 104 Rn. 73 f.; Ehricke, ZIP 2003, S. 273, 276; offen gelassen Reiner, Derivative Finanzinstrumente im Recht, S. 188; Schimansky/Bunte/Lwowski/Jahn, Bankrechts-Handbuch, § 114 Rn. 120; gegen eine Einbeziehung: Smid/Meyer, § 104 Rn. 11.

636 Marotzke, in HK-InsO, § 104 Rn. 4 ff.; Obermüller, Insolvenzrecht, Rn. 8.281; siehe auch Begründung des Gesetzgebers, BT-Drucks. 15/1853, S. 15; a.A. Herring/Cristea, ZIP 2004, S.

min ist aber im Hinblick auf die Anforderungen an die Bestimmtheit der Zeit und Frist im Sinne des § 104 Abs. 1 Satz 1 InsO ein unabdingbares Erfordernis.[637] Damit sind grundsätzlich auch die auf unbestimmte Zeit abgeschlossenen Geschäfte vom Anwendungsbereich der Norm erfasst. Wird jedoch in einem Rahmenvertrag bestimmt, dass das Wertpapierdarlehen jederzeit auf Verlangen beendet werden kann, so findet § 104 Abs. 2 InsO nur dann Anwendung, wenn gleichzeitig ein Endtermin für das Ausüben des Verlangens vorgesehen ist.[638]

(1) § 104 Abs. 2 Satz 2 Nr. 6 InsO

Im Zuge der Umsetzung der Finanzsicherheiten-Richtlinie wurde der Katalog der Finanzleistungen in § 104 Abs. 2 Satz 2 InsO durch die Nummer 6 für Finanzsicherheiten erweitert. Nach § 104 Abs. 2 Satz 2 Nr. 6 InsO erstreckt sich die vorzeitige Beendigung von Finanzgeschäften auf Finanzsicherheiten im Sinne des § 1 Abs. 17 KWG. Damit sind auch Verpflichtungen auf Lieferung bzw. Rücklieferung von Finanzsicherheiten in den Katalog der Finanzgeschäfte gemäß § 104 InsO miteinbezogen.[639]

Diese Erweiterung des § 104 Abs. 2 Satz 2 Nr. 6 InsO wurde zum Teil als unnötig kritisiert, da die Finanzsicherheiten-Richtlinie eine solche Regelung nicht verlange.[640] Der deutsche Gesetzgeber habe nach der Finanzsicherheiten-Richtlinie lediglich sicherzustellen, dass - sollte bei der Sicherheitenbestellung die Vereinbarung getroffen werden, dass im Falle einer Insolvenzeröffnung die gleichzeitige Beendigung der Finanzsicherheiten und der besicherten Geschäfte eintritt - eine Verrechnung der Finanzsicherheiten mit den offenen Forderungen insolvenzfest ist. Die Finanzsicherheiten-Richtlinie erfordere daher nicht eine gesetzliche Regelung, die eine gleichzeitige Beendigung für Finanzsicherheiten voraussetzt.[641] Nach einer anderen Ansicht verpflichtet Art. 7 Abs. 1 a) FinRi die Mitgliedstaaten, sämtliche Aufrechnungsmechanismen im Hinblick auf Finanzsicherheiten im Insolvenzfall, egal ob lediglich vertraglich vereinbart oder wie bei § 104 InsO gesetzlich verfasst, als materiell wirksam und insolvenzfest anzuerkennen.[642]

Problematisch ist somit, ob sich Art. 7 FinRi lediglich auf vertragliche oder auf vertragliche und gesetzliche Aufrechnungsmechanismen bezieht. Aus dem Wortlaut der Richtlinie lassen sich keine genaue Schlussfolgerungen ziehen. Jedoch spricht sehr viel für die Maßnahme des Gesetzgebers, § 104 Abs. 2 Satz 2 InsO um die Nr. 6 zu erweitern. Zunächst einmal ist die hinter § 104 Abs. 2 Satz 2 Nr. 6 InsO stehende Intention zu begrüßen: Das dem § 104 InsO innewohnende Ziel, ein „cherry-picking" des Insol-

1627, 1635, welche auch Geschäfte, die auf unbestimmte Zeit geschlossen wurden, miteinbezogen sehen wollen.

637 Vgl. Kollmann, WM 2004, S. 1012, 1021.

638 Bundesregierung, BT-Drucks. 15/1853, S. 15.

639 Vgl. Keller, BKR 2003, S. 481, 482.

640 Kieper, Abwicklungssysteme, S. 235 f.; ders., ZInsO 2003, S. 1109, 1117.

641 Kieper, ZInsO 2003, S. 1109, 1117.

642 Keller, BKR 2002, S. 347, 353.

venzverwalters zu verhindern, könnte nämlich unterlaufen werden, wenn man zwar ein Wahlrecht bezüglich der gesicherten Forderung verhindert, hinsichtlich der bestellten Finanzsicherheit jedoch weiterhin ein Wahlrecht ermöglicht.[643] Ohne die automatische Beendigung der Finanzsicherheiten würde wiederum eine Spekulationsmöglichkeit des Insolvenzverwalters bestehen, was u.U. nachteilig für den Gläubiger der Finanzsicherheit wäre. Zudem enden die Finanzgeschäfte nach § 104 Abs. 2 InsO automatisch, so dass in diesem Fall auch die Finanzsicherheiten ihre Berechtigung verloren haben. Die Beendigung nach § 104 InsO könnte dazu führen, dass der Insolvenzschuldner einen Ausgleichsanspruch gegen die solvente Vertragspartei erwirbt. Gegen diesen Ausgleichsanspruch kann nun nach § 104 Abs. 2 Satz 2 Nr. 6 InsO mit einer Finanzsicherheit aufgerechnet werden, selbst wenn diese noch nicht fällig wäre. Die Schaffung einer gesetzlichen Regelung im Sinne von § 104 Abs. 2 Satz 2 Nr. 6 InsO war im Hinblick auf die Rechtssicherheit und Rechtsklarheit von Nöten.[644] Nicht zuletzt war die Herbeiführung von Rechtssicherheit im Bereich der Finanzsicherheiten ein wichtiger Grund für die Entstehung dieser Richtlinie.[645] Durch die Einführung des § 104 Abs. 2 Satz 2 Nr. 6 InsO wurde nicht nur für den Rechtsanwender, sondern auch für die europäischen Organe nach außen hin kenntlich gemacht, dass die Finanzsicherheiten in die automatische Beendigung mit anschließender Verrechnung einbezogen werden. Im Übrigen werden nach § 104 Abs. 2 Satz 2 Nr. 1 bis 5 InsO nur Finanzleistungen erfasst, welche die vertragstypische Leistung darstellen. Bei der Sicherheitenbestellung fehlt häufig die synallagmatische Verpflichtung, so dass Finanzsicherheiten nicht unter den bisherigen Katalog fallen.[646] Die Regelung des § 104 Abs. 2 Satz 2 Nr. 6 InsO war damit auch aus diesem Grund erforderlich.

Die Erweiterung von § 104 Abs. 2 Satz 2 Nr. 6 InsO führt allerdings zu zwei wesentlichen Besonderheiten, die sich im Vergleich zum ursprünglichen § 104 InsO ansiedeln. Zum einen wird, wie bereits erwähnt, auch durch den Gesetzgeber klargestellt, dass für die Bestellung von Finanzsicherheiten, die anders als die in § 104 Abs. 2 Nr. 1 bis 5 InsO genannten Finanzleistungen nicht Hauptleistungen im Rahmen eines gegenseitigen Vertrages sind, die Regelung des § 104 InsO gilt.[647] Zum anderen ist der persönliche Anwendungsbereich von § 104 InsO uneinheitlich:[648] Der persönliche Anwendungsbereich von § 104 Abs. 2 Satz 2 Nr. 1 bis 5 InsO gilt für jedermann, während § 104 Abs. 2 Satz 2 Nr. 6 InsO nur für solche nach § 1 Abs. 17 KWG gilt. *Kollmann* ist daher der Meinung, dass die durch § 104 Abs. 2 Satz 2 Nr. 6 InsO entstandene Ausdifferenziertheit zugleich einen Verlust an Transparenz in diesem Punkt dar-

643 Vgl. Obermüller/Hartenfels, BKR 2004, S. 440, 446 f.
644 Dieses Argument überzeugt auch Kieper, ZInsO 2003, S. 1109, 1118.
645 Vgl. Erwägungsgrund Nr. 5, Abl. der EG, L 168/43.
646 Vgl. im Hinblick auf die fehlende synallagmatische Beziehung von Finanzsicherheiten, Keller, BKR 2003, S. 481, 482.
647 Bundesregierung, BT-Drucks. 15/1853, S. 15.
648 Vgl. auch Kollmann, WM 2004, S. 1012, 1021.

stellt.[649] Dieser Beanstandung ist grundsätzlich zuzustimmen, wenngleich durch die ausdrückliche Erwähnung des § 1 Abs. 17 KWG ein Hinweis auf die Sonderstellung der Finanzsicherheiten geschaffen wurde. Weitere Ausführungen zum § 104 Abs. 2 Satz 2 InsO im Gesetz würden zu einer Aufblähung der Norm führen, welche dann in ihrem Verständnis noch undurchdringlicher wäre und somit wiederum die erhoffte Transparenz vermissen lassen würde.

(2) § 104 Abs. 2 Satz 3 InsO

§ 104 Abs. 2 Satz 3 InsO ordnet an, dass die Gesamtheit der in einem Rahmenvertrag zusammengefassten Geschäfte über Finanzleistungen als ein gegenseitiger Vertrag im Sinne der §§ 103, 104 InsO gilt. Mit dieser Regelung soll gewährleistet werden, dass eine Gesamtsaldierung mehrerer, durch einen Rahmenvertrag zusammengefasster Einzelgeschäfte möglich ist. Die schwebenden Finanztermingeschäfte werden bei Eröffnung des Insolvenzverfahrens beendet und durch einen Ausgleichsanspruch in Höhe des Nettomarktwertes aller Geschäfte ersetzt.[650]

§ 104 Abs. 2 Satz 3 InsO ist dabei zwingend, d.h. die Finanztermingeschäfte werden per Gesetz beendet und saldiert. Diese Aufrechnung auf Grund eines Rahmenvertrages wird als Liquidations-Netting bezeichnet. Die überwiegende Mehrheit in der Literatur ist der Meinung, dass es der Anerkennung eines Rahmenvertrages als eines gegenseitigen Vertrages in der Regel nicht bedarf, um in einem Insolvenzverfahren eine Gesamtsaldierung von Einzelgeschäften durchzuführen, da die Möglichkeit der Aufrechnung nach §§ 94, 95 InsO besteht.[651] Allerdings ist man sich ebenso überwiegend darüber einig, dass, sofern es um Geschäfte über Finanzleistungen im Sinne der § 104 Abs. 2 Satz 2 Nr. 1 bis 5 InsO geht, die Zusammenfassung der einzelnen Geschäfte zu einem Rahmenvertrag durchaus ihre Berechtigung hat.[652] Hat nämlich eine Vertragspartei ihre Verpflichtungen voll erfüllt, kann sie dem Wahlrecht des Insolvenzverwalters nach § 103 InsO ausgesetzt sein. Eine Saldierungsmöglichkeit wäre ohne § 104 Abs. 2 Satz 3 InsO nicht gewährleistet, denn § 104 Abs. 2 Satz 1 InsO würde nicht eingreifen, da in diesem Fall ein von beiden Seiten noch nicht voll erfüllter Vertrag nicht mehr vorliegt.[653] Da auch § 104 Abs. 1 InsO einen von noch keiner Seite vollständig erfüllten Vertrag voraussetzt,[654] kann auch nach dieser Norm ein „cherry-

[649] Kollmann, WM 2004, S. 1012, 1021.

[650] Vgl. Uhlenbruck/Luer, § 104 Rn. 26.

[651] MüKo-InsO/Jahn, § 104 Rn. 125; Bosch, WM 1995, S. 413, 419; Berger, in: Kölner Schrift zur InsO, S. 499, 528; Ehricke, ZIP 2003, S. 273, 278.

[652] Vgl. MüKo-InsO/Jahn, § 104 Rn. 126; Berger, in: Kölner Schrift zur InsO, S. 499, 528; Marotzke, in HK-InsO, § 104 Rn. 6; a.A. Häsemeyer, Insolvenzrecht, Rn. 20.35, wonach die „close-out-netting-Regelung" des § 104 Abs. 2 Satz 3 InsO eklatant den Gleichbehandlungsgrundsatz verletzt. Das „cherry-picking" verhindert seiner Meinung nach bereits § 104 Abs. 1 InsO.

[653] Marotzke, in: HK-InsO, § 104 Rn. 6.

[654] Braun/Kroth, § 104 Rn. 3.

picking" nicht verhindert werden.[655] § 104 Abs. 2 Satz 3 InsO verhindert insofern ein „Herausfallen" dieser einseitig erfüllten Geschäfte aus dem Rahmenvertrag.[656] Werden von den Vertragsparteien Finanztermingeschäfte abgeschlossen, die nicht durch einen Rahmenvertrag eingebunden sind, so sind die mit Insolvenzeröffnung entstehenden Ausgleichsforderungen unter den Voraussetzungen der §§ 94 ff. InsO aufrechenbar.[657] Zum Teil wird die in § 104 Abs. 2 Satz 3 InsO auch als „Gesamtbeendigungsklausel" bezeichnete Regelung als zu restriktiv empfunden, da sie die Möglichkeit der Glattstellung einzelner Geschäfte bei Liefer- oder Zahlungsverzug beeinträchtige.[658] Die „Gesamtbeendigungsklausel" stehe in Widerspruch zu den in der Praxis üblichen Vereinbarungen z.B. bei Wertpapierpensions- und Wertpapierdarlehensgeschäften, wo eben einzelne Geschäfte bei Liefer- oder Zahlungsverzug glattgestellt werden können.[659] Der Gesetzgeber hat sich dieser Kritik in gewisser Weise angenommen und im Rahmen der Umsetzung der Richtlinie in § 104 Abs. 2 Satz 3 InsO das Wort „Vertragsverletzungen" durch „Vorliegen eines Insolvenzgrundes" ersetzt. Insofern wurde der Bitte auf eine Änderung der Gesamtbeendigungsklausel Rechnung getragen und eine Gesamtbeendigung lediglich für den Insolvenzfall vorgeschrieben.[660] Der Gesetzgeber verweist jedoch zu Recht darauf, dass eine Glattstellung einzelner Geschäfte z.B. bei Zahlungs- oder Lieferverzug trotz der Gesamtbeendigungsklausel unter der Voraussetzung möglich ist, dass beide Vertragsparteien solvent sind.[661] Für den Fall der Insolvenz darf richtigerweise keine Partei die Möglichkeit für ein „cherry-picking" einzelner Geschäfte haben. Insoweit bleibt von Seiten des Gesetzgebers die Gesamtbeendigungsklausel des § 104 Abs. 2 Satz 3 InsO bestehen.

(3) Ausgleichsberechnung nach § 104 Abs. 3 Satz 1 InsO

Nach der ursprünglichen Fassung des § 104 Abs. 3 Satz 1 InsO berechnete sich die Höhe der Forderung wegen Nichterfüllung aus der Differenz zwischen dem vereinbarten Preis und dem Markt- oder Börsenpreis, der am zweiten Werktag nach der Eröffnung des Insolvenzverfahrens am Erfüllungsort für einen Vertrag mit der vereinbarten Erfüllungszeit maßgeblich ist.[662] Diese Zwei-Tages-Regel ist historisch bedingt und wird als überholt angesehen, denn sie geht davon aus, dass die Ersatzeindeckung mit Finanzleistungen zwei Tage nach Verfahrenseröffnung üblich und frühzeitig genug

---

655 Insofern ist die Meinung von Häsemeyer, Insolvenzrecht, Rn. 20.35 (Fn. 511) abzulehnen.

656 MüKo-InsO/Jahn, § 104 Rn. 126.

657 Benzler, ZInsO 2000, S. 1, 7; Ehricke, ZIP 2003, S. 273, 277; MüKo-InsO/Jahn, § 104 Rn. 122; Kieper, Abwicklungssysteme, S. 70.

658 Bosch, in: Kölner Schrift zur InsO, S. 1009, 1039.

659 Wimmer, ZIP 2003, S. 1563, 1565.

660 Bosch, in: Kölner Schrift zur InsO, S. 1009, 1039.

661 Vgl. Gesetzesbegründung, BT-Drucks. 15/1853, S. 15.

662 Ist es nicht möglich, diesen Preis zu ermitteln, so findet der Preis Berücksichtigung, der für den Tag zuvor maßgeblich war. Vgl. Begr. d. Rechtsausschuss zu § 118 RegE, BT-Drucks. 12/7302, S. 168.

ist.[663] Ein zweitägiges Warten kann jedoch in Anbetracht der heutigen Marktverhältnisse und Kommunikationsmittel der solventen Partei nicht zugemutet werden. Auf Grund der raschen Kurs- und Preisschwankungen muss der solvente Vertragspartner sofort Klarheit bezüglich der Abwicklung der getätigten Geschäfte haben.[664] Die solvente Vertragspartei wird in der Regel versuchen, sich noch am gleichen Tage bzw. unverzüglich nach Kenntnis von der Insolvenzeröffnung mit Ersatzfinanzleistungen einzudecken.[665] Der deutsche Gesetzgeber hat auch auf diese Kritik im Rahmen der Umsetzung der Finanzsicherheiten-Richtlinie mit einer flexiblen Regelung reagiert, wonach § 104 Abs. 3 InsO wie folgt gefasst wurde:

> „[1]Die Forderung wegen Nichterfüllung richtet sich auf den Unterschied zwischen dem vereinbarten Preis und dem Markt- oder Börsenpreis, der zu einem von den Parteien vereinbarten Zeitpunkt, spätestens jedoch am fünften Werktag nach der Eröffnung des Verfahrens am Erfüllungsort für einen Vertrag mit der vereinbarten Erfüllungszeit maßgeblich ist. [2]Treffen die Parteien keine Vereinbarung, ist der zweite Werktag nach der Eröffnung des Verfahrens maßgebend."

Nach dem jetzigen § 104 Abs. 3 InsO ist der Zeitpunkt der Ausgleichsberechnung von der Parteivereinbarung abhängig. Ein taggleiches Eindecken mit Ersatzfinanzleistungen ist danach möglich, jedoch ist der späteste Zeitpunkt der fünfte Werktag nach der Eröffnung des Insolvenzverfahrens. Sollte keine Vereinbarung getroffen worden sein, so ist - wie nach der alten Regelung als eine Art Auffangregel - der zweite Werktag maßgebend.[666] Als Markt- oder Börsenpreis ist der Preis der Finanzleistung und nicht der Preis des Basiswertes maßgeblich.[667] Die Änderung des § 104 Abs. 3 InsO ist zu begrüßen, da sie die von der Praxis geforderte Flexibilität ermöglicht.

cc) Zusammenfassung

Nach dem neu geschaffenen § 96 Abs. 2 InsO sind fortan die bei der Verwertung von Finanzsicherheiten zu erfolgenden Verrechnungen geschützt. § 104 InsO wurde dahingehend geändert, dass Finanzsicherheiten im Sinne des § 1 Abs. 17 KWG dem Wahlrecht des Insolvenzverwalters entzogen sind und gegenseitige Erfüllungsansprüche daraus erlöschen bzw. durch einen einseitigen Differenzanspruch ersetzt werden.

---

663 Vgl. Bosch, in: Kölner Schrift zur InsO, S. 1009, 1038; Kübler/Prütting/Köndgen, § 104 Rn. 47; MüKo-InsO/Jahn, § 104 Rn. 189.

664 Kollmann, WM 2004, S. 1012, 1021; Bosch, in: Kölner Schrift zur InsO, S. 1009, 1038.

665 Siehe hierfür als Beispiel Nr. 7 Abs. 1 a) des European Masters Agreement (EMA), wonach der Preisfeststellungstag entweder der vereinbarte, spätestens jedoch der fünfte Geschäftstag ist, nachdem die solvente Vertragpartei Kenntnis vom Vorgang erhielt, der die Beendigung ausgelöst hat.

666 Vgl. Gesetzesbegründung, BT-Drucks. 15/1853, S. 15.

667 § 104 Abs. 3 InsO spricht vom „[...[Markt- oder Börsenpreis, den ein Vertrag mit der vereinbarten Erfüllungszeit hat"; vgl. auch Ehricke, ZIP 2003, S. 273, 281; Kieper, Abwicklungssysteme, S. 68.

Nach § 104 Abs. 2 Satz 3 InsO gilt nunmehr die Gesamtheit der in einem Rahmenvertrag zusammengefassten Geschäfte über Finanzleistungen als ein gegenseitiger Vertrag im Sinne der §§ 103, 104 InsO. Damit wird eine Gesamtsaldierung mehrerer, durch einen Rahmenvertrag zusammengefasster Einzelgeschäfte gewährleistet. Mit der flexiblen Neuregelung des § 104 Abs. 3 InsO wurde die ehemals starre Zwei-Tages-Regel zur Berechnung der Höhe des Ausgleichanspruches abgeschafft. In erster Linie hängt es von nun an von der Parteivereinbarung ab, welcher Zeitpunkt für die Ausgleichsberechnung maßgeblich ist.

2. Anpassungen des BGB

Gemäß Art. 4 Abs. 1 FinRi ist es dem Sicherungsnehmer zu ermöglichen, eine Finanzsicherheit im Verwertungsfall nicht nur freihändig zu verkaufen, sondern sie sich auch anzueignen und den Wert mit den maßgeblichen Verbindlichkeiten zu verrechnen oder an Zahlungs statt anzunehmen. Desweiteren verlangt Art. 4 Abs. 4 c) FinRi, dass jede als beschränkt dingliches Sicherungsrecht bestellte Finanzsicherheit vereinbarungsgemäß verwertet werden kann, ohne dass die Verwertung durch eine Auktion oder auf eine andere Art und Weise vorgeschrieben wird.

Nach dem bisherigen Recht über die Pfandverwertung war der freihändige Verkauf von Finanzsicherheiten in Form von Aktien, Inhaber- und Orderpapieren nur durch einen öffentlich ermächtigten Handelsmäkler oder durch eine zur öffentlichen Versteigerung ermächtigte Person und erst nach Eintritt der Pfandreife möglich.[668] Ebenso ist nach § 1229 BGB eine Verfallvereinbarung vor dem Eintritt der Verkaufsberechtigung nicht erlaubt. Mit diesem Verbot, eine Verfallklausel zu vereinbaren, ist eine Aneignung verwehrt. § 1229 BGB gilt grundsätzlich auch bei Pfandrechten an Forderungen.[669]

a) § 1259 BGB

Um den Vorgaben von Art. 4 Abs. 1 und Abs. 4 FinRi Rechnung zu tragen, führte der Gesetzgeber § 1259 BGB ein:

> „Sind Eigentümer und Pfandgläubiger Unternehmer, juristische Personen des öffentlichen Rechts oder öffentlich-rechtliche Sondervermögen, können sie für die Verwertung des Pfandes, das einen Börsen- oder Marktpreis hat, schon bei der Verpfändung vereinbaren, dass der Pfandgläubiger den Verkauf aus freier Hand zum laufenden Preis selbst oder durch Dritte vornehmen kann oder dem Pfandgläubiger das Eigentum an der Sache bei Fälligkeit der Forderung zufallen soll. In diesem Fall gilt die Forderung in Höhe des am Tag der Fälligkeit geltenden Börsen- oder Marktpreises als vom Eigentümer berichtigt. Die §§ 1229 und 1233 bis 1239 finden keine Anwendung."

---

[668] Vgl. für Inhaberpapiere §§ 1293, 1245 Abs. 2, § 1235 Abs. 2, § 1221 BGB.
[669] Staudinger/Wiegand, § 1229 Rn. 13.

Mit dieser Vorschrift wurde nunmehr die Voraussetzung geschaffen, dass die Verwertung eines Pfandes mit einem Börsen- oder Marktpreis durch freihändigen Verkauf erfolgen kann. Voraussetzung dafür ist, dass eine dingliche Verwertungsvereinbarung zwischen Eigentümer und Pfandgläubiger getroffen wurde. Das Wort „schon“ deutet darauf hin, dass diese Vereinbarung bereits zum Zeitpunkt der Verpfändung oder nachträglich getroffen werden kann.[670] Mit dem Verkauf des Pfandes gilt die gesicherte Forderung in Höhe des laufenden Preises, also in Höhe des jeweils geltenden Börsen- oder Marktpreises, als getilgt. Dies gilt auch dann, wenn die verpfändete Finanzsicherheit in ihrem Wert unter der zu sichernden Forderung verkauft wird.[671] Sollte das Pfand verfallen, gilt die besicherte Forderung in Höhe des am Tag der Fälligkeit geltenden Börsen- und Marktpreises als berichtigt.[672]

Ob hinsichtlich der Verwertungsart der Finanzsicherheit, d.h. ob die Finanzsicherheit freihändig verwertet kann oder ob die Pfandverwertung durch Aneignung zu betreiben ist, ein Wahlrecht seitens des Pfandgläubigers besteht, ist umstritten. Nach einer Ansicht muss der Pfändgläubiger nicht verwerten, so dass er ein Wahlrecht bezüglich der Art der Verwertung der Finanzsicherheit hat.[673] Nach einer anderen Ansicht kann der Pfandgläubiger sich nicht beide Möglichkeiten der Verwertung bis zum Eintritt des Sicherungsfalles vorbehalten.[674] Dieses Wahlrecht wäre einem „cherry-picking“ des Insolvenzverwalters vergleichbar und vom Gesetzgeber sicher nicht gewollt. Der Pfandgläubiger muss sich vielmehr entscheiden, ob er entweder die Finanzsicherheit freihändig verwertet oder ob er sich das Pfand aneignet.[675]

Der Gesetzeswortlaut des § 1259 BGB spricht nicht explizit von einem Wahlrecht, die Regelung scheint jedoch ein solches zuzulassen.[676] Auch die Gesetzesbegründung zu § 1259 BGB deutet darauf hin, dass beide Verwertungsmöglichkeiten nebeneinander bestehen.[677] Ebenso verlangt die Finanzsicherheiten-Richtlinie nicht, dass der Pfandgläubiger sich zwischen beiden Möglichkeiten der Verwertung entscheiden muss. Art. 4 Abs. 1 FinRi bestimmt lediglich, dass Sicherungsvereinbarungen zuzulassen sind, die es den Sicherungsnehmern ermöglichen, Finanzsicherheiten im Verwertungsfall nicht nur freihändig zu verkaufen, sondern sie sich auch anzueignen und den Wert mit den maßgeblichen Verbindlichkeiten zu verrechnen. Gegen die Möglichkeit eines Wahlrechts würde überhaupt nichts sprechen, wenn der Sicherungsgeber - wie auch immer der Gläubiger sich im Hinblick auf die Verwertung seiner Finanzsicherheit ent-

---

670 Vgl. Palandt/Bassenge, § 1259 Rn. 4.

671 Kollmann, WM 2004, S. 1012, 1018; Palandt/Bassenge, § 1259 Rn. 5 f.

672 Kollmann, WM 2004, S. 1012, 1018.

673 Palandt/Bassenge, § 1259 Rn. 4.

674 Obermüller/Hartenfels, BKR 2004, S. 440, 446.

675 Obermüller/Hartenfels, BKR 2004, S. 440, 446.

676 Dieser Ansicht ist auch Obermüller/Hartenfels, BKR 2004, S. 440, 446.

677 Vgl. Gesetzesbegründung ZIP 2003, S. 1571, „Die Neuregelung sieht zunächst eine Erleichterung von Verkaufsvereinbarungen vor.“; Außerdem erlaubt die Neuregelung „[...] die Pfandverwertung.“

scheidet - keinen wirtschaftlichen Nachteil erleidet. Ist der Wert der Finanzsicherheit seit dem Fälligkeitstag gesunken, so verkauft der Gläubiger die Sicherheit aus freier Hand zum laufenden Preis. Ist der Wert seit dem Fälligkeitstag gestiegen und würde er den Verfall wählen, so würde der niedrige Wert dem Schuldner gutgeschrieben werden und der Rest müsste an diesen als Eigentümer ausgekehrt werden. Übersteigt nämlich der laufende Preis die gesicherte Forderung, so ist nach § 1247 Satz 2 BGB der Erlös an den Eigentümer auszukehren. Ursache hierfür ist das Surrogationsprinzip, wonach der Eigentümer der Pfandsache kraft Gesetzes Eigentümer des Erlöses wird.[678] Insofern ist die Befürchtung, der Rest könnte durch den Gläubiger vereinnahmt werden, unbegründet.[679] Sollte der Pfandgläubiger die Finanzsicherheit unter Wert verkaufen, so ist er in diesem Falle beweispflichtig und dem Eigentümer zu Schadensersatz verpflichtet.[680]

Somit ist der Sicherungsgeber ausreichend geschützt, so dass nichts gegen ein Wahlrecht des Pfandgläubigers spricht. Auch ist ein eingeräumtes Wahlrecht des Sicherungsnehmers nicht mit dem „cherry-picking" des Insolvenzverwalters vergleichbar. Beim „cherry-picking" des Insolvenzverwalters geht es gerade darum, dass der solvente Vertragspartner nicht geschützt und dem Belieben des Insolvenzverwalters ausgesetzt ist. Durch die Regel des § 1259 BGB und der dadurch in Aussicht gestellten Wahlmöglichkeit bezüglich der Art und Weise der Verwertung ist der Sicherungsnehmer als solvente Vertragspartei ausreichend geschützt. Ginge man hingegen davon aus, dass der Pfandgläubiger sich entscheiden müsste, bestünde zudem das Problem, welchen Zeitpunkt man dafür setzen soll. Als Ergebnis ist damit festzuhalten, dass der Sicherungsnehmer im Rahmen des § 1259 BGB ein Wahlrecht hat, die Finanzsicherheit freihändig zu verwerten oder die Pfandverwertung durch Aneignung zu betreiben.

Bezüglich der „opt-out-Möglichkeit" nach Art. 4 Abs. 3 FinRi ist im deutschen Recht nach § 19 des Gesetzes über die deutsche Bundesbank sowie nach den §§ 13, 17 DepotG eine Aneignung möglich, so dass eine Geltendmachung des „opt-out-Rechtes" richtigerweise nicht in Betracht kam. Im Übrigen sah sich der Gesetzgeber auch nicht gezwungen von der Aneignung im Sinne des § 1259 BGB abzusehen, da die Unternehmer auf Grund ihrer geschäftlichen Erfahrung auch nicht den Schutz des § 1229 BGB benötigen.[681]

aa) Der persönliche Anwendungsbereich des § 1259 BGB

§ 1259 BGB erfasst gewerbliche Geschäfte zwischen Unternehmern im Sinne des § 14 BGB, juristischen Personen des öffentlichen Rechts und öffentlich-rechtlichen Sondervermögen. Damit sind Geschäfte zwischen denen in Art. 1 Abs. 2 FinRi definierten Stellen sowie mit Kaufleuten in den Anwendungsbereich des § 1259 BGB einbezogen.

---

678 MüKo-BGB/Damrau, § 1247 Rn. 1.

679 So aber Obermüller/Hartenfels, BKR 2004, S. 440, 446.

680 BT-Drucks. 15/1853, S. 18.

681 So die Gesetzesbegründung, BT-Drucks. 15/1853, S. 17.

Der Gesetzgeber hat sich dagegen ausgesprochen, auch Verbraucher von § 1259 BGB zu erfassen, da zum einen nach der Finanzsicherheiten-Richtlinie die Stärkung und Flexibilisierung des Finanzmarktes gelingen soll und zum anderen kein überzeugender Grund besteht, auch die Verbraucher einzubeziehen.[682] Insbesondere sah er die Gefahr, dass ansonsten auch Kreditaufnahmen in Pfandhäusern in die Vorschrift des § 1259 BGB einbezogen würden.

(1) Einbeziehung des Verbrauchers ?

In der Literatur wird der persönliche Anwendungsbereich von § 1259 BGB mit der Beschränkung auf Unternehmen zum Teil als zu eng angesehen.[683] Danach sollen auch Verbraucher von § 1259 BGB erfasst sein, gerade auch um Abgrenzungsprobleme zwischen § 13 BGB und § 14 BGB zu vermeiden. Desweiteren hatte man sich für eine Einbeziehung der Verbraucher in § 1259 BGB ausgesprochen, weil ansonsten - in Folge der Streichung von § 34 BörsG (a.F.) - eine Regelungslücke bei Geschäften mit Verbrauchern verbleibt.[684] Aber dieses Argument vermag nicht zu überzeugen. Nach § 34 BörsG konnten die Kursmakler Käufe und Verkäufe tätigen.[685] Sie hatten demnach kraft Gesetzes die gleichen Befugnisse, wie sie öffentlich ermächtigten Handelsmaklern nach § 1221 BGB zustehen.[686] Die Hauptaufgabe dieser Kursmakler war neben der amtlichen Feststellung der Börsenpreise der Wertpapiere die Vermittlung von Börsengeschäften.[687] Jedoch war der Kursmakler im Sinne der §§ 30 ff. BörsG (a.F.) eine mit öffentlichen Aufgaben betraute Privatperson.[688] Insofern wäre es nicht richtig und zu weit gefasst, würde man nun alle Verbraucher quasi an Stelle der Kursmakler setzen und mit dessen Aufgaben betrauen, da der Kursmakler nicht mit einem gewöhnlichen Verbraucher gleichgesetzt werden kann.

Zum einen besteht für den Verbraucherbereich weiterhin die Möglichkeit, den Verkauf aus freier Hand unter anderem durch einen öffentlich ermächtigten Handelsmakler zu bewirken. Zum anderen ist zu prüfen, ob die mit der Abschaffung des § 34 BörsG entstandene Regelungslücke nicht im Wege der Analogie geschlossen werden kann.

---

682 Vgl. BT-Drucks. 15/1853, S. 17.

683 Vgl. Keller, BKR 2003, S. 481, 481; Kollmann, WM 2004, S. 1012, 1019, die sich dafür ausspricht, dass auch Verbraucher von § 1259 BGB erfasst sein sollen.

684 So Kollmann, WM 2004, S. 1012, 1019; in die gleiche Richtung zielt auch die Ansicht vom Bundesrat, BT-Drucks. 15/1853, S. 28, welcher - sollten die Verbraucher nicht einbezogen werden - einen Rückfall des Privatkundengeschäftes in Deutschland befürchtet.

685 Das Vierte Finanzmarktförderungsgesetz vom 21. Juni 2002, BT-Drucks. 14/8017, beseitigte die Einrichtung des Kursmaklers als für die Feststellung des amtlichen Börsenpreises im Präsenshandel zuständiges Börsenorgan. Vgl. auch Schwark/Schwark, BörsG Einl. Rn. 13b.

686 Der Begriff des Handelsmaklers ist in § 93 HGB festgelegt.

687 § 32 Abs. 1 a.F. BörsG.

688 Vgl. Schwark/Beck, § 26 BörsG, Rn. 1; Schlüter, Börsenhandelsrecht, Rn. 236, Rn. 547.

Nach der Neufassung des Börsengesetzes übernimmt fortan der Skontroführer die Aufgaben des Kursmaklers.[689] Zwar fehlt eine § 34 BörsG entsprechende Vorschrift für den Skontroführer, jedoch wird zu Recht auf Grund der weitestgehend identischen Stellung des Skontroführers zum Kursmakler eine Zulassung zum Skontroführer durch Analogie zu einer besonderen öffentlichen Ermächtigung eines Handelsmäklers gesehen, welche zum freihändigen Verkauf an der Börse befugt.[690] Freilich sind die Skontroführer nunmehr in nicht-amtlicher Funktion tätig - d.h. sie bedürfen der Zulassung der Börsengeschäftsführung an Stelle der Börsenaufsichtsbehörde - , jedoch haben sie auch die Vermittlung und den Abschluss von Geschäften zu betreiben und auf einen geordneten Marktverlauf hinzuwirken.[691]

Mit der generellen Abschaffung des Kursmaklers ist in der Tat eine ungewollte Reglungslücke entstanden. Darauf hat auch die Bundesregierung zumindest insoweit reagiert, dass sie eventuelle Rechtsunsicherheiten, die durch die neuen Vorschriften über den Skontroführer entstanden sein könnten, prüfen will.[692] Der Klarheit wegen wäre es deshalb besser, wenn der Gesetzgeber § 1221 BGB ändert und die Skontroführer in die Norm einfügt.[693]

Auch die starren Verwertungsregeln, wie z.B. die Einhaltung einer Wartefrist gemäß § 1234 Abs. 2 Satz 1 BGB, sprechen nicht unbedingt für eine Einbeziehung der Verbraucher in den Anwendungsbereich von § 1259 BGB. Zwar wirkt sich für Verbraucher, die Wertpapiergeschäfte tätigen, diese Wartefrist bei fallenden Kursen nachteilig aus.[694] Allerdings besteht für solche Geschäfte gemäß § 1245 Abs. 1 BGB die Möglichkeit, die nach § 1234 BGB erforderliche Verkaufsandrohung und Wartefrist vertraglich auszuschließen. Ein Nachteil für Verbraucher ist somit nicht erkennbar, zumal die Vorzüge des § 1259 BGB zwischen Unternehmern ebenfalls nur dann eintreten, wenn dies vertraglich vereinbart wurde.

Ein wesentliches Argument gegen die Einbeziehung von Verbrauchern in § 1259 BGB ist, dass der personelle Anwendungsbereich in § 1 Abs. 17 KWG auch keine Verbraucher erfasst.[695] Insofern war der Gesetzgeber in der Umsetzung der Finanzsicherheiten-Richtlinie diesbezüglich konsequent. Auch eine mögliche Abgrenzungsproblematik zwischen § 13 BGB und § 14 BGB stellt keinen Grund dar, die Verbraucher in den Anwendungsbereich des § 1259 BGB einzubeziehen. Die Frage, ob natürliche Personen bzw. Personenzusammenschlüsse als Unternehmer handeln oder als

689 Nach §§ 25 ff. BörsG (i.V.m. § 27 der Börsenordnung der Frankfurter Wertpapierbörse) ist der Skontroführer insbesondere für die Feststellung des Börsenpreises im Präsenzhandel zuständig.

690 Wittig, in: FS für Kümpel, S. 587, 603 f.

691 Zu den Zulassungsvoraussetzungen eines Skontroführers: Schlüter, Börsenhandelsrecht, Rn. 553 ff.

692 Vgl. hierzu BT-Drucks. 15/1853, S. 33.

693 Diese Möglichkeit sieht auch Kollmann, WM 2004, S. 1012, 1019.

694 So Keller, BKR 2003, S. 481, 481; LG Nürnberg-Fürth, ZIP 2003, S. 474 = NJW-RR 2003, S. 184.

695 § 1 Abs. 17 KWG erfasst auch keine Verbraucher.

Verbraucher tätig werden, sollte vorher vom Sicherungsnehmer geklärt werden.[696] Dies herauszufinden, sollte für den Sicherungsnehmer ohne Probleme möglich sein. Die Argumente des Gesetzgebers, Verbraucher nicht in den Anwendungsbereich von § 1259 BGB einzubeziehen, sind somit plausibel.

(2) Unternehmensbegriff des § 1259 BGB

§ 1259 BGB erfasst von seinem Wortlaut her alle Unternehmen und macht keinen Unterschied zwischen Unternehmen aus der Finanzbranche und sonstigen Unternehmen. Die Finanzsicherheiten-Richtlinie ist insofern überschießend umgesetzt worden.[697] Ein in personeller Hinsicht betrachteter, identischer Anwendungsbereich zu § 1 Abs. 17 KWG liegt damit nicht vor, denn in § 1 Abs. 17 KWG sind sonstige Unternehmen nur dann mit einbezogen, wenn diese Unternehmen als Sicherungsgeber auftreten. Im Übrigen können nach § 1 Abs. 17 KWG Finanzsicherheiten lediglich von Einzelkaufleuten, Personengesellschaften oder juristischen Personen gestellt werden. Kleingewerbetreibende, die nicht Kaufleute sind, oder Freiberufler fallen nicht unter den Anwendungsbereich von § 1 Abs. 17 KWG, werden jedoch, da sie Unternehmer im Sinne des § 14 BGB sind, von § 1259 BGB erfasst.

Auch der Wortlaut des § 1259 BGB kann keine Rechtfertigung bzw. Begründung für die überschießende Umsetzung liefern. § 1259 BGB spricht nämlich nicht von Sicherungs- oder Pfandgeber, sondern von Eigentümer. Dieser Eigentümer muss zwar nicht notwendigerweise der Verpfänder sein, jedoch besteht die Eigentumsvermutung nach § 1248 BGB.[698] Auf der anderen Seite soll § 1259 BGB nach der Intention des Gesetzgebers lediglich der Umsetzung der Finanzsicherheiten-Richtlinie dienen und daraus folgt, dass keine weiter reichende Regelung beabsichtigt war.[699]

Somit könnte eine Schwierigkeit bei der Auslegung des § 1259 BGB bestehen. Der Wortlaut der Norm spricht für eine weite Anwendung des Unternehmerbegriffs, während der Sinn und Zweck des Gesetzgebers wohl eher zu einer an der Richtlinie orientierten Auslegung neigt. Jedoch hat sich der Gesetzgeber bei der Neufassung des § 1 Abs. 17 KWG letztendlich ebenso für eine überschießende Umsetzung entschieden. Zudem ist der Wortlaut des § 1259 BGB eindeutig, so dass ein weiter Unternehmerbegriff anzuwenden sein muss.

---

696 So zutreffend, BT-Drucks. 15/1853, S. 17. Dabei geht es insbesondere darum, herauszufinden, ob der Pfandgeber bei Abschluss des Rechtsgeschäfts in Ausübung seiner gewerblichen oder selbständig beruflichen Tätigkeit handelt oder ob das Rechtsgeschäft zu einem privaten Zweck geschlossen wird.

697 So auch die Ansicht von Haubold, in: Gebauer/Wiedmann, Zivilrecht unter europäischem Einfluss, Kap. 30, Rn. 302.

698 Vgl. Palandt/Bassenge, § 1259 Rn. 2.

699 BT-Drucks. 16/1853, S. 17.

bb) Börsen- oder Marktpreis

Nach § 1259 BGB ist eine freihändige Verwertung des Pfandes nur möglich, wenn das Pfand einen Börsen- oder Marktpreis hat. Mit dieser Voraussetzung sollen nach dem Willen des Gesetzgebers zum einen die Vorgaben der Finanzsicherheiten-Richtlinie umgesetzt werden und zum anderen soll eine wesentliche Einschränkung des Anwendungsbereiches der Vorschrift zum Ausdruck kommen.[700]

Der Marktpreis setzt nach der zu § 376 HGB ergangenen Grundsatzentscheidung des Reichsgerichts vom 23. Januar 1895 voraus, dass für Gegenstände der geschuldeten Art und Güte aus einer größeren Anzahl gleichartiger Geschäfte am Ort des Verkaufs ein Durchschnittspreis ermittelt werden kann.[701] Die Notwendigkeit, dass eine größere Anzahl von Wertpapiergeschäften zur Ermittlung des Marktpreises vorliegen muss, könnte problematisch sein, denn nach Art. 2 Abs. 1 e) FinRi sind auch Finanzinstrumente als Finanzsicherheiten zu qualifizieren, deren Markt- oder Börsenpreis nicht ohne weiteres feststellbar ist.[702] In der Regel haben Finanzinstrumente, die Gegenstand einer Verpfändung sein können, einen Börsenpreis. Wertpapiere, die zum Börsenhandel nicht zugelassen sind bzw. auf Grund ihrer Stückelung oder ihrer kurzen Laufzeit an der Börse nicht täglich gehandelt werden, werden von der Finanzsicherheiten-Richtlinie ebenfalls als Finanzinstrumente erfasst. Für solche Wertpapiere einen Marktpreis zu ermitteln kann, zumindest nach der Grundsatzentscheidung des Reichsgerichtes, schwierig sein. Nach dem Gesetzgeber kann der Marktpreis in solchen Fällen aber auch durch die Auskunft der Bundesbank bzw. anderer amtlicher Stellen gewonnen oder ganz einfach nur aus dem Mittelwert des von zwei Kreditinstituten gebildeten Kurses ermittelt werden.[703]

Als Pfandgegenstand kommen jedoch immer nur Finanzinstrumente in Betracht. Diese Klarstellung muss an dieser Stelle getroffen werden, denn eine gegenteilige Auffassung interpretiert den Begriff des Börsen- und Marktpreises sehr weit und sieht quasi jeden Pfandgegenstand als von § 1259 BGB erfasst an.[704] Das Begriffspaar Börsen- oder Marktpreis sollte jedoch im Zusammenhang gesehen und verstanden werden, so dass letztendlich keine anderen als die in § 1 Abs. 17 KWG aufgelisteten Finanzinstrumente in Betracht kommen. Im Übrigen war - wie bereits angedeutet - die Intention für die Einführung des § 1259 BGB einzig und allein die Umsetzung der Finanzsicherheiten-Richtlinie.[705] § 1259 BGB hat damit einen sehr eng begrenzten Anwendungsbereich.

---

[700] BT-Drucks. 15/1853, S. 17, wonach „ein Marktpreis immer festzustellen ist".

[701] RGZ 34, 117, 121.

[702] Art. 2 Abs. 1 e) FinRi unterscheidet nämlich zwischen Finanzinstrumenten, die auf dem Kapitalmarkt gehandelt werden können - für solche ist ein Börsen- oder Marktpreis ohne weiteres feststellbar - und anderen Finanzinstrumenten, die gehandelt werden. Für letztgenannte ist ein Börsen- oder Marktpreis nicht ohne weiteres feststellbar.

[703] BT-Drucks. 15/1853, S. 17.

[704] Haubold, in: Gebauer/Wiedmann, Zivilrecht unter europäischem Einfluss, Kap. 30, Rn. 302.

[705] So auch Klawitter/Hombrecher, WM 2004, S. 1213, 1216.

cc) Ausnahme vom Verbot der Verfallvereinbarung

In Folge der Verwertungsmöglichkeit nach § 1259 BGB sind gemäß § 1259 Satz 3 BGB die Anwendung des § 1229 BGB (Verbot der Verfallvereinbarung) und der §§ 1233 bis 1239 BGB (Vorschriften über die Ausführung des Verkaufs durch öffentliche Versteigerung) ausgeschlossen.

Die Intention des Verbotes der Verfallvereinbarung ist der Schutz des Verpfänders. Er soll vor der Pfandreife - also zu einem Zeitpunkt, zu dem er von seiner Leistungsfähigkeit überzeugt ist - vor der Entscheidung geschützt werden, auf Rechte zu verzichten, da er die geschuldete Leistung schon noch rechtzeitig erbringen werde.[706]

Die Aufhebung des Verbotes der Verfallvereinbarung im Rahmen des § 1259 BGB wurde von *Bürge* dahingehend zunächst heftig kritisiert, da seiner Meinung nach das Aneignungsrecht und die Liquidierung des Pfandes durch Aufrechnung bzw. Abrechnung nicht mit der Verfallsabrede nach § 1229 BGB gleichzusetzen ist.[707] Dabei geht er davon aus, dass ansonsten das unregelmäßige Pfandrecht, welches vom Gesetzgeber nicht explizit ins BGB aufgenommen wurde, aber dennoch Geltung findet, an einem inneren Widerspruch leiden würde, würde man § 1229 BGB bejahen.[708] Allerdings bejaht die überwiegende Meinung in der Literatur eine Geltung des § 1229 BGB - sei es direkt oder analog - auch für das irreguläre Pfandrecht.[709] Die Schlussfolgerung aus dieser Ansicht ist, dass die Aufhebung der Verfallvereinbarung Sinn macht und insofern konsequent wäre. Letztendlich und damit das entscheidende Kriterium, weshalb der Gesetzgeber vom Verbot der Verfallvereinbarung Abstand nehmen konnte, ist, dass § 1259 BGB als pfandrechtliche Sondervorschrift nur auf Unternehmer und nicht auf Verbraucher abzielt.[710] Ein Schutz der Verbraucher diesbezüglich ist somit nicht erforderlich.[711] Der Aufhebung des Verbotes der Verfallvereinbarung im Rahmen des § 1259 BGB stehen damit keine Bedenken entgegen.

dd) Sonstige gesetzliche Folgeänderungen

§ 1259 BGB bezieht sich auf Grund der systematischen Stellung im Gesetz zunächst auf das Pfand an der beweglichen Sache. Über § 1273 Abs. 2 Satz 1 BGB findet § 1259 BGB nach der Systematik der geltenden Pfandrechtsvorschriften auf das Pfandrecht an Rechten entsprechende Anwendung. Jedoch hat der Gesetzgeber lediglich aus Gründen der Klarstellung § 1279 Satz 2 BGB und § 1295 Satz 2 BGB mit dem Hin-

[706] Soergel/Habersack, § 1229 Rn. 1; MüKo-BGB/Damrau, § 1229 Rn. 1.

[707] Bürge, in: FS für Nobel, S. 495, 505 f.

[708] Bürge, in: FS für Nobel, S. 495, 506.

[709] Soergel/Habersack, § 1229 Rn. 2; MüKo-BGB/Damrau, § 1204 Rn. 9; widersprüchlich insoweit Staudinger/Wiegand, § 1204 Rn. 56: Verfallklausel gilt bei irregulärem Pfandrecht; Staudinger/Wiegand, § 1229 Rn. 12: Verfallklausel gilt nicht bei irregulärem Pfandrecht.

[710] Vgl. Begründung des Gesetzesentwurfes, ZIP 2003, S. 1563, 1566.

[711] So letztlich auch Bürge, in: FS für Nobel, S. 495, 511.

weis eingefügt, dass bei Verpfändung von Forderungen bzw. Orderpapieren die Regelung des § 1259 BGB entsprechende Anwendung findet.

ee) Zusammenfassung und Bewertung

Mit der Einführung von § 1259 BGB hat der Gesetzgeber die Vorgaben der Finanzsicherheiten-Richtlinie wie gefordert umgesetzt. Danach kann bei einem Pfand, das einen Börsen- oder Marktpreis hat, bereits bei der Verpfändung vereinbart werden, dass der Pfandgläubiger den Verkauf aus freier Hand zum laufenden Preis selbst bzw. durch Dritte vornehmen kann, wenn der Eigentümer und der Pfandgläubiger Unternehmer, juristische Person des öffentlichen Rechts oder öffentlich-rechtliches Sondervermögen ist. Eine Verwertung durch Aneignung oder durch freihändigen Verkauf von verpfändeten Finanzinstrumenten ist damit möglich. Der Sicherungsnehmer hat bezüglich der Art der Verwertung ein Wahlrecht. Wegen der Eindeutigkeit des Wortlautes beinhaltet § 1259 BGB einen weiten Unternehmerbegriff. Da alle Unternehmer im Sinne von § 14 BGB von der Norm des § 1259 BGB erfasst sind, wurde die Finanzsicherheiten-Richtlinie diesbezüglich überschießend umgesetzt. Die Verbraucher sind richtigerweise von dem Anwendungsbereich der Norm nicht erfasst.

b) Irreguläres Pfandrecht

Gemäß Art. 5 FinRi ist sicherzustellen, dass der Sicherungsnehmer, wenn dies vertraglich vereinbart wurde, schon vor dem Sicherungsfall über die Finanzsicherheit verfügen kann. Die Anerkennung dieses vertraglich eingeräumten „right of use" ist nach Ansicht der Bundesregierung bereits jetzt im deutschen Recht der Fall, so dass diesbezüglich kein Umsetzungsbedarf besteht.[712] Mit dem irregulären (unregelmäßigen) Pfandrecht, welches als allgemein anerkannt gilt, stehe dem deutschen Recht bereits ein Rechtsinstitut zur Verfügung, das den Vorgaben von Art. 5 FinRi genügt.[713]

Beim irregulären Pfandrecht räumt der Pfandgeber dem Pfandgläubiger das Recht zur Nutzung des verpfändeten Gegenstandes ein, wodurch der Pfandgläubiger ermächtigt wird, über den jeweiligen Pfandgegenstand zu verfügen. An Stelle des zur Verfügung gestellten Pfandgegenstandes hat der Pfandgläubiger lediglich gleichartige Sachen zurückzugewähren. Obwohl das irreguläre Pfandrecht nicht ausdrücklich im BGB geregelt ist, wird seine Zulässigkeit - unabhängig vom numerus clausus der Sachenrechte - nicht angezweifelt.[714] Es wird sowohl von der Literatur als auch von der Rechtsprechung vom Grundsatz her allgemein anerkannt.[715] Dabei geht man davon aus, dass das irreguläre Pfandrecht kein echtes Pfandrecht ist, die Vorschriften über

---

712 Begründung der Bundesregierung, BT-Drucks. 15/1853, S. 11 f.

713 Vgl. auch Gesetzesentwurf, ZIP 2003, S. 1563, 1567.

714 Staudinger/Wiegand, § 1204 Rn. 55.

715 Siehe hierzu BGHZ 127, 138, 139 ff. = ZIP 1994, S. 1698 = NJW 1994, S. 3287; Staudinger/Wiegand, § 1204 Rn. 54 ff.; MüKo-BGB/Damrau, § 1204, Rn. 9; Palandt/Bassenge, Überblick vor § 1204 Rn. 7; Soergel/Habersack, § 1204 Rn. 30 ff.

das Sachpfand aber dennoch anzuwenden sind.[716] Als Beispiele für das irreguläre Pfandrecht sind die Mietkaution[717] und - unabhängig von der Diskussion der rechtlichen Erfassung - das Flaschenpfand[718] zu nennen.

Zum Teil wird die Vorgehensweise des Gesetzgebers, auf eine gesetzliche Regelung zu verzichten, da das irreguläre Pfandrecht bereits anerkannt ist, als richtig angesehen.[719] Da aber lediglich für die benannten Sachverhalte das irreguläre Pfandrecht bisher anerkannt war, nicht aber in Bezug auf Wertpapiere, gibt es vereinzelt Stimmen in der Literatur, die sich gerade im Hinblick auf das irreguläre Pfandrecht an Finanzsicherheiten eine gesetzliche Regelung gewünscht hätten.[720] Für eine gesetzliche Regelung des irregulären Pfandrechts spreche vor allem die notwendige Rechtssicherheit, welche sich zudem auch positiv auf internationale Investoren auswirke.[721] Diesen kritischen Anmerkungen ist zu hier zu folgen.

Die Regelung des § 1259 BGB kann als spezielle Ausgestaltung des irregulären Pfandrechts angesehen werden, da hiermit eine Aneignung zum Zweck der Verwertung ermöglicht wird.[722] Dies ist auch folgerichtig, da Art. 4 FinRi lex specialis zu Art. 5 FinRi ist.[723] Für eine ausdrückliche gesetzliche Ausgestaltung des irregulären Pfandrechts spricht demnach die Rechtssicherheit und Vorhersehbarkeit, zumal aus § 1259 BGB ein generelles Verfügungsrecht des Sicherungsnehmers nicht hervorgeht.[724] Eine gesetzliche Regelung wäre zum einen eine sichere Plattform bezüglich der anstehenden EU-Kontrollen ob der richtigen Umsetzung der Finanzsicherheiten-Richtlinie und

---

716 Baur/Stürner, Sachenrecht, § 55 Rn. 5; Köhler, ZMR 1971, S. 3, 4; Staudinger/Wiegand, § 1204 Rn. 55; so auch die Ansicht der Bundesregierung, BT-Drucks. 15/1853, S. 12.

717 Grundsätzlich ist der Parteiwille dafür entscheidend, ob ein echtes oder irreguläres (unechtes) Pfandrecht entsteht. Ausführlich dazu Staudinger/Wiegand, § 1204 Rn. 57. Bei der Zahlung von Bargeld als Kaution geht das Eigentum schon nach sachenrechtlichen Grundsätzen auf den Pfandgläubiger (Vermieter) über. Kein irreguläres Pfandrecht dürfte dagegen in der Regel vorliegen, wenn die Mietkaution durch Sparbuch geleistet wird.

718 So die wohl die herrschende Auffassung in der Literatur, die beim Flaschenpfand ebenfalls von einem irregulären Pfandrecht in Form der Barkaution ausgeht. Vgl. Palandt/Bassenge, Überblick, Einf. v. § 1204 Rn. 7 ff.

719 V. Wilmowsky, in: Derleder/Knops/Bamberger, § 62 Rn. 52; Eidenmüller, Internationale Entwicklungen im Recht der Kreditsicherheiten, S. 117, 131.

720 Vgl. Herring/Cristea, ZIP 2004, S. 1627, 1630 (Rn. 25); Keller, BKR 2003, S. 481, 481; Kieper, ZInsO 2003, S. 1109, 1115.

721 Kollmann, WM 2004, S. 1012, 1020; Kieper, ZInsO 2003, S. 1109, 1119.

722 Dem folgend auch Bürge, in: FS für Nobel, S. 495, 504 ff., welcher bereits in seiner Überschrift zu § 4 von einer „missglückten Präzisierung des pignus irregulare im neugeschaffenen § 1259 BGB" spricht.

723 Vgl. Abschnitt E. III. 3. der Arbeit.

724 A.A. Bürge, in: FS für Nobel, S. 495, 504 ff., welcher bereits die Vorschrift des § 1259 BGB als ein „Zuviel" kritisiert und sich stattdessen - auch durchaus berechtigt - auf die historische Anerkennung des „pignus irregulare" und seine vom Gesetzgeber bewusste Nichteinbeziehung ins BGB beruft.

zum anderen wäre sie auch ein eindeutiges Signal an die ausländischen Investoren.[725] Ob allein durch ein „Sich-Befassen des Gesetzgebers“ im Rahmen der Umsetzung der Finanzsicherheiten-Richtlinie mit dieser Thematik eine Signalwirkung ausgeht, darf bezweifelt werden.[726] Nur mit einer gesetzlichen Regelung wäre für die notwendige Transparenz gesorgt. Zudem ist nicht nachvollziehbar, warum der Gesetzgeber gerade hier keine zur Rechtssicherheit beitragende gesetzliche Regelung geschaffen hat, obgleich an anderen Punkten bei der Umsetzung der Finanzsicherheiten-Richtlinie dem Aspekt der Rechtssicherheit eine große Bedeutung beigemessen wurde.

Im Ergebnis ist das irreguläre Pfandrecht auch in Bezug auf Finanzsicherheiten im deutschen Recht anerkannt, wenngleich eine ausdrückliche gesetzliche Regelung wünschenswert gewesen wäre.

c) Anerkennung der Vollrechtsübertragung

Nach Art. 6 FinRi ist zu gewährleisten, dass die Finanzsicherheiten auch in Form der Vollrechtsübertragung bestellt werden können. Als einschneidend anzusehen ist die Einführung der Vollrechtsübertragung als Sicherungsrecht in solchen Rechtsordnungen, die bisher die Sicherungsübereignung bzw. Sicherungszession gänzlich ablehnen. Ohne vertiefend darauf einzugehen seien an dieser Stelle die Niederlande genannt, in denen die Umsetzung der Finanzsicherheiten-Richtlinie besonders in diesem Punkt heftig kritisiert wurde.[727] Grund dafür war, dass die publizitätslose Sicherungsübertragung durch Art. 3:84 des Bürgerlichen Gesetzbuches von 1992 gerade abgeschafft worden war.[728] Eine Wiedereinführung durch die Finanzsicherheiten-Richtlinie stieß auf heftigen Widerstand. Dies führte sogar soweit, dass das Umsetzungsgesetz am 8. März 2005 im Niederländischen Parlament scheiterte. Wegen nicht fristgerechter Umsetzung der Richtlinie hat daraufhin die Kommission am 18.10.2005 beschlossen, ein Vertragsverletzungsverfahren gegen die Niederlande einzuleiten.[729]

In Italien wurde eine Sicherungsübereignung bisher als unzulässig erachtet, da das einer Sicherungsübereignung innewohnende Merkmal der Sicherungstreuhand ein Verstoß gegen das Verbot der Verfallabrede nach Art. 2744 Cc. darstellt.[730] Jedoch

---

725 Nur zum Vergleich: In Art. 1851 des Italienischen Zivilgesetzbuches ist das unregelmäßige Pfandrecht (pegno irregulare) gesetzlich geregelt.

726 So aber letztendlich Kollmann, WM 2004, S. 1012, 1020, obgleich sie sich eine ausdrückliche gesetzliche Anerkennung der Verfügungsbefugnis des Pfandgläubigers gewünscht hätte.

727 Vgl. mit ausführlichem Quellennachweis Kieninger, WM 2005, S. 2305, 2307 (Fn. 30).

728 Westrik, ZVglRWiss 105 (2006), S. 325, 325.

729 siehe dazu http://europa.eu.int/rapid/pressReleasesAction.do?reference=IP/05/ (Stand: 13.12. 2005); kritisch dazu Westrik, ZVglRWiss 105 (2006), S. 325, 327.

730 Gesetz Nr. 170 vom 21. Mai 2004; Dangel, in: Jb. für italienisches Recht, S. 17, 27; ausführlich dazu auch Graham-Siegenthaler, Kreditsicherungsrechte im internationalen Rechtsverkehr, S. 221 ff.

wurde im italienischen Umsetzungsgesetz zur Finanzsicherheiten-Richtlinie für Finanzsicherheiten eine Ausnahme von Art. 2744 Cc. festgelegt.[731]

Die gemäß Art. 6 FinRi geforderte Anerkennung, dass Finanzsicherheiten auch in Form der Vollrechtsübertragung bereitgestellt werden können, bedurfte nach Ansicht des Gesetzgebers keiner Umsetzung in das deutsche Recht, weil nach deutschem Recht die Sicherheitenbestellung im Wege der Sicherungsübereignung oder Sicherungszession wirksam bestellt werden kann.[732]

Die Vollrechtsübertragung im Rahmen des Art. 6 Abs. 1 FinRi jedoch nur mit der Sicherungsübereignung bzw. Sicherungsabtretung zu begründen, erscheint etwas verkürzt.[733] Inhaber- und Orderpapiere sind im juristischen Sinne bewegliche Sachen und können deshalb Gegenstand einer Sicherungsübereignung sein, so dass allgemein anerkannt ist, dass auch Finanzinstrumente im Sinne der Finanzsicherheiten-Richtlinie sicherungsübereignet werden können bzw. der Sicherungszession unterfallen. Allerdings ist es zweifelhaft, ob die in der Praxis getätigten Vollrechtsübertragungen im Rahmen der Wertpapierpensionsgeschäfte bzw. die an der Börse vorgenommen „margins" pauschal als Sicherungsübereignungen angesehen werden können.

aa) Vollrechtsübertragungen bei Wertpapierpensionsgeschäften

Wie bereits erörtert, ist die bei Wertpapierpensionsgeschäften stattfindende Vollrechtsübertragung der Wertpapiere als Finanzsicherheit in Form der Vollrechtsübertragung von der Finanzsicherheiten-Richtlinie anerkannt. Auch wenn das Wertpapierpensionsgeschäft rechtlich von der wohl herrschenden Meinung als Kauf mit Rückkaufsvereinbarung, also als ein doppeltes Kaufgeschäft angesehen wird, so darf der wirtschaftliche Zweck dieses Geschäftes nicht außer Acht gelassen werden. Sowohl für die herrschende Meinung als auch für die Ansicht, welche das Wertpapierpensionsgeschäft als einen Darlehensvertrag ansieht, sprechen beachtliche Gründe, wobei letztendlich wiederum jeder Ansicht gewichtige Argumente entgegengehalten werden können.[734] Nach der Darlehenvertragstheorie erfolgt die Übereignung der Wertpapiere unzweifelhaft als Sicherheit für den späteren Rückzahlungsanspruch des Pensionsnehmers gegen den Pensionsgeber.[735] Aber auch wenn man das Wertpapierpensionsgeschäft als einen Kauf mit Rückkaufvereinbarung ansieht, so kann man bei diesem doppelten Kaufvertrag auf Grund der engen Verknüpfung zwischen Kassa und Termingeschäft die Vollrechtsübertragung der Wertpapiere als Sicherheit ansehen.[736]

---

731 Bruni, Regular Pledges, S. 4; Marino, European Business Law Review 2005, S. 1153, 1173.

732 Vgl. auch Gesetzesentwurf, ZIP 2003, S. 1563, 1567.

733 Vgl. sowohl Than, in: FS für Kümpel, S. 543, 555, als auch Dittrich, Effektengiroverkehr, S. 109, die ebenso von Sicherungsübereignung als Form der Vollrechtsübertragung sprechen.

734 Vgl. hierzu ausführlich Gesell, Wertpapierleihe und Repurchase Agreement im deutschen Recht, S. 158 ff.

735 Kümpel, Bank- und Kapitalmarktrecht, Rn. 13.15.

736 So wohl letztlich auch Kümpel, Bank- und Kapitalmarktrecht, Rn. 13.15 ff.

Da wie bereits erwähnt Art. 2 Abs. 1 b) FinRi die Wertpapierpensionsgeschäfte als Finanzsicherheit in Form der Vollrechtsübertragung anerkennt, spielt der Streit über die rechtliche Einordnung des Wertpapierpensionsgeschäftes hinsichtlich der Frage, ob die Übertragung der Wertpapiere als Sicherheit angesehen werden kann, keine Rolle. Aus der Tatsache, dass die Übereignung der Wertpapiere an den Pensionsnehmer als Sicherheit für seinen späteren Rückzahlungsanspruch gegen den Pensionsgeber erfolgt, lässt sich aber noch nicht gleich die Schlussfolgerung ziehen, dass damit in jedem Fall eine Sicherungsübereignung vorliegt.[737] Zwar ähnelt die Vollrechtsübertragung zu Sicherungszwecken dem Institut der Sicherungsübereignung.[738] Dennoch muss hinsichtlich der jeweils getroffenen Wertpapierpensionsvereinbarung differenziert werden.

Unproblematisch sind Sicherungsübereignungen bei solchen Vollrechtsübertragungen anzunehmen, bei denen der Pensionsnehmer nicht über die Wertpapiere verfügen kann und die identischen Wertpapiere zurück zu übertragen hat. Bei einer fehlenden Verfügungsbefugnis des Pensionsnehmers haben nämlich die Wertpapiere unzweifelhaft lediglich eine Sicherungsfunktion.[739]

Bei Wertpapierpensionsgeschäften, bei denen laut getroffener Parteivereinbarung der Sicherungsnehmer zur Verfügung der Wertpapiere berechtigt und nur zur Rücklieferung von Wertpapieren gleicher Art und Güte verpflichtet ist, kann eine Sicherungsübereignung nicht angenommen werden.[740] Beim Sicherungseigentum wird der Eigentümer zwar Volleigentümer, jedoch ist er durch eine Sicherungsvereinbarung gegenüber seinem Rechtsvorgänger gebunden.[741] Er kann mit seinem Eigentum nur insoweit beliebig verfahren, als es der Sicherung der Rückzahlung der jeweiligen Forderung dienlich ist. Er hat sich damit an die ihm zugewiesenen Befugnisse gegenüber dem Sicherungsgeber zu halten (treuhänderische Bindung). Die Sicherungsübereignung ist eine fiduziarische Sicherheit und zeichnet sich dadurch aus, dass das Sicherungsrecht mehr Befugnisse gewährt als nach dem Sicherungszweck nötig wäre.[742] Dabei ist der Sicherungseigentümer einer an den Interessen des anderen orientierten Rechtsausübung verpflichtet. Der Rechtsvorgänger erhält grundsätzlich durch die Sicherungsabrede das Recht, die Sache weiter zu nutzen. Der Sicherungsnehmer kann aber im Au-

[737] So aber Clouth, in: Hopt, Vertrags- und Formularhandbuch, Anmerkung zu Wertpapierpensionsgeschäften, S. 1316; Franz, Überregionale Effektentransaktionen, S. 86; wohl auch Keller, BKR 2002, S. 347, 353.

[738] Vgl. auch Eder/Zwitter-Tehovnik, ÖBA 2003, S. 345, 350.

[739] Schimansky/Bunte/Lwowski/Kienle, Bankrechts-Handbuch, § 105 Rn. 45.

[740] Vgl. auch Schwintowski/Schäfer, Bankrecht, S. 914, welche eine Sicherungsübereignung in solchen Fällen ablehnen.

[741] MüKo-BGB/Oechsler, Anh. §§ 929-936 Rn. 1.

[742] Scholz/Lwowski, Das Recht der Kreditsicherung, S. 44; Schimansky/Bunte/Lwowski/Ganter, Bankrechts-Handbuch, § 90 Rn. 30.

ßenverhältnis wirksam über die Sicherheit verfügen[743], obwohl er es im Verhältnis zum Sicherungsgeber nicht darf.[744]

Bei der hier in Frage kommenden Art des Wertpapierpensionsgeschäftes ist jedoch zwischen dem Sicherungsgeber und Sicherungsnehmer die Verfügungsmöglichkeit vereinbart worden. Eine eingeräumte Verfügungsbefugnis stünde auf den ersten Blick einer Sicherung der Rückzahlung der jeweiligen Forderung entgegen, so dass dieser Aspekt gegen die Annahme einer Sicherungsübereignung spricht. Daran ändert auch die Rückübertragungspflicht von Wertpapieren gleicher Art nichts.[745] Andererseits werden die Wertpapierpensionsgeschäfte durch Übertragung von Miteigentumsanteilen an einem Sammelbestand einer Wertpapiersammelbank erfüllt, so dass eine Rücklieferung von „gleichen Wertpapieren" ohnehin nicht möglich ist.[746] Dies hat zur Folge, dass es im Ergebnis keinen Unterschied machen würde, ob eine Verfügungsbefugnis mit der Verpflichtung zur Rücklieferung von Wertpapieren gleicher Art vereinbart wurde oder nicht, da ohnehin nur Miteigentumsanteile an Wertpapieren zurückübertragen werden. Dies allerdings wäre eine Bewertung vom Ergebnis her, welche die Annahme einer Sicherungsvereinbarung nicht rechtfertigt. Eine Sicherungsübereignung im eigentlichen Sinne ist daher bei einer im Rahmen eines Wertpapierpensionsgeschäftes vorgenommenen, mit einer Verfügungsbefugnis eingeräumten Vollrechtsübertragung nicht anzunehmen.

Eine andere Ansicht will in solchen Fällen das irreguläre Pfandrecht als erfasst ansehen.[747] Da beim irregulären Pfandrecht der Gläubiger berechtigt ist, die ihm überlassene Sache für sich zu verwenden und, macht er davon Gebrauch, eine gleichartige Sache zurückzugewähren hat, spricht zunächst vieles für eine solche Betrachtungsweise. Einer möglichen Kritik in der Gestalt, dass bei Wertpapierpensionsgeschäften eine Vollrechtsübertragung an Stelle einer beschränkt dinglichen Besicherung stattfindet, kann entgegengehalten werden, dass auch bei einem irregulären Pfandrecht im Zweifel ein sofortiger Eigentumsübergang gewollt ist.[748]

Sowohl die beschränkt dingliche Sicherheit, als auch die Vollrechtsübertragung führen zu dem gleichen Ergebnis, nämlich dass über die Sicherheiten verfügt werden kann. Jedoch kann das irreguläre Pfandrecht - dogmatisch betrachtet - auf Grund seiner besonderen Nähe zum Pfandrecht nicht als das in dem Zusammenhang einschlägige Rechtsinstitut angesehen werden. Es ist daher von einer bei Wertpapierpensionsgeschäften stattfindenden Vollrechtsübertragung unter der Bedingung der späteren Rückübereignung zu sprechen, die nach deutschem Recht, dem Grundsatz der Privat-

[743] Dies folgt aus § 931 BGB, arg. e § 137 Satz 1 BGB.

[744] RGZ 95, 244, 246; Scholz/Lwowski, Das Recht der Kreditsicherung, S. 45.

[745] Insofern ist zumindest für diese Konstellation eine Art von treuhandlicher Bindung anzunehmen.

[746] Schimansky/Bunte/Lwowski/Kienle, Bankrechts-Handbuch, § 105 Rn. 46.

[747] Bürge, in: FS für Nobel, S. 495, 499, mit dem allerdings fragwürdigen Argument durch Verweisung auf die Kommissionsbegründung zu Art. 6, S. 9.

[748] Soergel/Habersack, § 1204 Rn. 30; Staudinger/Wiegand, § 1204 Rn. 54; a.A. MüKo-BGB/Damrau, § 1204 Rn. 9, der für diesen Fall ein die Forderung sicherndes Darlehen annimmt.

autonomie folgend, gemäß §§ 929 ff. BGB möglich ist. Es muss jedoch festgehalten werden, dass sowohl die Sicherungsübereignung als auch das irreguläre Pfandrecht als auch die Vollrechtübereignung sui generis zu dem gleichen Ergebnis führen: Die im Rahmen der Wertpapierpensionsgeschäfte praktizierte Vollrechtsübertragung ist im deutschen Recht unproblematisch anerkannt.

bb) Vollrechtsübertragungen gemäß Rahmenverträge

Wie bereits unter Abschnitt E. I. 2. c) aa) erläutert wurde, werden sowohl bei Wertpapierpensionsgeschäften als auch bei Wertpapierdarlehen durch ihre jeweiligen Rahmenverträge Vollrechtsübertragungen zu Sicherungszwecken vereinbart. Die in Nr. 6 i.V.m. Nr. 4 Abs. 5 des Rahmenvertrages für Wertpapierpensionsgeschäfte bzw. Nr. 4 Abs. 5 i.V.m. Nr. 7 Abs. 4 des Rahmenvertrages für Wertpapierdarlehen enthaltene Vollrechtsübertragung („full transfer") von Wertpapieren führt dazu, dass der Eigentümer der als Sicherheit gestellten Wertpapiere die uneingeschränkte Dispositionsfreiheit über diese besitzt und die Wertpapiere wiederum zu eigenen Zwecken einsetzen kann.[749] Die Vollrechtsübertragung zu Sicherungszwecken erfolgt auf Grund eines Sicherungsvertrages sui generis. Es findet eine bedingungsfreie Übereignung der Wertpapiere, d.h. ohne Sicherungstreuhandbindung, nach § 929 BGB statt.[750] Dies ist auch der Unterschied zur Wertpapiervollrechtsübertragung, wie sie im Rahmen eines Wertpapierpensionsgeschäftes vollzogen wird.

cc) Zusammenfassung und Bewertung

Es muss zwischen der Vollrechtsübertragung, welche im Rahmen eines Wertpapierpensionsgeschäftes stattfindet, und der im Rahmen der Wertpapierpensions- und Wertpapierdarlehensgeschäfte zur Sicherheit eingesetzten Vollrechtsübertragung von Wertpapieren unterschieden werden.

Die Vollrechtsübertragung, welche im Rahmen des Wertpapierpensionsgeschäftes erfolgt, ist dann als Sicherungsübereignung zu charakterisieren, wenn eine Verfügungsbefugnis über die Wertpapiere ausgeschlossen ist. Ist eine Verfügungsmöglichkeit eingeräumt und sind lediglich Wertpapiere gleicher Art zurückzuliefern, so erscheint es sehr schwer, eine Sicherungsvereinbarung anzunehmen. Zwar liegt eine Treuhandbindung zwischen den Parteien insoweit vor, als dass Wertpapiere gleicher Art zurückzuübereignen sind. Die klassische Sicherungsübereignung, bei der das Sicherungsgut beim Sicherungsgeber zur Nutzung verbleibt, liegt jedoch nicht vor. In diesen Fällen von einem irregulären Pfandrecht zu sprechen, scheidet aus dogmatischer Sicht ebenso aus. Es ist in solchen Konstellationen vielmehr eine bedingte Vollrechtsübertragung nach § 929 BGB anzunehmen. Ebenso ist die im Rahmen der Wertpapierpensions- und Wertpapierdarlehensgeschäfte zur Sicherheit eingesetzte

---

749 Siehe auch Keller, WM 2000, S. 1269, 1273.

750 So auch Fragos, ZBB 2005, S. 183, 189; Schimansky/Bunte/Lwowski/Jahn, Bankrechts-Handbuch, § 114 Rn. 70.

Vollrechtsübertragung von Wertpapieren nach §§ 929 ff. BGB anerkannt und hat sich im Übrigen in der Rechtspraxis bewährt.[751]

Die Vollrechtsübertragung als Sicherheit ist damit im deutschen Recht unproblematisch möglich. Kritisch kann nur insofern angemerkt werden, dass der Gesetzgeber in seiner Gesetzesbegründung keine differenzierte Unterscheidung zwischen fiduziarischer und nichtfiduziarischer Sicherheit gemacht, sondern lediglich auf die Sicherungsübereignung bzw. Sicherungszession Bezug genommen hat.

VI. Die Kollisionsvorschrift § 17a DepotG

Im Folgenden ist der Regelungsinhalt von § 17a DepotG näher zu untersuchen. Dabei ist insbesondere auf die durch Art. 9 FinRi hervorgerufenen Veränderungen sowie auf die Auswirkungen auf diese Norm einzugehen. Die Regelungen der Finanzsicherheiten-Richtlinie führen - wie sich noch zeigen wird - zu einem veränderten Umgang mit § 17a DepotG. Nach der Ansicht des Gesetzgebers war im Hinblick auf die Umsetzung von Art. 9 FinRi eine Anpassung des Gesetzes nicht erforderlich, da die bereits bestehende Kollisionsvorschrift des § 17a DepotG den Anforderungen der Richtlinie genügte.[752] Mit § 17a DepotG, welcher durch das Gesetz zur Änderung insolvenzrechtlicher und kreditwesenrechtlicher Vorschriften vom 08.12.1999 eingeführt wurde, besteht eine kollisionsrechtliche Vorschrift für Verfügungen über Wertpapiere:

> „Verfügungen über Wertpapiere oder Sammelbestandanteile, die mit rechtsbegründender Wirkung in ein Register eingetragen oder auf einem Konto verbucht werden, unterliegen dem Recht des Staates, unter dessen Aufsicht das Register geführt wird, in dem unmittelbar zu Gunsten des Verfügungsempfängers die rechtsbegründende Eintragung vorgenommen wird, oder in dem sich die kontoführende Haupt- oder Zweigstelle des Verwahrers befindet, die dem Verfügungsempfänger die rechtsbegründende Gutschrift erteilt."

Mit dieser Vorschrift setzte der deutsche Gesetzgeber die kollisionsrechtlichen Vorgaben des Art. 9 Abs. 2 Finalitätsrichtlinie um.[753] Art. 9 Abs. 2 Finalitätsrichtlinie enthält allerdings nur eine begrenzte Kollisionsvorschrift für dingliche Sicherheiten an Wertpapieren, d.h., sie bezieht sich lediglich auf übertragbare Wertpapiere, die im Rahmen eines Zahlungssystems als Sicherheiten eingesetzt wurden.[754] Wie bereits erläutert hat der deutsche Gesetzgeber im Zuge der Umsetzung des Art. 9 Abs. 2 Finalitätsrichtlinie einen weiten Anwendungsbereich auf alle Verfügungen über girosammelverwahrte

[751] Kieper, Abwicklungssysteme, S. 232; Fragos, ZBB 2005, S. 183, 189, mit dem Verweis auf § 54 Abs. 2 Satz 1 InvG.

[752] Vgl. BT-Drucks. 15/1853, S. 12.

[753] Art. 4 des Gesetzes zur Änderung insolvenzrechtlicher und kreditwesenrechtlicher Vorschriften, v. 08.12.1999, BGBl. I S. 2384.

[754] Than, in: FS für Kümpel, S. 543, 552.

Wertpapiere festgelegt und diesen auch nicht in personeller Hinsicht beschränkt. Insofern hat der deutsche Gesetzgeber die Umsetzung der Finalitätsrichtlinie zum Anlass genommen, mit der Einführung des § 17a DepotG ein umfassendes Sonderstatut für den Effektengiroverkehr zu schaffen. In anderen nationalen Regelungen wurde Art. 9 Abs. 2 Finalitätsrichtlinie eng umgesetzt bzw. zum Teil fast wortgetreu übernommen, so dass in diesen Rechtsordnungen eine Kollisionsnorm ausschließlich für die Bestellung von dinglichen Sicherheiten geschaffen wurde.[755]

Die Finanzsicherheiten-Richtlinie enthält eine Erweiterung des in der Finalitätsrichtlinie enthaltenen Grundsatzes.[756] Wie unter Punkt E. IV. 2. a) der Arbeit festgestellt wurde ist immer das Konto bei demjenigen Zwischenverwahrer maßgeblich, der zu Gunsten des Sicherungsnehmers bucht. Dabei ist die Buchung entscheidend, aus der sich unmittelbar das Recht des Sicherungsnehmers ergibt. Daraus folgt, dass nur die jeweilige Geschäftsstelle des Zwischenverwahrers, welche die unmittelbare Buchung zu Gunsten des Sicherungsnehmers vornimmt, entscheidend ist.

1. Regelungsinhalt von § 17a DepotG

Im Folgenden soll der Regelungsinhalt von § 17a DepotG, der vor Umsetzung der Finanzsicherheiten-Richtlinie galt, näher untersucht werden.

a) Nichtberücksichtigung von Gutschriften in Wertpapierrechnung

Zunächst einmal ist festzuhalten, dass der Wortlaut von § 17a DepotG „nur" von Verfügungen über Wertpapiere spricht. Vor Umsetzung der Finanzsicherheiten-Richtlinie wurde daher von der überwiegenden Ansicht vertreten, dass Gutschriften in Wertpapierrechnung, durch welche lediglich schuldrechtliche Ansprüche des Kunden gegenüber seiner Bank begründet werden, vom Anwendungsbereich der Norm nicht erfasst werden.[757] Das Ausklammern von Gutschriften in Wertpapierrechnung erklärt sich daraus, dass § 17a DepotG nur für das Wertpapiersachstatut betreffende Fragen regeln sollte.[758] Gutschriften in Wertpapierrechnung begründen schuldrechtliche Ansprüche des Anlegers gegen den Verwahrer bzw. Ansprüche der Verwahrer untereinander, so dass der Anwendungsbereich von § 17a DepotG nicht tangiert war. Es besteht damit die Gefahr, dass unterschiedliche Rechtsordnungen anzuwenden sind, wenn über ein

---

755 Vgl. Österreich, § 18 des Finalitätsgesetzes; England, Statutory Instruments 1999 No. 2979: The Financial Markets and Insolvency (Settlement Finality) Regulations 1999, sec. 23; Irland, 7 (2) of European Communities Regulations, 1998; Frankreich, Art. 30 alinéa Abs. 4 Loi no. 2001-420 du 15 mai 2001; Spanien, Art. 15 Abs. 2 Ley 41/1999, de 12 de Noviembre, sobre sistemas depagos y liquidatión de valores. Der Wortlaut vom überwiegenden Teil der Regelungen ist abgedruckt bei Franz, Überregionale Effektentransaktionen, S. 63 f. (Fn. 166 - Fn. 172).

756 Vgl. Erwägungsgrund Nr. 7 der FinRi.

757 Vgl. dazu BR-Drucks. 456/99, S. 35; Dittrich, Effektengiroverkehr, S. 86; Cruson, AG 2004, S. 358, 371; Reuschle, BKR 2003, S. 562, 564.

758 Vgl. Regierungsbegründung zu § 17a DepotG, BT-Drucks. 14/1539, S. 16.

Depot verfügt wird, in dem Wertpapiere zum Teil sammelverwahrt, zum Teil in Form von Gutschriften in Wertpapierrechnungen verwaltet werden.[759]

Im Hinblick auf die Übertragung eines schuldrechtlichen Anspruchs sind die geltenden kollisionsrechtlichen Regeln für die Übertragung über schuldrechtliche Ansprüche maßgeblich. Da es sich um eine Forderungsabtretung im Sinne der §§ 398 ff. BGB handelt, ist kollisionsrechtlich an das Zessionsstatut gemäß Art. 33 EGBGB anzuknüpfen. Nach Art. 33 Abs. 2 EGBGB ist dabei der rechtgeschäftliche Vorgang einer Forderungsübertragung nach dem Recht der abgetretenen Forderung zu beurteilen. Dementsprechend wendet die herrschende Meinung die Kollisionsregeln für die Abtretung an. Folglich ist das Recht anwendbar, nach dem die Wertpapiergutschrift erteilt wurde.[760] Dies ist in der Regel deutsches bzw. österreichisches Recht.[761] Da für schuldrechtliche Fragen nach dem deutschen IPR die Rechtswahl zwischen Anleger und Verwahrer oder zwischen den Verwahrern untereinander möglich ist, wird auch die Anwendbarkeit des deutschen Rechts vereinbart.[762] Im Ergebnis führen beide Wege zur Anwendung deutschen Rechts und somit de facto zur Anwendung des Rechts am Sitz der Depotbank.

b) Die Bestimmung des anwendbaren Rechts

§ 17a DepotG sieht für die Bestimmung des anwendbaren Rechts zwei Alternativen vor. Zum einen kann an den Ort der Registerführung angeknüpft werden und zum anderen kann der Ort der Kontoführung maßgebend sein. Die rechtsbegründende Wirkung einer Registereintragung bzw. Kontobuchung bei Verfügungen über Wertpapiere und Sammelbestandanteile betrifft Wertpapiere jeder Art, ausgenommen jene, die nach § 2 Abs. 1 DepotG gesondert verwahrt werden. Wertpapiere, die nach § 2 Satz 1 DepotG gesondert verwahrt werden, sich also in Streifbandverwahrung befinden, werden nicht von § 17a DepotG erfasst.[763] Für diese Wertpapiere erfolgt nicht wie im „gewöhnlichen" Wertpapiergiroverkehr eine Verfügung durch Buchung, vielmehr finden die allgemeinen sachenrechtlichen Regelungen Anwendung.[764] Die sonderverwahrten Wertpapiere jedes einzelnen Kunden werden nämlich in Streifbänder gelegt, auf denen der Inhalt und die Zugehörigkeit des Inhalts vermerkt sind. Bei Ver-

759 MüKo-EGBGB/Wendehorst, Art. 43 Rn. 241, 243.

760 MüKo-HGB/Einsele, Depotgeschäft, Rn. 202; Reuschle, BKR 2003, S. 562, 564; Dittrich, Effektengiroverkehr, S. 86; Franz, Überregionale Effektentransaktionen, S. 86.

761 Kronke/Haubold, Handbuch Internationales Wirtschaftsrecht, Teil L Rn. 285; Ebroth/Boujong/Joost/Scherer, BankR VI, § 22 Rn. VI 477.

762 Einsele, Wertpapierrecht als Schuldrecht, S. 592 ff.; Vgl. Nr. 6 Abs. 1 AGB-Banken bzw. Nr. 6 Abs. 1 AGB-Sparkassen.

763 So Amtl. Begr. BR-Drucks. 456/99, S. 35; Keller, WM 2000, S. 1269, 1281; Cruson, AG 2004, S. 358, 371; Kümpel, Bank- und Kapitalmarktrecht, Rn. 11.430.

764 So die amtliche Begründung, BR-Drucks. 456/99, S. 35; Ebenroth/Boujong/Joost/Scherer, BankR VI, § 17a DepotG, Rn. 433.

fügungen über solche „streifbandverwahrten" Wertpapiere findet demnach weiterhin eine Anknüpfung nach der „lex-rei-sitae-Regel" statt.[765]

aa) Anknüpfung an den Ort der Registerführung

Nach § 17a Alt. 1 DepotG ist für die Bestimmung des anwendbaren Rechts der Ort maßgebend, an dem die rechtsbegründende Eintragung zu Gunsten des Verfügungsempfängers vorgenommen wird. Das deutsche Recht kennt im Zusammenhang mit Verfügungen über Wertpapiere bzw. Sammelbestandanteile keine Registereintragungen, die rechtsbegründend wirken. Auch bei der Veräußerung von Namensaktien hat die Eintragung im Aktienregister keine rechtsbegründende Wirkung.[766] § 67 Abs. 2 AktG bestimmt zwar, dass im Verhältnis zur Gesellschaft nur derjenige als Aktionär gilt, der im Aktienregister eingetragen ist. Jedoch dient die Eintragung nur zu Beweiszwecken und ist keine Voraussetzung für die Wirksamkeit einer Aktienübertragung.[767] Auch sind dingliche Belastungen einer Namensaktie nach herrschender Meinung lediglich eintragungsfähig und nicht eintragungspflichtig.[768]

bb) Rechtsbegründende Wirkung von Kontobuchungen

Nach § 17a Alt. 2 DepotG ist für die Bestimmung des anwendbaren Rechts der Ort maßgebend, an dem die Verbuchung auf dem Depotkonto des Verfügungsempfängers mit rechtsbegründender Wirkung erfolgt. Problematisch dabei ist, dass auch die Kontobuchung nach dem deutschen Recht keine notwendige Voraussetzung für einen Rechtserwerb darstellt. Die Buchung hat - abgesehen von den Fällen des § 24 Abs. 2 DepotG - keine rechtsbegründende Wirkung.[769]

Nach § 24 Abs. 2 DepotG erwirbt der Kunde, der einen Kaufauftrag erteilt hat, mit der Eintragung eines Übertragungsvermerks im Depotbuch des Kommissionärs Miteigentum an dem Sammelbestand der Wertpapiersammelbank. Die Buchung nach § 24 Abs. 2 DepotG hat somit nach deutschem Recht eine konstitutive Bedeutung. Jedoch stellt eine Eigentumsübertragung nach § 24 Abs. 2 DepotG nicht den Regelfall dar und spielt in der Praxis des Effektengiroverkehrs keine große Rolle. § 24 Abs. 2 DepotG greift nämlich seinem ausdrücklichen Wortlaut nach nur ein, wenn das Eigentum auf Grund der Bestimmungen des bürgerlichen Rechts nicht schon früher auf den Erwerber übergegangen ist. Die Übereignung von girosammelverwahrten Wertpapieren erfolgt wie bereits erwähnt nach §§ 929 ff. BGB.[770] Der Erwerber der Wertpapiere er-

---

765 So auch Schefold, IPRax 2000, S. 468, 476.

766 Hüffer, § 67 AktG, Rn. 17.

767 Hüffer, § 68 AktG, Rn. 3; Schefold, IPRax 2000, S. 468, 475; Gruson, AG 2004, S. 358, 365.

768 MüKo-AktG/Bayer, § 67 Rn. 30.

769 Einsele, WM 2003, S. 2349, 2352; Reuschle, RabelsZ 68 (2004), S. 687, 720.

770 MüKo-HGB/Einsele, Depotgeschäft, Rn. 103; Einsele, WM 2003, S. 2349, 2353; Koller, DB 1972, S. 1857, 1859; Horn, WM 2002, Sonderbeil. 2, S. 3, 9 ff.; Heinsius/Horn/Than, DepotG, § 6 Rn. 91; Franz, Überregionale Effektentransaktionen, S. 72 ff.

wirbt in der Regel bereits mit der Umbuchung durch den Kommissionär Miteigentum an den sammelverwahrten Wertpapieren.[771] Die Besitzübertragung vollzieht sich dabei in einer Umstellung des Besitzmittlungsverhältnisses. Der Kommissionär (für gewöhnlich ist das die Clearstream Banking AG als zentrale Vertragspartei) ändert durch die Umbuchung seinen Besitzmittlungswillen.[772] Der Umbuchung selbst kommt dabei nur dokumentierende Wirkung zu, d.h. sie zeigt die Umstellung des Besitzmittlungswillens des Verwahrers an, ist aber kein konstitutiver Bestandteil des Rechtserwerbs.[773] Anderer Ansicht ist *Kümpel*, der die Buchung der Girosammelgutschrift als einen wesentlichen Bestandteil der Eigentumsverschaffung verstanden wissen will.[774] Allerdings verneint auch er eine rechtsbegründende Wirkung der Girosammelgutschrift, da bereits existierende Miteigentumsrechte nach § 929 BGB übertragen werden.[775]

2. Konkreter Anwendungsbereich des § 17a DepotG

Die vorangegangenen Ausführungen zeigen, dass es zumindest vom Wortlaut der Norm ausgehend schwierig ist, einen Anwendungsbereich für § 17a DepotG zu bestimmen. Dementsprechend ist der konkrete Anwendungsbereich des § 17a DepotG in der Literatur umstritten, wobei sich im Wesentlichen zwei Ansichten gegenüberstehen:

Nach einer Ansicht läuft die Regelung des § 17a DepotG in den Grundfällen des nationalen und internationalen Effektengiroverkehrs leer, da es die nach dem Wortlaut des § 17a DepotG erforderliche rechtsbegründende Registereintragung oder Verbuchung grundsätzlich nicht gibt.[776] Diese Auffassung geht vom reinen Wortlaut der Norm aus.

Die Gegenansicht in der Literatur bestreitet zwar nicht ein Leerlaufen der Norm bei Anwendung ihres reinen Wortlautes.[777] Da aber dieser Ansicht nach ein absolutes

---

[771] Nach anderen Rechtsordnungen ist hingegen nicht der Miteigentumsteil am Sammelbestand Gegenstand der Verfügung, sondern das „security entitlement" - die dingliche Berechtigung. Diese Wertpapierberechtigung räumt im Rahmen einer Verwahrkette gegenüber dem nächsten Verwahrer und gegenüber dessen Gläubigern bestimmte treuhandähnliche Rechte ein. Zwar wird dem Gläubiger kein Eigentümerrecht gegenüber dem tatsächlichen Verwahrer verschafft, jedoch ist die Wertpapierberechtigung im Falle von Insolvenz des Verwahrers oder Einzelzwangsvollstreckung gegen ihn, vor dem Zugriff der Gläubiger geschützt.

[772] Vgl. Nr. 8 Abs. 1 AGB der Clearstream Banking AG; Heinsius/Horn/Than, DepotG, § 6 Rn. 35.

[773] Reuschle, RabelsZ 68 (2004), S. 687, 720; Kronke/Haubold, Handbuch Internationales Wirtschaftsrecht, Teil L Rn. 186; Einsele, WM 2003, S. 2349, 2353, spricht von einem Verlautbarungsakt.

[774] Kümpel, Bank- und Kapitalmarktrecht, Rn. 11.436.

[775] Kümpel, Bank- und Kapitalmarktrecht, Rn. 11.439.

[776] Reuschle, BKR 2003, S. 562, 564; ders., IPRax 2003, S. 495, 498; ders., RabelsZ 68 (2004), S. 687, 720; Than, in: FS für Kümpel, S. 543, 553; Einsele, WM 2001, S. 2415, 2422; dies., WM 2001, S. 7, 15; dies., WM 2003, S. 2349, 2353.

[777] Siehe z.B. Schefold, IPRax 2000, S. 468, 475; Herring/Cristea, ZIP 2004, S. 1627, 1632.

Leerlaufen als nicht gewollt erscheinen kann, ist § 17a DepotG vielmehr im Hinblick auf die gesetzgeberische Intention anzuwenden.[778] Der Begriff der rechtsbegründenden Kontobuchung bzw. Gutschrift ist im Lichte des sachenrechtlichen Depotrechts auszulegen.[779] Deshalb sollte bei der Auslegung hinsichtlich der „rechtsbegründenden Wirkung" der Gutschrift nur auf die sich darin manifestierende Verlautbarung des Besitzmittlungswillens der gutschrifterteilenden Depotbank des Wertpapierkäufers abgestellt werden.[780] Das Merkmal der rechtsbegründenden Wirkung steht in unmittelbarem Zusammenhang zu dem Ziel, das § 17a DepotG verfolgt, nämlich nur diejenigen Verfügungen zu erfassen, bei denen nicht mehr der Besitz an der Urkunde, sondern allein die Buchung als Nachweis für den Rechtserwerb dient.[781]

Aber auch Vertreter, die § 17a DepotG streng nach seinem Wortlaut zur Geltung kommen lassen, finden die von § 17a DepotG intendierte kollisionsrechtliche Anwendung durchaus sinnvoll.[782] Insofern steht man vor dem Problem, ob es zweckmäßig ist, eine Norm quasi nicht zur Anwendung kommen zu lassen, nur weil man streng nach dem Wortlaut geht, oder ob durch Auslegung nach dem Sinn und Zweck der Vorschrift diese dennoch Geltung erlangen sollte.

a) Nachweis der Registereintragung/Kontenführung

Mit der Umsetzung der Finanzsicherheiten-Richtlinie hat sich diese Problematik jedoch entschärft. Art. 2 Abs. 1 g) FinRi verlangt, dass die Eigentumsverhältnisse an den verwahrten Effekten durch Registereintragung oder Kontenbuchung *nachgewiesen* werden. Von einer rechtsbegründenden Wirkung ist demnach keine Rede. Der Wortlaut von § 17a DepotG ist somit nicht mehr mit der Finanzsicherheiten-Richtlinie vereinbar.[783] Der Wortlaut der Norm hätte zur besseren Rechtssicherheit und Vorhersehbarkeit den Anforderungen an die Finanzsicherheiten-Richtlinie angepasst werden müssen. An dieser Stelle könnte sich das Problem stellen, ob eine Auslegung im Sinne der Richtlinie noch möglich ist, da man der Ansicht sein könnte, dass der Wortlaut der Norm die äußerste Grenze darstellt. In diesem Fall wäre zu überlegen, ob dann Art. 9 FinRi unmittelbare Wirkung entfaltet.[784] Allerdings ist vorliegend der Begriff der

---

[778] Dittrich, Effektengiroverkehr, S. 100; Keller, WM 2000, S. 1269, 1281; Herring/Cristea, ZIP 2004, S. 1627, 1632; Schefold, IPRax 2000, S. 469, 474, der in der Buchung eine rechtsbegründende Wirkung sieht.

[779] So Keller, WM 2000, S. 1269, 1281; kritisch dazu Reuschle, RabelsZ 68 (2004), S. 687, 721.

[780] Schefold, IPRax 2000, S. 468, 475; Keller, WM 2000, S. 1269, 1281; Kümpel, Bank- und Kapitalmarktrecht, Rn. 11.440.

[781] Dittrich, Effektengiroverkehr, S. 99.

[782] So z.B. Einsele, WM 2001, S. 7, 16; dies., WM 2001, S. 2415, 2424.

[783] Kronke/Haubold, Handbuch Internationales Wirtschaftsrecht, Teil L Rn. 186.

[784] Nach der ständigen Rechtsprechung des EuGH, wonach Richtlinien auch unmittelbare Wirkung entfalten können, wären hier eine unmittelbare Wirkung von Art. 9 FinRi gegeben, wenn folgende Voraussetzungen vorliegen: Die Bestimmungen des Art. 9 FinRi i.V.m. Art. 2 Abs. 1 h) FinRi müssten so hinreichend genau formuliert sein, dass daraus unmittelbar Rechte abgeleitet

„rechtsbegründenden Wirkung" nicht so eindeutig, dass der Wortlaut der Norm die Grenze der Auslegung bilden kann. Das Tatbestandsmerkmal der „rechtsbegründenden Wirkung" kann auch mit dem Blickwinkel auf die manifestierende Verlautbarung des Besitzmittlungswillens der gutschrifterteilenden Depotbank des Wertpapierkäufers zu verstehen sein. Eine richtlinienkonforme Auslegung wäre demnach möglich.

Allerdings bezieht sich das Erfordernis des Nachweises durch Registereintragung oder Kontenbuchung wiederum nur auf Finanzsicherheiten, die in Form von Finanzinstrumenten bestellt werden. Es ergibt sich hier die Frage, ob man streng genommen § 17a DepotG nur in dem Rahmen zur Anwendung kommen lässt, welcher von der Finanzsicherheiten-Richtlinie vorgegeben wurde, oder ob man darüber hinaus für sämtliche verwahrte Effekte einen Nachweis durch Registereintragung oder Kontenbuchung genügen lässt.

Zum einen sind keine Gründe ersichtlich, warum das erforderliche Merkmal des Nachweises nur im Hinblick auf Finanzsicherheiten gelten soll. Im Gegenteil: Die in der Finanzsicherheiten-Richtlinie enthaltene Erläuterung kann als argumentative Verstärkung hinsichtlich der Auslegung „rechtsbegründende Buchung/Registereintragung" gewertet werden. Ein weiteres Argument, welches diese Ansicht bekräftigt, besteht, wenn man die Umsetzung der bereits erwähnten Finalitätsrichtlinie einmal näher betrachtet. Die deutsche Fassung des Art. 9 Abs. 2 Finalitätsrichtlinie enthält den Begriff „rechtsbegründend". Die englische Fassung der Finalitätsrichtlinie verlangt jedoch ihrem Wortlaut nach lediglich eine „rechtliche Buchung" in einem Register oder Konto.[785] Dieser Aspekt zeigt, dass der Richtliniengeber das Merkmal der „rechtlichen Buchung" nur zu Unterscheidungszwecken von anderen Kontobuchungen eingeführt hat.[786] Da Art. 9 Abs. 2 Finalitätsrichtlinie nicht genau festlegt, welche von mehreren Buchungen die für die Kollisionsnorm bestimmende sein soll, hat sich der deutsche Gesetzgeber dafür entschieden, die Zwischenbuchungen kollisionsrechtlich außer Betracht zu lassen.[787] Es soll vielmehr allein die Kontoführung zu Gunsten des Verfügungsempfängers maßgeblich sein. Auch die französische, italienische, spanische und portugiesische Fassung der Finalitätsrichtlinie ist an die englische Fassung angelehnt.[788] Somit genügt für sämtliche verwahrte Effekte hinsichtlich der Frage des anwendbaren Rechts ein Nachweis durch Registereintragung oder Kontenbuchung.

---

werden können. Zudem muss die zur Zielerreichung der Richtlinie gestellte Frist abgelaufen sein. Desweiteren muss die Richtlinie den einzelnen begünstigen.

785 „Were securities [...] are provided as collateral security to participants [...] and their right [...] with respect to the security is *legally recorded on a register, account* [...]", so dazu auch Than, in: FS für Kümpel, S. 543, 552; Einsele, WM 2001, S. 2415, 2419.

786 So auch Herring/Cristea, ZIP 2004, S. 1627, 1632; Dittrich, Effektengiroverkehr, S. 104 f.; Franz, Überregionale Effektentransaktionen, S. 101 ff.

787 BT-Drucks. 14/1539, S. 16.

788 Vgl. dazu Einsele, WM 2001, S. 2415, 2419; Franz, Überregionale Effektentransaktionen, S. 64.

b) Maßgebliches Konto/Registereintragung

Wie unter zuvor festgestellt wurde, ist nach Art. 9 FinRi das Konto bei demjenigen Zwischenverwahrer maßgeblich, der unmittelbar zu Gunsten desjenigen bucht, der nach der Verfügung das wirtschaftliche Vollrecht innehat. Mit dieser Differenzierung wird hinsichtlich der unterschiedlichen Buchungsvermerke, die bei der Vollrechtsübertragung und bei der Verpfändung stattfinden, unterschieden.[789] Mit der Umsetzung der Finanzsicherheiten-Richtlinie ist damit auch die ursprüngliche Intention des Gesetzgebers nicht mehr haltbar, wonach im Rahmen des § 17a DepotG das Recht des Staates Anwendung findet, in dem sich die Depotbank des Verfügungsempfängers befindet.[790] Zum Teil wird diese ursprüngliche Annahme des Gesetzgebers damit begründet, dass der Gesetzgeber lediglich an eine Vollrechtsübertragung gedacht habe.[791] Letztendlich muss auf die das wirtschaftliche Vollrecht zu Gunsten des Verfügungsempfängers dokumentierende (nachweisbare) Buchung bzw. Eintragung abgestellt werden.[792]

c) Zwischenergebnis

Für § 17 a DepotG ist somit, verstärkt durch Art. 9 FinRi und entgegen des ausdrücklichen Wortlautes, lediglich der Nachweis einer Registereintragung oder Kontenbuchung von Nöten. Insofern ist im Ergebnis daher der zweiten Ansicht zu folgen, die in dem Tatbestandsmerkmal der „rechtsbegründenden Wirkung" nur auf die sich darin manifestierende Verlautbarung des Besitzmittlungswillens der gutschrifterteilenden Depotbank des Wertpapierkäufers abstellt. Eine ausdrückliche, gesetzgeberische Klarstellung wäre an dieser Stelle erwünscht gewesen, zumal sich die unterschiedlichen Ansichten in der Literatur bereits mit der Einführung des § 17a DepotG herausgebildet haben. Dieser Meinungsstreit um die Anwendung des § 17a DepotG zeigt jedoch, dass offensichtlich keine Klarheit darüber herrscht, wie mit der Norm umzugehen ist. Als maßgebliches Konto ist fortan nicht mehr die Depotbank des Verfügungsempfängers entscheidend, vielmehr findet das Recht des Staates Anwendung, in dem die dokumentierende Buchung bzw. Eintragung zu Gunsten des Verfügungsempfängers stattfindet, welche das wirtschaftliche Vollrecht herbeiführt.

3. Veränderter Anwendungs- und Wirkungsbereich des § 17a DepotG

Im folgenden Abschnitt soll untersucht werden, inwieweit die Regelungen der Finanzsicherheiten-Richtlinie zu einem veränderten Anwendungs- und Wirkungsbereich des § 17a DepotG führen. Im Mittelpunkt steht dabei die Frage ob „lediglich" eine Anpassung des § 17a DepotG - durch richtlinienkonforme Auslegung - erfolgt oder ob sogar darüber hinaus § 17a DepotG als Wertpapierdepotstatut anzusehen ist.

---

789 Vgl. auch Franz, Überregionale Effektentransaktionen, S. 122 f.

790 BT-Drucks. 14/1539, S. 16; kritisch dazu bereits Einsele, WM 2001, S. 7, 15 f.

791 MüKo-EGBGB/Wendehorst, Art. 43 Rn. 247.

792 MüKo-EGBGB/Wendehorst, Art. 43 Rn. 249.

Eine Ansicht in der Literatur will in dem „neuen", d.h. nach Umsetzung der Finanzsicherheiten-Richtlinie geltenden, § 17a DepotG ein umfassendes Wertpapierdepotstatut sehen.[793] Als Grund dafür wird ein erheblich breiterer Anknüpfungsgegenstand gesehen, da nunmehr von Art. 9 Abs. 2 c) FinRi auch das Entstehen konkurrierender Rechte sowie die Rangfolge von Rechten mitumfasst wird. Für eine andere Ansicht wiederum beinhaltet Art. 9 FinRi keinen breiteren Anwendungsbereich.[794]

a) Generelle Einbeziehung von Gutschriften in Wertpapierrechnung

Auf den ersten Blick könnte man meinen, in puncto Gutschriften in Wertpapierrechnung ändere sich durch die Finanzsicherheiten-Richtlinie nichts. Art. 9 FinRi legt das anwendbare Recht von im Effektengiro übertragbaren Wertpapieren, die als Finanzsicherheiten gestellt werden, fest. Dabei spricht Art. 9 Abs. 2 c) FinRi nur von Eigentum oder dinglichen Rechten, so dass man annehmen könnte, schuldrechtliche Gutschriften in Wertpapierrechnung fielen nicht darunter. Allerdings lässt - wie bereits erläutert - der Wortlaut der Finanzsicherheiten-Richtlinie darauf schließen, dass zumindest Sicherheiten an Gutschriften in Wertpapierrechnung vom Anwendungsbereich des Art. 9 FinRi erfasst sind. Art. 9 Abs. 2 a) FinRi spricht von „im Effektengiroverkehr übertragbare[n] Wertpapiere[n]",[795] was im Bereich der Finanzsicherheiten-Richtlinie jedoch als „Finanzsicherheiten in Form von Finanzinstrumenten" zu verstehen ist, Art. 2 Abs. 1 g) FinRi.[796] Finanzinstrumente sind wiederum „jegliche Rechte oder Ansprüche im Zusammenhang mit Wertpapieren", so dass Gutschriften in Wertpapierrechnung daher zu den Finanzinstrumenten zählen, Art. 2 Abs. 1 e) FinRi.[797]

Folglich sind auch Sicherheiten in Form von Gutschriften in Wertpapierrechnung unter Art. 9 FinRi zu fassen.[798] Konkret ausgedrückt sind Gutschriften in Wertpapierrechnung dann von der Kollisionsnorm des Art. 9 FinRi erfasst, wenn diese durch Verpfändung als Sicherheit eingesetzt werden. Insoweit stimmt diese Vorschrift auch

[793] MüKo-EGBGB/Wendehorst, Art. 43 Rn. 242.

[794] So ist z.B. Keller, BKR 2003, S. 481, 483, zu verstehen, welcher die bis dato geltende Fassung des § 17a DepotG im Hinblick auf Art. 9 FinRi als ausreichend ansieht.

[795] Wie bereits angesprochen, ist der Wortlaut insoweit missverständlich. Nach der englischen Fassung der Finanzsicherheiten-Richtlinie ist vielmehr „Sicherheiten an im Effektengiro übertragbaren Wertpapieren" zu lesen.

[796] Nach der englischen Fassung würde man von - insofern ähnlich der deutschen Fassung - „Sicherheiten an allen Arten von Finanzinstrumenten" sprechen, vgl. Kronke/Haubold, Handbuch Internationales Wirtschaftsrecht, Teil L Rn. 286; ähnlich auch Herring/Cristea, ZIP 2004, S. 1629, 1633, welche der Ansicht sind, Art. 2 Abs. 1 g) FinRi spricht allgemein „von durch Kontobuchungen nachgewiesene[n] Finanzinstrumente[n]".

[797] Ebenso unterfällt das „security entitlement" dem Begriff der Finanzinstrumente, vgl. v. Wilmowsky, in: Derleder/Knops/Bamberger, § 62 Rn. 40.

[798] Der deutsche Gesetzgeber hat sich in § 1 Abs. 17 KWG ebenfalls daran orientiert, dass Gutschriften in Wertpapierrechnung zu den Finanzinstrumenten zählen.

mit den Regelungen des Haager Wertpapier-Übereinkommens überein, wonach gemäß Art. 2 Abs. 2 HWPÜ auch Gutschriften in Wertpapierrechnung erfasst sind.

Die Einbeziehung von Gutschriften in Wertpapierrechnung ist, soweit sie als Finanzsicherheiten verwendet werden, von der Richtlinie vorgegeben, so dass § 17a DepotG dementsprechend zumindest auch so auszulegen ist.[799] An dieser Stelle stellt sich das Problem, dass § 17a DepotG ausdrücklich von „Verfügung" spricht. Der Wortlaut ist in diesem Fall eindeutig und lässt keine weiteren Interpretationen zu. Für die Vertreter der Ansicht, der Wortlaut der Norm sei die äußerste Grenze bei der Auslegung, würde sich wiederum die Frage nach der unmittelbaren Wirkung von Art. 9 FinRi stellen. In Anbetracht der unterschiedlichen sprachlichen Fassungen der Richtlinien und des erkennbaren Willen des Gesetzgebers, ein umfassendes Sonderstatut für den Effektengiroverkehrs zu schaffen, kann der Wortlaut der Norm nicht die äußerste Grenze bei der Auslegung sein. Vielmehr sind die sonstigen Auslegungsmethoden zu berücksichtigen. Durch die richtlinienkonforme Auslegung sind die Gutschriften in Wertpapierrechnung, soweit sie jedenfalls als Finanzsicherheiten verwendet werden nunmehr in den Anwendungsbereich von § 17a DepotG miteinbezogen.

Ob man jedoch darüber hinaus die Gutschriften in Wertpapierrechnung generell als von § 17a DepotG erfasst ansehen kann, ist fraglich. Zum einen sollten nach der ursprünglichen Intention des Gesetzgebers zum Zeitpunkt der Einführung des § 17a DepotG die Wertrechtsgutschriften von dieser Vorschrift nicht erfasst werden.[800] Zum anderen wäre eine einheitliche Behandlung eines Depots auf kollisionsrechtlicher Ebene wünschenswert. Erst mit der Finanzsicherheiten-Richtlinie sind Konkretisierungen dahingehend getroffen worden, welche Finanzinstrumente als Finanzsicherheiten eingesetzt werden können. Mit der Einführung der Finanzsicherheiten-Richtlinie wurde die Voraussetzung geschaffen, dass auch Wertrechtsgutschriften in den Regelungsbereich miteinbezogen sind. Insofern liegt zwar mit der Finanzsicherheiten-Richtlinie eine andere Rechtsgrundlage vor. Es kann jedoch nicht einfach davon ausgegangen werden, dass der Gesetzgeber, hätte er das Problem erkannt, die Wertrechtsgutschriften in den Regelungsbereich des § 17a DepotG aufgenommen hätte. Natürlich wäre eine eindeutige Regelung hierfür wünschenswert, zumal die Argumente von Rechtsklarheit und Rechtsvereinheitlichung ein starkes Gewicht haben.[801] Es erscheint jedoch

---

799 So auch Herring/Cristea, ZIP 2004, S. 1627, 1633; Kronke/Haubold, Handbuch Internationales Wirtschaftsrecht, Teil L Rn. 286; so auch MüKo-EGBGB/Wendehorst, Art. 43 Rn. 243, welche jedoch weniger an Hand der Regelungen der Finanzsicherheiten-Richtlinie argumentierend, sondern eher aus praktischen Erwägungen - Schaffung eines einheitlichen Wertpapierdepotstatuts - einer Einbeziehung von Gutschriften in Wertpapierrechnung zustimmt.

800 Vgl. BR-Drucks. 456/99, S. 35.

801 A.A Franz, Überregionale Effektentransaktionen, S. 86, welcher zwar den Wunsch nach kollisionsrechtlicher Gleichbehandlung in Depotfragen hat, jedoch den Argumenten Rechtsklarheit und Rechtsvereinheitlichung nicht die Bedeutung beimisst, um § 17a DepotG analog anzuwenden. Andererseits hat er nicht den Gesichtspunkt berücksichtigt, dass Gutschriften in Wertpapierrechnung als Finanzsicherheiten miteinbezogen werden.

nicht vertretbar, dass Wertrechtsgutschriften von nun an generell in den Anwendungsbereich des § 17 DepotG einzubeziehen sind.

b) § 17a DepotG als Wertpapierdepotstatut

Ob - bedingt durch den neuen Anwendungsbereich - die Vorschrift des § 17a DepotG als Wertpapierdepotstatut bezeichnet werden kann, erscheint zweifelhaft. Zwar ist die Forderung nach einem gesamten (und damit einheitlichen) Wertpapierdepotstatut verständlich, denn ob ausländische Effekte im Inland gehandelt oder nur im Ausland angeschafft und verwahrt werden, darf in der Tat vor allem vor dem Hintergrund eines globalen Effektenhandels keinen Unterschied machen.[802]

Die Umsetzung der Finanzsicherheiten-Richtlinie ins deutsche Recht führt jedoch nicht dazu, dass § 17a DepotG fortan ein einheitliches Wertpapierdepotstatut regelt.[803] Dagegen spricht nicht zuletzt, dass das Haager Wertpapier-Übereinkommen den Anspruch für sich erhoben hatte, in diesem Bereich einen einheitlichen Regelungsrahmen festzulegen. Im Hinblick auf eine einheitliche Anwendung des „PRIMA-Grundsatzes" ist auch die Erwägung, gegebenenfalls die Vorschriften des Haager Wertpapier-Übereinkommens in den Regelungsrahmen der Finanzsicherheiten-Richtlinie miteinzubeziehen, um somit einen umfassenderen Anwendungsbereich für § 17a DepotG zu begründen, abzulehnen.[804] Dem steht nicht nur Erwägungsgrund 8 der Finanzsicherheiten-Richtlinie entgegen, wonach lediglich für Finanzsicherheiten die Anwendbarkeit des Rechts geregelt werden sollte. Auch kann der Grundgedanke des Haager Wertpapier-Übereinkommens nicht in die Finanzsicherheiten-Richtlinie einfließen, da ansonsten die Regelungsinhalte der Richtlinie verwässert werden[805] und das Erfordernis der Ratifizierung des Haager Wertpapier-Übereinkommens ausgehöhlt würde. Auch die Regelung des Art. 9 Abs. 2 c) FinRi, wonach das Entstehen konkurrierender Rechte sowie die Rangfolge von Rechten mitumfasst wird, kann nicht für ein umfassendes Wertpapierdepotstatut sprechen, da diese Norm ihren Bezug zu Finanzsicherheiten hat, und sich nicht auf die Rechte an Wertpapieren im Allgemeinen bezieht. Für § 17a DepotG müssen die Regelungen der Finanzsicherheiten-Richtlinie zum Maßstab genommen werden, so dass § 17a DepotG lediglich dann als Wertpapierdepotstatut bezeichnet werden kann, wenn die Bestellung von Finanzsicherheiten betroffen ist.[806]

Eine erneute Überprüfung bzw. Anpassung von § 17a DepotG ist bei einer Ratifizierung des Haager Wertpapier-Übereinkommens bzw. bei einer Anpassung der Finanzsicherheiten-Richtlinie an dieses Übereinkommen unzweifelhaft von Nöten. So-

---

802 Reuschle, RabelsZ 68 (2004), S. 687, 722.

803 Zu Recht fordert Wendehorst ein einheitliches Wertpapierdepotstatut und nimmt es in Bezug auf § 17a DepotG auch an, vgl. MüKo-EGBGB/Wendehorst, Art. 43 Rn. 243, 252.

804 So aber Kronke/Haubold, Handbuch Internationales Wirtschaftsrecht, Teil L Rn. 195.

805 Wenn schon die Gedanken des Haager Wertpapier-Übereinkommens Geltung erlangen sollen, dann müsste die Finanzsicherheiten-Richtlinie vom Europäischen Gesetzgeber angepasst werden.

806 So auch MüKo-EGBGB/Wendehorst, Art. 43 Rn. 243.

lange jedoch eine Ratifizierung noch nicht erfolgt ist, ist § 17a DepotG an den Regelungen der Finanzsicherheiten-Richtlinie zu messen.

c) Umsetzung von Art. 9 FinRi in anderen europäischen Staaten

Ähnlich der Umsetzung der Finalitätsrichtlinie erfolgte auch die Umsetzung des Art. 9 FinRi in den einzelnen europäischen Staaten unterschiedlich.

Österreich hat mit der Einführung des § 33a IPRG die Gelegenheit genutzt, - gewissermaßen wie Deutschland - ein umfassendes Kollisionsrecht für den Effektengiroverkehr zu schaffen. Kurz gefasst bestimmt § 33a Abs. 1 IPRG, dass sich die Rechtsnatur und der Inhalt dinglicher Rechte an im Effektengiro übertragbaren Wertpapieren sowie der Erwerb dinglicher Rechte daran nach den Sachnormen des Staates richten, in dem das maßgebliche Konto geführt wird. Hinsichtlich des Tatbestandsmerkmals „maßgebliches Konto" verweist § 33a IPRG auf das Finanzsicherheitengesetz.[807] Danach ist das maßgebliche Konto das Register oder Depotkonto, in dem die Finanzsicherheit, d.h. das Wertpapier, mit rechtsbegründender Wirkung eingetragen oder verbucht wird.[808] Insofern ist § 33a IPRG in Verbindung mit den Regelungen des FinSG identisch zum Wortlaut des § 17a DepotG. Dies ist seltsam, da sich der Text des FinSG grundsätzlich am Wortlaut der Finanzsicherheiten-Richtlinie orientiert hat, der Wortlaut von Art. 9 FinRi sich jedoch nicht in § 33a IPRG wiederfindet. Wegen des nahezu identischen Wortlautes „rechtsbegründende Wirkung" hat folglich das Schrifttum in Österreich die gleichen Auslegungsprobleme mit dem Umgang der Regelung wie das in Deutschland.[809] Eine richtlinienkonforme Auslegung der Norm ist daher auch dort unumgänglich.

In England wurde unmittelbar nach der Umsetzung der Finalitätsrichtlinie erwogen, eine neue Anknüpfungsregel für das Wertpapiersachstatut zu schaffen. Jedoch wurde die bereits hierfür ausgearbeitete Neuregelung wieder zurückgezogen.[810] Auch die Umsetzung der Finanzsicherheiten-Richtlinie erfolgte wie schon bei der Umsetzung der Finalitätsrichtlinie sehr eng am Wortlaut.[811] Ein umfassendes Sonderstatut für den Effektengiroverkehr wurde damit nicht geschaffen.

Es bleibt festzuhalten, dass die Umsetzung von Art. 9 FinRi in keinem Staat in Europa zu einem extensiveren Anwendungsbereich als § 17a DepotG führte. Eine Rechtsvereinheitlichung im Hinblick auf die Bestimmung des anwendbaren Rechts in Bezug auf Finanzsicherheiten wurde zwar mit der Umsetzung der Finanzsicherheiten-

807 Die Umsetzung der Finanzsicherheiten-Richtlinie erfolgte in Österreich fast vollständig durch das Finanzsicherheitengesetz (FinSG).

808 Zahradnik/Krumhuber, § 33a IPRG, S. 86, knüpfen bei der Eigentumsübertragung richtigerweise an das Konto des Erwerbers an.

809 Siehe dazu Schacherreiter, ÖBA 2005, S. 336, 339.

810 Dittrich, Effektengiroverkehr, S. 60 f.

811 Statutory Instrument 2003 No. 3226: The Financial Collateral Arrangements (No.2), Sec. 19.

Richtlinie erreicht. Von einem europaweiten einheitlichen Wertpapierstatut ist man jedoch noch weit entfernt.

d) Ergebnis

Da Art. 9 FinRi das „PRIMA-Prinzip" fortführt, brachte die Vorschrift etwas Klarheit im Hinblick auf den Umgang mit dem Wortlaut der Vorschrift des § 17a DepotG. An Stelle einer rechtsbegründenden Kontobuchung bzw. Registereintragung ist fortan lediglich ein Nachweis dieser Buchung bzw. Eintragung erforderlich. Da der Wortlaut des § 17a DepotG nicht geändert wurde, ist fortan der Begriff der „rechtsbegründenden Buchung" irreführend und wegen richtlinienkonformer Auslegung nicht zutreffend.

Desweiteren führt die Umsetzung von Art. 9 FinRi auch zu einer erheblichen Veränderung in Bezug auf den Anwendungsbereich von § 17a DepotG. Von nun an sind auch Wertrechtsgutschriften, soweit sie als Finanzsicherheiten eingesetzt werden, in den Anwendungsbereich von § 17a DepotG miteinbezogen. Ein genereller Einbezug aller Wertrechtsgutschriften, verdeutlicht durch eine ausdrückliche Regelung, wäre jedoch wünschenswert.

Die leider auch in einigen Aspekten ungenaue Regelung des Art. 9 FinRi lässt Raum für konkretisierende Anmerkungen in Bezug darauf, welche Buchung zu Gunsten des Verfügungsempfängers maßgeblich ist. Nach § 17a DepotG unterliegen von nun an Verfügungen über Wertpapiere bzw. Sammelbestandanteile dem Recht am Sitz der konto- oder depotführenden Stelle des Verwahrers, welcher diejenige Buchung zu Gunsten des Verfügungsempfängers vornimmt, die das wirtschaftliche Vollrecht dokumentiert.

Zusammenfassend ist somit festzustellen, dass Verfügungen über Wertpapiere, die sich in Sammelverwahrung befinden, nicht dem „lex-rei-sitae-Grundsatz", sondern dem Recht des Eintragungsortes,[812] an dem das wirtschaftliche Vollrecht dokumentiert wird, unterliegen.[813] Für alle in Streifenbandverwahrung befindlichen Wertpapiere gilt weiterhin der „lex-rei-sitae-Grundsatz". Die in § 17a DepotG enthaltene Verweisung ist im Hinblick auf die ausdrückliche Anordnung in Art. 9 Abs. 1 Satz 2 FinRi als Sachnormverweisung zu verstehen. Die Ansicht von *Reuschle*, welcher die Vorschrift des § 17a DepotG als partielle Gesamtnormverweisung ansieht und damit eine Aufspaltung hinsichtlich des anwendbaren Rechts annimmt,[814] ist im Hinblick auf die Eindeutigkeit des Art. 9 Abs. 1 Satz 2 FinRi abzulehnen. § 17a DepotG bleibt als Wertpapiersachstatut damit weiterhin eine Kollisionsnorm für dingliche Rechte an Wertpapieren.[815]

---

[812] Das ist der „lex-libri-siti-Grundsatz".

[813] Kegel/Schurig, Internationales Privatrecht, S. 769.

[814] Reuschle, RabelsZ 68 (2004), S. 687, 723.

[815] So wohl auch Haubold, RIW 2005, S. 656, 657.

G. Bewertung der Richtlinienumsetzung

Im Folgenden wird die Umsetzung der Finanzsicherheiten-Richtlinie dahingehend bewertet, ob durch das „Wie" der Umsetzung tatsächlich gegen den Gläubigergleichbehandlungsgrundsatz verstoßen wurde. Dabei spielen die wegen der Richtlinienumsetzung erfolgten Änderungen der InsO in Verbindung mit der „opt-out-Entscheidung" des deutschen Gesetzgebers eine wichtige Rolle. Es ist zu beurteilen, ob der deutsche Gesetzgeber im Hinblick auf die „opt-out-Möglichkeit" dahingehend richtig gehandelt hat, ein ausgewogenes Verhältnis zu erzielen, welches zum einen den Grundsatz der Gläubigergleichbehandlung beachtet, zum anderen sich aber auch positiv für den Finanzplatz Deutschland auswirkt.

I. Gläubigergleichbehandlungsgrundsatz im Insolvenzrecht

Die herrschende Meinung sieht den Gläubigergleichbehandlungsgrundsatz als das geltende Verteilungsprinzip im Falle einer Insolvenz an, zumal das hierzu konträre Prioritätsprinzip in der Einzelzwangsvollstreckung, nicht jedoch im Insolvenzrecht gilt.[816] Eine Geltung des Prioritätsprinzips im Insolvenzrecht hätte zur Folge, dass einige Gläubiger vollständig befriedigt werden, andere hingegen völlig leer ausgehen könnten. Das Prioritätsprinzip in der Insolvenz anzuwenden, ist daher kein geeigneter Aufteilungsmaßstab.[817] Um einen Wettlauf der Gläubiger zu verhindern, muss deshalb ein Grundsatz gleichmäßiger Gläubigerbefriedigung gelten. Der im Insolvenzverfahren geltende Gläubigergleichbehandlungsgrundsatz führt somit zu einer gleichmäßigen Befriedigung der Gläubiger.[818] Anhaltspunkte für die Geltung eines Gläubigergleichbehandlungsgrundsatzes im Insolvenzrecht lassen sich auch an Hand der Insolvenzordnung festmachen. Bereits aus § 1 Satz 1 1. Hs. InsO ergibt sich, dass eine gemeinschaftliche Befriedigung der Gläubiger angestrebt wird. Neben § 1 Satz 1 1. Hs. InsO hat auch die Insolvenzanfechtung nach §§ 129 ff. InsO ihre Rechtfertigung in dem Grundsatz der par condicio creditorum.[819] Der Verweis auf die Gesamtvollstreckung (§ 87 InsO) sowie das Unterbinden der Einzelzwangsvollstreckung (§ 89 Abs. 1 InsO) sprechen ebenso für die Existenz des Gleichbehandlungsgrundsatzes. Insofern ist der im Insolvenzrecht geltende Gläubigergleichbehandlungsgrundsatz zugleich das ausschlaggebende Unterscheidungsmerkmal zum Einzelzwangsvollstreckungsrecht und dem dort geltenden Prioritätsprinzip.[820]

---

[816] Berges, KTS 1957, S. 49, 52 ff.; Häsemeyer, Insolvenzrecht, Rn. 2.24 ff; Braun/Uhlenbruck, Unternehmensinsolvenz, S. 42; Prütting, Kölner Schrift zur InsO, S. 221, 239 f.; Smid, Insolvenzrecht, § 1 Rn. 16; Pape/Uhlenbruck, Insolvenzrecht, Rn. 126.

[817] Prütting, Kölner Schrift zur InsO, S. 221, 239.

[818] Braun/Uhlenbruck, Unternehmensinsolvenz, S. 42

[819] Häsemeyer, Insolvenzrecht, Rn. 2.25.

[820] Vgl. auch Prütting, Kölner Schrift zur InsO, S. 221, 239.

Allerdings werden nach diesem Grundsatz nicht alle Gläubiger mit der gleichen Quote befriedigt.[821] Zwar war es Anliegen des Gesetzgebers, den Grundsatz der Gläubigergleichbehandlung durch ersatzlose Streichung der Konkursvorrechte nach § 61 Abs. 1 KO und des Arbeitnehmerprivilegs nach § 59 Abs. 1 Nr. 3 KO zu stärken. Jedoch sind auch nach der geltenden Insolvenzordnung unterschiedliche Rangstufen bezüglich der Gläubiger vorhanden. Die Abstufung erfolgt von dem Recht auf Aussonderung (§ 47 InsO) über die Absonderung (§§ 49 ff. InsO) und die Masseverbindlichkeiten (§§ 53 ff. InsO) zu den einfachen Gläubigern (§ 38 InsO) und schließlich zu den nachrangigen Insolvenzgläubigern (§ 39 InsO).

Diese Abstufung wird häufig als Durchbrechung, Ausnahme oder Grenze des Gleichbehandlungsgrundsatzes angesehen.[822] Zum Teil wird aber auch gerade auf Grund der Tatsache, dass die Insolvenzordnung eine Differenzierung in Gläubigergruppen vornimmt, die Existenz eines Gläubigergleichbehandlungsgrundsatzes überhaupt verneint.[823]

Indes wird nach der ganz überwiegenden Auffassung zu Recht darauf hingewiesen, dass die Bevorrechtigung einzelner Gläubigergruppen keinen Widerspruch zum Gleichbehandlungsgrundsatz darstellt. Der Grundsatz der Gläubigergleichbehandlung verlangt nämlich nicht nur das Gleiches gleich, sondern auch, dass ungleiche Gegebenheiten ungleich behandelt werden.[824] Der Gleichheitssatz wird durch Abstufungen in den Gläubigergruppen dann nicht verletzt, wenn diese durch sachliche Aspekte gerechtfertigt sind. Nur die Kumulation von Gläubigerprivilegien, die eine wirtschaftlich sinnvolle und gleichmäßige Befriedigung der einfachen Insolvenzgläubiger unmöglich machen, führt zu einer Verletzung des Grundsatzes der Gläubigergleichbehandlung.[825] Desweiteren spricht eine Abstufung in einzelne Gläubigergruppen auch nicht gegen die Existenz des Gläubigergleichbehandlungsgrundsatzes, da dieser quasi als haftungsrechtliches Ausgleichsprinzip zwischen den Gläubigern untereinander angesehen werden kann.[826] Im gleichen Maß wie die Gläubiger wechselseitig Einfluss auf die Vermögensverhältnisse des Gemeinschuldners genommen hätten, seien sie auch untereinander zur wechselseitigen Kompensation verpflichtet.[827]

Eine Verletzung des Gleichbehandlungsgrundsatzes kann dann angenommen werden, wenn keine sachliche Rechtfertigung vorliegt. Liegt ein sachlicher Rechtferti-

---

821 Schällig, Insolvenzverwaltung in Deutschland und Frankreich, S. 72.

822 Hess/Weis, Insolvenzrecht, Rn. 3; Häsemeyer, Insolvenzrecht, Rn. 18.06 f., welcher besonders in den Absonderungsrechten eine Freistellung vom Grundsatz der Gläubigergleichbehandlung sieht.

823 So die Meinung von Primozic, FAZ v. 14.04.2004, gerade im Zusammenhang mit der Umsetzung der Finanzsicherheiten-Richtlinie.

824 Baur/Stürner, Insolvenzrecht, Rn. 5.37; Smid, Insolvenzrecht, § 1 Rn. 22; Pape/Uhlenbruck, Insolvenzrecht, Rn. 126; Bauer, DZWIR 2007, S. 188, 189 f.

825 Prütting, Kölner Schrift zur InsO, S. 221, 240; Baur/Stürner, Insolvenzrecht, Rn. 5.37.

826 Häsemeyer, KTS 1982, S. 507, 509.

827 Häsemeyer, KTS 1982, S. 507, 528; ders., Insolvenzrecht, Rn. 2.18, 2.26.

gungsgrund vor, so führt dieser zu einer Eingrenzung des Gläubigergleichbehandlungsgrundsatzes. Eine sachliche Rechtfertigung ist grundsätzlich dann zu bejahen, wenn Besonderheiten der Verfahrensabwicklung, die Rechtstellung der Gläubiger oder die zeitliche Abfolge eine Einschränkung erforderlich machen. Beispielsweise ist eine Sonderbehandlung der Massegläubiger gegenüber den einfachen Insolvenzgläubigern dadurch gerechtfertigt, da sonst der Insolvenzverwalter keine Möglichkeit hätte, den insolvenzschuldnerischen Betrieb fortzuführen. Man kann daher davon ausgehen, dass im Wesentlichen innere, das Insolvenzverfahren betreffende Abläufe dafür maßgeblich sind, ob der Gleichbehandlungsgrundsatz der Insolvenzgläubiger gerechtfertigt eingeschränkt wird oder nicht. Zum Teil werden Eingriffe in den Gleichbehandlungsgrundsatz auch dann als sachlich gerechtfertigt angesehen, wenn soziale Gründe oder Gründe des staatlichen Gemeinwohls vorliegen.[828] Ob zu den staatlichen Interessen auch die Beachtung und Umsetzung von EU-Recht eine sachliche Rechtfertigung darstellt, erscheint zweifelhaft, da diese Regelungen von außerhalb auf das mitgliedstaatliche Recht einwirken. Allerdings ist der nationale Gesetzgeber an das EU-Recht gebunden,[829] so dass die europäischen Rechtsakte bei der Frage, ob ein sachlicher Rechtfertigungsgrund vorliegt, mit einbezogen werden müssen.[830] Es sollte daher grundsätzlich eine Einschränkung des Gläubigergleichbehandlungsgrundsatzes in Folge der Umsetzung von EU-Recht möglich sein. Die Grenze von einer Einschränkung des Gläubigergleichbehandlungsgrundsatzes zu einer Verletzung desselben ist allerdings dann überschritten, wenn der deutsche Gesetzgeber beispielsweise eine EU-Richtlinie überschießend umsetzt. Ist die überschießende Umsetzung wiederum durch einen sachlichen Grund gerechtfertigt, so hat eine Abwägung zwischen den innerstaatlichen Prinzipien und den Gründen, die für eine überschießende Umsetzung sprechen, stattzufinden.

II. Verletzung der par condicio creditorum-Regel

Wie bereits erwähnt ging eine Ansicht in der Literatur von einem weiten Anwendungsbereich der Finanzsicherheiten-Richtlinie aus, so dass aus dieser Sicht der Gesetzgeber ein „Teil-opt-out-Recht" geltend gemacht hat. Vor diesem Hintergrund ist es verständlich, wenn davon ausgegangen wird, dass ohne das Geltendmachen des „opt-out-Rechtes" ein Verstoß gegen den Gleichbehandlungsgrundsatzes des deutschen Insolvenzrechtes vorliegt. Jedoch ist diese Sichtweise dahingehend inkonse-

---

828 V. Wilmowsky, in: Derleder/Knops/Bamberger, § 62 Rn. 20.

829 Becker, Insolvenzrecht, Rn. 213, spricht von systembedingter Handlungsunfähigkeit der Mitgliedstaaten.

830 Verdeutlicht wird dies durch die Tatsache, dass der europäische Gesetzgeber im Verfahren zum Erlass der Finanzsicherheiten-Richtlinie sehr wohl Einschnitte in die Prinzipien des einzelstaatlichen Insolvenzrechts erkannt hat. Vgl. Gemeinsamer Standpunkt, Abl. EG v. 22.05.2002, C 119 E/21.

quent, dass bei Annahme eines weiten Anwendungsbereiches eine sachliche Rechtfertigung für eine bevorzugte Behandlung von Unternehmen aus dem Finanzsektor, die sich klassische Kreditsicherheiten wie Warenlager oder Maschinen einräumen lassen, ebenso wenig vorliegen würde.

Auch kann sich der häufig pauschalisierten Aussage, die Kreditwirtschaft werde im Insolvenzrecht dem Grundsatz der Gläubigergleichbehandlung zuwider bevorzugt,[831] nicht angeschlossen werden. Nicht nur durch die Tatsache, dass Kreditinstitute überwiegend Fremdkapital verwalten, sondern auch durch die sogenannte Fristentransformation, d.h. durch die Umwandlung kurzfristiger Einlagen in langfristige Kredite haben Kreditinstitute eine Sonderstellung inne. Es ist Aufgabe der Kreditinstitute, zum einen die Sicherheit der Einlagen zu gewährleisten und gleichzeitig das der Kreditgewährung innewohnende Merkmal des Ausfallrisikos so gering wie möglich zu halten.[832] Die hierfür notwendige Einräumung von Sicherheiten führt nicht gleich zu einer Sonderstellung der Kreditinstitute in der Insolvenz.

Wie bereits erläutert hat sich der deutsche Gesetzgeber gegen die Geltendmachung des „opt-out-Rechtes" entschieden und sich diesbezüglich an die Vorgaben der Richtlinie gehalten. Lediglich der persönliche Anwendungsbereich bei Geschäften von Finanzinstituten untereinander wurde - wohl auch der Unsicherheit des Gesetzgebers über den sachlichen Anwendungsbereich der Richtlinie geschuldet - weiter als vom Richtliniengeber vorgesehen geregelt. Eine weitere überschießende Umsetzung ist zudem noch in der neuen Regelung des § 130 Abs. 1 Satz 2 InsO zu sehen, wonach eine Anfechtung auch dann ausgeschlossen ist, wenn die Bank als Sicherungsnehmer Kenntnis von der Zahlungsunfähigkeit oder vom Eröffnungsantrag hatte.

§ 130 Abs. 1 Satz 2 InsO umfasst lediglich die bei Finanztransaktionen üblichen Margensicherheiten und § 1 Abs. 17 Satz 1 KWG bezieht sich nur auf Unternehmen der Finanzbranche untereinander. Die praktische Bedeutung dieser Regelungen, vor allem im Hinblick auf die „gewöhnlichen" Unternehmensinsolvenzen, ist eher gering. Doch auch wenn die praktische Relevanz dieser beiden Maßnahmen kaum von Bedeutung ist, so spielt dieser Gesichtspunkt für die Beurteilung, ob die Gläubigergleichbehandlung verletzt ist, eine Rolle. Mit beiden Regelungen wurde die Finanzsicherheiten-Richtlinie überschießend umgesetzt. Ein sachlicher Rechtfertigungsgrund hierfür liegt nicht vor, zumal die Richtlinienumsetzung diesbezüglich einer gesetzgeberischen Ungenauigkeit geschuldet ist. Die von der EU-Kommission begründete Stabilität des EU-Finanzsystems sowie ein kostengünstiger EU-Finanzmarkt[833], welche durch die Finanzsicherheiten-Richtlinie gewährleistet werden, sind als sachlicher Rechtfertigungsgrund für die grundsätzliche Einschränkung innerstaatlichen Rechts durchaus anzuer-

[831] So undifferenziert leider auch Becker, Insolvenzrecht, Rn. 645.

[832] Priewasser, Bankbetriebslehre, S. 15.

[833] Vorschlag der Kommission über Richtlinie für Finanzsicherheiten, KOM (2001) 168 end, v. 27.03.2001, S. 3.

kennen. Die erfolgte Änderung und Einführung des § 1 Abs. 17 Satz 1 KWG (n.F.) sowie des § 130 Abs. 1 Satz 2 InsO lassen sich damit jedoch nicht rechtfertigen.

Die überschießende Umsetzung des § 130 Abs. 1 Satz 2 InsO ist vor allem vor dem Hintergrund unverständlich, dass der Richtliniengeber für die Margensicherheiten das Kriterium der „Kenntnis des Sicherungsnehmers" quasi als Hürde auferlegt hat. Denn wie durch Auslegung von Art. 8 Abs. 2 FinRi festgestellt wurde, gelten die Aufstockungs- und Ersatzsicherheiten am Tag der Eröffnung des Insolvenzverfahrens, jedoch nach der Eröffnung als wirksam bereitgestellt, wenn der Sicherungsnehmer nachweisen kann, dass er von der Eröffnung des Verfahrens keine Kenntnis hatte bzw. haben konnte.

Mangels Vorliegen eines sachlichen Rechtfertigungsgrundes stellt die in § 130 Abs. 1 Satz 2 InsO und § 1 Abs. 17 Satz 1 KWG (n.F.) erfolgte überschießende Richtlinienumsetzung einen Verstoß gegen den Gläubigergleichbehandlungsgrundsatz dar, wenngleich die praktischen Auswirkungen auf Grund des sehr begrenzten Anwendungsbereiches sehr gering sind. Keinesfalls wurden durch die vorgenommene Richtlinienumsetzung die Grundpfeiler der Insolvenzordnung beschädigt. Die Chancen auf eine Sanierung von Unternehmen sind durch diese Regelungen keineswegs beeinträchtigt.[834]

Eine saubere, der Intention des Richtliniengebers folgende Lösung wäre besser gewesen, wenngleich man sich insgesamt gesehen der Meinung des Rechtsausschusses anschließen kann, wonach mit den gesetzlichen Regelungen eine Lösung gefunden wurde, „die einerseits den Finanzplatz Deutschland nicht über Gebühr reglementiert, andererseits jedoch [dem] wohl austarierte[n] Gefüge der Insolvenzordnung" insgesamt Rechnung trägt.

[834] So aber die Befürchtung von Burger/Wolf-Zimper, informaciones I/2004, S. 24, 26.

H. Schlussbetrachtung

Das deutsche Umsetzungsgesetz sollte nach den Vorgaben der Finanzsicherheiten-Richtlinie bereits zum 27. Dezember 2003 in Kraft getreten sein. Wegen der Kontroverse über den persönlichen Anwendungsbereich verzögerte sich die Implementierung jedoch. Der deutsche Gesetzgeber hat sich richtigerweise dafür entschieden, die Umsetzung der Finanzsicherheiten-Richtlinie nicht in ein Sondergesetz zu fassen. Im Gegensatz zu Österreich wurden die durch die Richtlinienumsetzung hervorgerufenen Änderungen in den jeweiligen Einzelgesetzen eingefügt. Dies hat für den Rechtsanwender den Nachteil, dass die Einzelgesetze mit Verweisungsketten ausgestattet sind und auf den ersten Blick verwirrend erscheinen. Auch lässt sich die Vereinbarkeit mit dem Gemeinschaftsrecht bzw. eine richtlinienkonforme Auslegung an Hand eines Sondergesetzes besser feststellen und nachvollziehen. Allerdings besteht der große Vorteil einer einzelgesetzlichen Anpassung darin, dass keine lex-specialis-Regelungen eines Sondergesetzes zu beachten sind. Dadurch besteht auch nicht die Gefahr einer Rechtszersplitterung. Die Verfahrensweise für das deutsche Recht hat der Gesetzgeber folgerichtig begründet, da bereits in diesem Zusammenhang die Finalitätsrichtlinie in bestehende Gesetzes eingeflochten wurde.

Von den teilweise vorhandenen, sprachlichen Ungenauigkeiten der deutschen Fassung der Finanzsicherheiten-Richtlinie - Stichwort: Bereitstellung des Sicherungsgegenstandes - hat sich der deutsche Gesetzgeber im Rahmen der Implementierung der Richtlinie glücklicherweise nicht beeinflussen lassen. Insgesamt betrachtet ist die Finanzsicherheiten-Richtlinie ordnungsgemäß umgesetzt worden. Für einige Regelungsbereiche bestand richtigerweise kein Umsetzungsbedarf. Beispielsweise war die Bereitstellung von Finanzsicherheiten schon formlos möglich, so dass keine Umsetzung von Art. 3 FinRi erforderlich war. Auf der anderen Seite ist die zum Teil überschießende, zum Teil unklare Umsetzung in den insolvenzrechtlichen Vorschriften zu bemängeln.

Dass der persönliche und sachliche Anwendungsbereich der Richtlinie in Folge der Umsetzung gesplittet wurde, ist einerseits der speziellen Thematik und Abstraktheit der Richtlinie geschuldet. Andererseits hat die Diskussion um die Ausübung der „opt-out-Möglichkeit" für einige Verwirrung gesorgt. Gerade der Vergleich zu den anderen europäischen Staaten in diesem Punkt hat gezeigt, dass man durchaus angemessen vorgegangen ist.

Kritikwürdig ist auch die Tatsache, dass der Gesetzgeber im Hinblick auf § 17a DepotG keine den Wortlaut der Norm konkretisierenden Ausführungen getroffen hat. Diesbezüglich ist die richtlinienkonforme Auslegung von Art. 9 i.V.m. Art. 2 Abs. 1 h) FinRi unabdingbar.

Jedoch trägt die unklare Regelung des Art. 9 FinRi die Gefahr einer ebenso ungenauen mitgliedstaatlichen Vereinheitlichung des Kollisionsrechts in sich. Zudem schwebt bislang das Haager Wertpapier-Übereinkommen, welches sich die Bestimmung einer generell anwendbaren Rechtsordnung für sachenrechtliche Verfügungen über Wertpapiere, die über Intermediäre gehalten werden, zum Ziel gesetzt hat, über diese Regelung.

I. Ergebnisse der Untersuchung

Die Arbeit beschäftigte sich mit der Finanzsicherheiten-Richtlinie 2002/47/EG und deren Umsetzung in das deutsche Recht. Die wichtigsten Ergebnisse sind hier in Form von Thesen zusammengefasst:

1. Die Finanzsicherheiten-Richtlinie hat als Hauptziel die Schaffung von gemeinschaftsweiten, einfachen und wirksamen Regelungen für die Begründung und Verwertung von Sicherheiten. Mit ihr wurde eine gemeinschaftsweite Regelung für die Bereitstellung von Wertpapieren und Guthaben als Sicherheit in Form eines beschränkt dinglichen Sicherungsrechts oder im Wege einer Vollrechtsübertragung geschaffen.

2. Die Finanzsicherheiten-Richtlinie beinhaltet einen sehr eng begrenzten Anwendungsbereich, so dass die in der Richtlinie vorgesehenen Erleichterungen für Bestellungs- und Verwertungserfordernisse nur für Finanzsicherheiten gelten, die für bestimmte maßgebliche Verbindlichkeiten zur Sicherheit eingesetzt werden. Es sind im wesentlichen börsliche und außerbörsliche Finanztermingeschäfte, die mit Finanzsicherheiten besichert werden. Gewöhnliche Besicherungen des klassischen Unternehmenskreditgeschäftes werden von den Regelungen der Finanzsicherheiten-Richtlinie nicht erfasst.

3. Die Finanzsicherheiten-Richtlinie überlässt es den Mitgliedstaaten durch Einräumung eines „opt-out-Rechtes“, den persönlichen Anwendungsbereich auf Unternehmen der Finanzbranche zu begrenzen. Der deutsche Gesetzgeber hat von dieser Möglichkeit keinen Gebrauch gemacht und bezieht in die neu geschaffene Regelung des § 1 Abs. 17 KWG auch sonstige Unternehmen mit ein.

4. Allerdings wurde kein einheitlicher sachlicher und persönlicher Anwendungsbereich im Rahmen der Richtlinienumsetzung gewählt. Treten „sonstige Unternehmen“ als Sicherungsgeber in Erscheinung, so dürfen - wie von der Finanzsicherheiten-Richtlinie vorgesehen - nur Finanzverbindlichkeiten mit Finanzsicherheiten besichert werden. Institute der Kredit- und Versicherungswirtschaft sowie öffentliche Einrichtungen sind dagegen, soweit sie untereinander Vertragsparteien sind, in der Wahl der zu sichernden Verbindlichkeiten frei und können auch Unternehmensbeteiligungen als Sicherheiten einsetzen.

5. Die neue Regelung des § 166 Abs. 3 InsO nimmt die Finanzsicherheiten im Sinne des § 1 Abs. 17 KWG aus dem Anwendungsbereich von § 166 Abs. 1 und 2 InsO heraus, so dass für diese kein Verwertungsrecht des Insolvenzverwalters besteht. Mangels näheren Besitzes des Insolvenzverwalters scheidet jedoch sein Verwertungsrecht ohnehin aus, sodass die Regelung des § 166 Abs. 3 InsO im Ganzen lediglich als eine gesetzgeberische Klarstellung anzusehen ist.

6. Die in den §§ 129 ff. InsO enthaltenen Anfechtungsvorschriften wurden dahingehend geändert, dass nunmehr die Bestellung von Margensicherheiten nach der Neuregelung des § 130 Abs. 1 Satz 2 InsO selbst bei Kenntnis des Sicherungsnehmers von der Zahlungsunfähigkeit oder vom Eröffnungsantrag nicht anfechtbar ist. Somit ist die Regelung des Art. 8 Abs. 3 der FinRi überschießend umgesetzt worden. Da in den meisten Fällen die Bereitstellung von Margensicherheiten eine inkongruente Deckung nach § 131 InsO darstellt, ist - unter Einbeziehung der Gesetzesbegründung - die Regelung des § 130 Abs. 1 Satz 2 InsO analog anzuwenden. Die Anfechtung der „gewöhnlichen" Bestellung von Finanzsicherheiten ist auch nach der Umsetzung der Finanzsicherheiten-Richtlinie gemäß §§ 130, 133 InsO möglich.

7. Nach Art. 5 FinRi ist sicherzustellen, dass bei vertraglicher Vereinbarung der Sicherungsnehmer schon vor dem Sicherungsfall über die Finanzsicherheit verfügen kann. Auch wenn eine ausdrückliche gesetzliche Regelung hierzu nicht erfolgte, so ist dennoch dieses „right of use" im deutschen Recht durch die Geltung des irregulären Pfandrechts anerkannt. Nach den Anmerkungen des Gesetzgebers gilt das irreguläre Pfandrecht somit auch für Finanzsicherheiten.

8. Die im Rahmen der Wertpapierpensions- und Wertpapierdarlehensgeschäfte zur Sicherheit eingesetzte Vollrechtsübertragung von Wertpapieren ist im deutschen Recht durch die Sicherungsübereignung bzw. durch eine Übereignung nach §§ 929 ff. BGB anerkannt. Die Vollrechtsübertragung als Sicherheit ist damit im deutschen Recht unproblematisch möglich.

9. Mit der Einführung von § 1259 BGB hat der deutsche Gesetzgeber die von Art. 4 Abs. 1 und Abs. 4 FinRi verlangten Maßnahmen, d.h. die Verwertung durch Aneignung oder durch freihändigen Verkauf von verpfändeten Finanzinstrumenten, wie gefordert umgesetzt. Der Sicherungsnehmer hat hinsichtlich der Verwertungsart ein Wahlrecht. Da nach § 1259 BGB ein weiter Unternehmerbegriff gilt, welcher alle Unternehmer im Sinne des § 14 BGB erfasst, wurde die Finanzsicherheiten-Richtlinie auch unter diesem Aspekt überschießend umgesetzt.

10. Die das anwendbare Recht bestimmende Regelung des Art. 9 FinRi ist in dahingehend ungenau, wonach sich das maßgebliche Konto bestimmt. Durch Auslegung von Art. 9 i.V.m. Art. 2 Abs. 1 h) FinRi ist immer das Konto bei demjenigen Zwischenverwahrer das maßgebliche, der unmittelbar zu Gunsten des Sicherungsnehmers bucht. Entscheidend ist daher die jeweilige Geschäftsstelle bzw. Niederlassung des Zwischenverwahrers, welche die unmittelbare Buchung zu Gunsten des Sicherungsnehmers vornimmt. Zudem sind auch Sicherheiten in Form von Gutschriften in Wertpapierrechnung unter Art. 9 FinRi zu fassen.

11. Nach § 17a DepotG ist fortan lediglich ein Nachweis dieser Buchung bzw. Eintragung erforderlich, so dass der Begriff der „rechtsbegründenden Buchung“ irreführend und wegen richtlinienkonformer Auslegung nicht zutreffend ist. Als maßgebliches Konto ist fortan nicht mehr die Depotbank des Verfügungsempfängers entscheidend, vielmehr findet das Recht des Staates Anwendung, in dem die das wirtschaftliche Vollrecht zu Gunsten des Verfügungsempfängers dokumentierende Buchung bzw. Eintragung stattfindet.

12. Eine Begrenzung des Anwendungsbereiches des § 17a DepotG auf „Verfügungen über Wertpapiere und Sammelbestandanteile“ ist nicht mit der Richtlinie vereinbar. Nunmehr müssen auch Verfügungen über Gutschriften in Wertpapierrechnung, soweit diese als Finanzsicherheiten eingesetzt werden, in den Anwendungsbereich mit einbezogen werden.

Anhang: Text der Finanzsicherheiten-Richtlinie

Richtlinie 2002/47/EG des Europäischen Parlaments und des Rates

vom 6. Juni 2002

über Finanzsicherheiten

DAS EUROPÄISCHE PARLAMENT UND DER RAT DER EUROPÄISCHEN UNION -

gestützt auf den Vertrag zur Gründung der Europäischen Gemeinschaft, insbesondere auf Artikel 95,

auf Vorschlag der Kommission(1),

nach Stellungnahme der Europäischen Zentralbank(2),

nach Stellungnahme des Wirtschafts- und Sozialausschusses(3),

gemäß dem Verfahren des Artikels 251 EG-Vertrag(4),

in Erwägung nachstehender Gründe:

(1) Die Richtlinie 98/26/EG des Europäischen Parlaments und des Rates vom 19. Mai 1998 über die Wirksamkeit von Abrechnungen in Zahlungs- sowie Wertpapierliefer- und -abrechnungssystemen(5) stellte einen entscheidenden Schritt zur Schaffung eines soliden rechtlichen Rahmens für Zahlungs- und Wertpapierabrechnungssysteme dar. Die Umsetzung dieser Richtlinie hat gezeigt, dass das bei derartigen Systemen durch unterschiedliche Rechtsordnungen bedingte Risiko begrenzt werden muss und gemeinsame Regeln für die zugunsten solcher Systeme bestellten Sicherheiten von Nutzen sind.

(2) In ihrer Mitteilung vom 11. Mai 1999 an das Europäische Parlament und den Rat über Finanzdienstleistungen "Umsetzung des Finanzmarktrahmens: Aktionsplan" hat sich die Kommission nach Anhörung von Marktsachverständigen und nationalen Behörden dazu verpflichtet, weitere Vorschläge für Legislativmaßnahmen zum Thema Sicherheiten auszuarbeiten, um über die Richtlinie 98/26/EG hinausgehende Fortschritte zu erzielen.

(3) Es sollte eine gemeinschaftsweite Regelung für die Bereitstellung von Wertpapieren und Barguthaben als Sicherheit in Form eines beschränkten dinglichen Sicherungsrechts oder im Wege der Vollrechtsübertragung, einschließlich Wertpapierpensionsgeschäften (Repos), geschaffen werden. Dies wird zu einer weiteren Integration und höheren Kos-

tenwirksamkeit des Finanzmarkts sowie zur Stabilität des Finanzsystems in der Gemeinschaft beitragen und dadurch den freien Dienstleistungs- und Kapitalverkehr im Finanzbinnenmarkt fördern. Im Zentrum dieser Richtlinie stehen zweiseitige Vereinbarungen über die Bestellung von Finanzsicherheiten.

(4) Diese Richtlinie wird in einem europäischen Rechtsrahmen angenommen, der neben der Richtlinie 98/26/EG insbesondere aus der Richtlinie 2001/24/EG des Europäischen Parlaments und des Rates vom 4. April 2001 über die Sanierung und Liquidation von Kreditinstituten(6), der Richtlinie 2001/17/EG des Europäischen Parlaments und des Rates vom 19. März 2001 über die Sanierung und Liquidation von Versicherungsunternehmen(7) und der Verordnung (EG) Nr. 1346/2000 des Rates vom 29. Mai 2000 über Insolvenzverfahren(8) besteht. Diese Richtlinie passt sich in die generelle Ausrichtung dieser bestehenden Rechtsakte ein und legt nichts Gegenteiliges fest. Vielmehr ergänzt sie die bestehenden Rechtsakte, indem sie weitere Bereiche regelt und in Bezug auf bestimmte, durch diese Rechtsakte bereits geregelte Aspekte eine Erweiterung vornimmt.

(5) Um die Rechtssicherheit im Bereich der Finanzsicherheiten zu erhöhen, sollten die Mitgliedstaaten dafür sorgen, dass Finanzsicherheiten von bestimmten Vorschriften ihres Insolvenzrechts ausgenommen sind, und zwar insbesondere von solchen Vorschriften, die der effektiven Verwertung einer Sicherheit im Wege stehen oder derzeit praktizierte Verfahren, wie die bilaterale Aufrechnung infolge Beendigung ("close out netting"), die Bereitstellung zusätzlicher Sicherheiten oder die Ersetzung bestehender Sicherheiten in Frage stellen würden.

(6) Diese Richtlinie behandelt nicht die Rechte an als Finanzsicherheit gestellten Vermögensgegenständen, die außerhalb einer Sicherungsvereinbarung oder außerhalb der Rechtsvorschriften über die Einleitung oder Fortsetzung eines Liquidationsverfahrens oder von Sanierungsmaßnahmen erwachsen, wie beispielsweise Ansprüche auf Rückgabe wegen Irrtums, Versehens oder fehlender Geschäftsfähigkeit.

(7) Der Grundsatz der Richtlinie 98/26/EG, wonach für Sicherheiten in Form von im Effektengiro übertragbaren Wertpapieren das Recht des Landes gilt, in dem sich das maßgebliche Register, Konto oder zentrale Verwahrsystem befindet, sollte ausgedehnt werden, um die notwendige Rechtssicherheit für derartige grenzüberschreitend gehaltene Wertpapiere und ihre Verwendung als Sicherheit im Sinne dieser Richtlinie zu schaffen.

(8) Die Regel des "Rechts der belegenen Sache" (lex rei sitae), der zufolge die Wirksamkeit einer Finanzsicherheit gegenüber Dritten sich nach dem Recht des Landes bestimmt, in dem die Sicherheit belegen ist, wird derzeit von allen Mitgliedstaaten anerkannt. Ungeachtet dessen, dass diese Richtlinie auf unmittelbar gehaltene Wertpapiere

Anwendung findet, sollte die Belegenheit von im Effektengiro übertragbaren Wertpapieren, die als Finanzsicherheit gestellt und über einen oder mehrere Intermediäre zwischenverwahrt werden, bestimmt werden. Hat der Sicherungsnehmer eine Sicherheit inne, die nach dem Recht des Landes, in dem sich das maßgebliche Konto befindet, wirksam ist, sollte auch für die Wirksamkeit der Sicherheit gegenüber konkurrierenden Eigentums- oder sonstigen dinglichen Rechten und für ihre Verwertung ausschließlich das Recht dieses Landes maßgebend sein, damit keine Rechtsunsicherheit infolge unvorhergesehener Rechtsvorschriften entsteht.

(9) Um den Verwaltungsaufwand der Parteien bei der Bestellung von Finanzsicherheiten im Sinne dieser Richtlinie möglichst gering zu halten, sollte nach einzelstaatlichem Recht für die Wirksamkeit der Sicherheit nur vorgeschrieben werden dürfen, dass die Finanzsicherheit dem Sicherungsnehmer oder seinem Vertreter geliefert oder im Wege des Effektengiros gutgeschrieben wird oder ihnen auf sonstige Weise der Besitz daran oder die Kontrolle darüber verschafft wird, sofern sie den Besitz oder die Kontrolle nicht bereits innehatten; Sicherungstechniken, bei denen der Sicherungsgeber Sicherheiten ersetzen oder überschüssige Sicherheiten zurücknehmen darf, werden hierdurch nicht ausgeschlossen.

(10) Aus denselben Gründen sollte die Bestellung und die Wirksamkeit einer Finanzsicherheit, die prozessuale Beweisführung bei einer Finanzsicherheit oder die Besitzverschaffung an einer Finanzsicherheit nicht von der Erfuellung etwaiger Formerfordernisse abhängig gemacht werden; derartige Erfordernisse sind etwa die Ausfertigung von Dokumenten in einer bestimmten Form oder auf bestimmte Art und Weise, die Einreichung von Unterlagen bei einer amtlichen oder öffentlichen Stelle oder die Eintragung in ein öffentliches Register, die Bekanntmachung in einer Zeitung oder einem Anzeigenblatt oder einem amtlichen Register oder Publikationsorgan oder in jeder anderen Form, die Mitteilung an eine Amtsperson oder der Nachweis des Datums der Ausfertigung eines Dokuments oder einer Urkunde, des Betrags der besicherten Verbindlichkeiten oder sonstiger Angaben in einer bestimmten Form. Allerdings muss diese Richtlinie ein Gleichgewicht zwischen wirtschaftlichen Erwägungen einerseits und der Sicherheit der vertragsschließenden Parteien und etwaiger Dritter wahren, um unter anderem der Gefahr von Betrug zu begegnen. Dieses Gleichgewicht sollte dadurch erreicht werden, dass diese Richtlinie nur für besitzgebundene Finanzsicherheiten gilt, bei denen die Besitzverschaffung schriftlich oder auf einem anderen dauerhaften Träger nachgewiesen werden kann, wodurch das betreffende Sicherungsgeschäft äußerlich nachvollziehbar bleibt. Rechtshandlungen, die nach dem Recht eines Mitgliedstaats für die wirksame Übereignung oder Bestellung eines Sicherungsrechts an anderen Finanzinstrumenten (als im Effektengiro übertragbaren Wertpapieren) erforderlich sind, wie beispielsweise das Indossament bei Orderpapieren oder der Eintrag im Emittentenregister im Falle von Namenspapieren, sollten nicht als Formerfordernisse im Sinne dieser Richtlinie gelten.

(11) Ferner sollte diese Richtlinie nur Finanzsicherheiten schützen, deren Bestellung nachgewiesen werden kann. Dieser Nachweis kann schriftlich oder auf jede andere rechtswirksame Weise erfolgen, die nach dem für die Sicherungsvereinbarung maßgeblichen Recht vorgesehen ist.

(12) Die einfachere Verwendung von Finanzsicherheiten aufgrund des geringeren Verwaltungsaufwands erhöht auch die Effizienz der für die Umsetzung der gemeinsamen Geldpolitik notwendigen grenzüberschreitenden Transaktionen der Europäischen Zentralbank und der Zentralbanken der an der Wirtschafts- und Währungsunion teilnehmenden Mitgliedstaaten. Darüber hinaus bringt die Tatsache, dass Finanzsicherheiten in begrenztem Umfang von bestimmten Vorschriften des Insolvenzrechts ausgenommen sind, eine weiter gehende Funktion der gemeinsamen Geldpolitik zum Tragen, nämlich den Marktteilnehmern zu ermöglichen, die am Markt vorhandene Gesamtliquidität durch grenzüberschreitende, sicherheitsunterlegte Transaktionen ins Gleichgewicht zu bringen.

(13) Durch diese Richtlinie soll die Wirksamkeit der Bestellung einer Finanzsicherheit in Form der Vollrechtsübertragung geschützt werden, beispielsweise dadurch, dass die "Umdeutung" (recharacterisation) eines solchen Sicherungsgeschäfts (einschließlich Wertpapierpensionsgeschäften) in ein beschränktes dingliches Sicherungsrecht ausgeschlossen wird.

(14) Die bilaterale Aufrechnung infolge Beendigung ("close out netting") sollte rechtlich abgesichert werden, und zwar nicht nur als Mechanismus zur Verwertung von Finanzsicherheiten in Form der Vollrechtsübertragung (einschließlich Wertpapierpensionsgeschäften), sondern darüber hinaus auch in Fällen, in denen sie Bestandteil der Sicherungsvereinbarung ist. Auf dem Finanzmarkt gängige, bewährte Risikomanagementpraktiken sollten geschützt werden, indem den Marktteilnehmern die Möglichkeit gegeben wird, ihre aus Finanztransaktionen jeder Art erwachsenden Kreditrisiken auf Nettobasis zu verwalten und zu verringern. Das Kreditrisiko wird dabei durch die Zusammenfassung der geschätzten Risiken aus allen ausstehenden Transaktionen mit einer Gegenpartei ermittelt, wobei die gegenseitigen Forderungs- und Verbindlichkeitenposten miteinander verrechnet werden und der hieraus resultierende Nettosaldo mit dem Marktwert der Finanzsicherheit verglichen wird.

(15) Diese Richtlinie sollte nicht die Voraussetzungen für eine wirksame Aufrechnung oder Verrechnung gemäß einzelstaatlichem Recht berühren, wie beispielsweise die Gegenseitigkeit der Forderungen und Verbindlichkeiten oder ihre Entstehung, bevor der Sicherungsnehmer von der Einleitung eines Liquidationsverfahrens oder von Sanierungsmaßnahmen gegenüber dem Sicherungsgeber (oder von dem vorgeschriebenen Rechtsakt, der die Einleitung solcher Verfahren zur Folge hat) Kenntnis hatte oder hätte haben müssen.

(16) Die bewährte und von den Aufsichtsbehörden geförderte Praxis der Marktteilnehmer, zum Zwecke des Risikomanagements und zur Begrenzung der gegenseitigen Kreditrisiken den Marktwert von Kreditrisiko und Finanzsicherheit zu ermitteln und ausgehend davon entweder eine Aufstockung der Sicherheit zu verlangen oder überschüssige Sicherheiten zurückzugeben, sollte von bestimmten automatischen Anfechtungs- oder Nichtigkeitsregeln ausgenommen sein. Dies gilt auch für die Möglichkeit, die als Sicherheit gestellten Vermögensgegenstände durch andere, gleichwertige Vermögensgegenstände zu ersetzen. Dadurch soll lediglich verhindert werden, dass die Bestellung von zusätzlichen oder von Ersatzsicherheiten allein deswegen nichtig oder anfechtbar sein kann, weil die maßgeblichen Verbindlichkeiten bestanden, bevor die Finanzsicherheit gestellt wurde, oder weil die Finanzsicherheit während eines gesetzlich bestimmten Zeitraums verschafft wurde. Dies greift jedoch nicht der Möglichkeit vor, die Bestellung einschließlich der Besitzverschaffung an der ursprünglichen, einer zusätzlichen oder einer Ersatz-Finanzsicherheit nach einzelstaatlichem Recht anzufechten, beispielsweise weil hierdurch andere Gläubiger vorsätzlich geschädigt worden sind (darunter fallen z.B. Anfechtungen wegen betrügerischer Handlungen oder ähnliche Anfechtungsregeln, die während eines gesetzlich bestimmten Zeitraums gelten).

(17) Diese Richtlinie sieht rasche und unbürokratische Verwertungsverfahren vor, um die finanzielle Stabilität zu sichern und Dominoeffekte im Falle einer Vertragsverletzung durch eine der Parteien der Sicherungsvereinbarung zu begrenzen. Allerdings schafft die Richtlinie einen Ausgleich mit den Interessen des Sicherungsgebers und Dritter, indem sie ausdrücklich vorsieht, dass ein Mitgliedstaat einzelstaatliche Vorschriften über eine nachträgliche gerichtliche Kontrolle der Ver- oder Bewertung von Finanzsicherheiten und der Ermittlung der Höhe der maßgeblichen Verbindlichkeiten beibehalten oder erlassen kann. Eine solche Kontrolle sollte es den Gerichten ermöglichen zu überprüfen, ob die Ver- oder Bewertung nach wirtschaftlichen Gesichtspunkten vorgenommen wurde.

(18) Barsicherheiten sollten sowohl im Wege der Vollrechtsübertragung als auch in Form eines beschränkten dinglichen Sicherungsrechts bestellt werden können, wobei im ersten Fall die Auf- oder Verrechnung (netting) und im zweiten Fall die Verpfändung der Barsicherheit rechtlich anerkannt und geschützt werden sollten. Barsicherheit in diesem Sinne ist nur ein auf einem Konto gutgeschriebener Betrag oder eine vergleichbare Geldforderung (beispielsweise Geldmarkt-Sichteinlagen), wodurch Bargeld ausdrücklich ausgeschlossen wird.

(19) Diese Richtlinie sieht ein Verfügungsrecht über Finanzsicherheiten in Form eines beschränkten dinglichen Sicherungsrechts vor, das die Liquidität an den Finanzmärkten erhöhen wird, weil die "verpfändeten" Wertpapiere auf diese Weise weiter verwendet werden können. Diese mögliche Weiterverwendung sollte jedoch einzelstaatliche

Rechtsvorschriften über die Trennung der Vermögensgegenstände sowie zur Verhinderung gläubigerschädigender Handlungen unberührt lassen.

(20) Diese Richtlinie berührt nicht die Wirksamkeit der vertraglichen Bedingungen der als Sicherheit gestellten Finanzinstrumente wie die aus den Emissionsbedingungen resultierenden sowie alle übrigen Rechte, Verpflichtungen und sonstigen Bedingungen, die im Verhältnis zwischen den Emittenten und den Besitzern dieser Instrumente gelten.

(21) Diese Richtlinie steht im Einklang mit den Grundrechten und insbesondere den in der Charta der Grundrechte der Europäischen Union festgelegten Grundsätzen.

(22) Da das Ziel der in Betracht gezogenen Maßnahmen, nämlich eine Mindestregelung für die Verwendung von Finanzsicherheiten zu schaffen, auf Ebene der Mitgliedstaaten nicht ausreichend erreicht werden kann und daher wegen des Umfangs und der Wirkungen der vorgeschlagenen Maßnahmen besser auf Gemeinschaftsebene zu erreichen ist, kann die Gemeinschaft in Einklang mit dem in Artikel 5 des Vertrags niedergelegten Subsidiaritätsgrundsatz tätig werden. Entsprechend dem Verhältnismäßigkeitsgrundsatz nach demselben Artikel geht diese Richtlinie nicht über das zur Erreichung dieses Ziels erforderliche Maß hinaus -

HABEN FOLGENDE RICHTLINIE ERLASSEN:

Artikel 1

Gegenstand

(1) Diese Richtlinie legt eine Gemeinschaftsregelung für die Finanzsicherheiten fest, die den Anforderungen der Absätze 2 und 5 genügen bzw. gemäß den Absätzen 4 und 5 bestellt wurden.

(2) Sowohl der Sicherungsnehmer als auch der Sicherungsgeber muss einer der folgenden Kategorien angehören:

a) öffentlich-rechtliche Körperschaften, mit Ausnahme von Unternehmen, die mit einer öffentlichen Garantie ausgestattet sind, sofern sie nicht durch die Buchstaben b) bis e) erfasst werden, einschließlich

i) der öffentlichen Stellen der Mitgliedstaaten, die für die Verwaltung der Schulden der öffentlichen Hand zuständig sind oder daran mitwirken, und

ii) der öffentlichen Stellen der Mitgliedstaaten, die berechtigt sind, Konten für Kunden zu führen,

b) Zentralbanken, die Europäische Zentralbank, die Bank für Internationalen Zahlungsausgleich, multilaterale Entwicklungsbanken im Sinne von Artikel 1 Nummer 19 der Richtlinie 2000/12/EG des Europäischen Parlaments und des Rates vom 20. März 2000 über die Aufnahme und Ausübung der Tätigkeit der Kreditinstitute(9), der Internationale Währungsfonds und die Europäische Investitionsbank,

c) beaufsichtigte Finanzinstitute, einschließlich der

i) Kreditinstitute im Sinne von Artikel 1 Nummer 1 der Richtlinie 2000/12/EG einschließlich der in Artikel 2 Absatz 3 der Richtlinie 2000/12/EG bezeichneten Institute,

ii) Wertpapierfirmen im Sinne von Artikel 1 Nummer 2 der Richtlinie 93/22/EWG des Rates vom 10. Mai 1993 über Wertpapierdienstleistungen(10),

iii) Finanzinstitute im Sinne von Artikel 1 Nummer 5 der Richtlinie 2000/12/EG,

iv) Versicherungsunternehmen im Sinne von Artikel 1 Buchstabe a) der Richtlinie 92/49/EWG des Rates vom 18. Juni 1992 zur Koordinierung der Rechts- und Verwaltungsvorschriften für die Direktversicherung (mit Ausnahme der Lebensversicherung)(11) und Lebensversicherungsunternehmen im Sinne von Artikel 1 Buchstabe a) der Richtlinie 92/96/EWG des Rates vom 10. November 1992 zur Koordinierung der Rechts- und Verwaltungsvorschriften für die Direktversicherung (Lebensversicherung)(12),

v) Organismen für gemeinsame Anlagen in Wertpapieren (OGAW) im Sinne von Artikel 1 Absatz 2 der Richtlinie 85/611/EWG des Rates vom 20. Dezember 1985 zur Koordinierung der Rechts- und Verwaltungsvorschriften betreffend bestimmte Organismen für gemeinsame Anlagen in Wertpapieren (OGAW)(13),

vi) Verwaltungsgesellschaften im Sinne von Artikel 1a Absatz 2 der Richtlinie 85/611/EWG,

d) zentrale Vertragsparteien, Verrechnungsstellen und Clearingstellen im Sinne von Artikel 2 Buchstabe c) bzw. Buchstabe d) bzw. Buchstabe e) der Richtlinie 98/26/EG und vergleichbare Einrichtungen, die einer Aufsicht nach dem Recht eines Mitgliedstaats unterliegen und für Terminkontrakt-, Options- und Derivatemärkte fungieren, soweit sie nicht bereits von der genannten Richtlinie erfasst werden sowie juristische Personen, die als Treuhänder oder Vertreter für eine oder mehrere Personen tätig sind, insbesondere für Anleihegläubiger oder Inhaber sonstiger verbriefter Forderungen oder für eine Einrichtung im Sinne der Buchstaben a) bis d),

e) andere als natürliche Personen sowie Einzelkaufleute und Personengesellschaften, sofern die andere Vertragspartei eine Einrichtung im Sinne der Buchstaben a) bis d) ist.

(3) Die Mitgliedstaaten können Finanzsicherheiten aus dem Anwendungsbereich dieser Richtlinie ausnehmen, wenn eine der Vertragsparteien der Kategorie unter Absatz 2 Buchstabe e) angehört.

Wenn ein Mitgliedstaat von dieser Möglichkeit Gebrauch macht, teilt er dies der Kommission mit, welche die übrigen Mitgliedstaaten unterrichtet.

(4) a) Finanzsicherheiten sind eine Barsicherheit oder Finanzinstrumente.

b) Die Mitgliedstaaten können Finanzsicherheiten aus dem Anwendungsbereich dieser Richtlinie ausnehmen, wenn es sich dabei um eigene Anteile des Sicherungsgebers, Anteile an verbundenen Unternehmen im Sinne der Richtlinie 83/349/EWG vom 13. Juni 1983 über den konsolidierten Abschluss(14) oder Anteile an Unternehmen handelt, die ausschließlich dazu dienen, das Eigentum an zentralen Produktionsmitteln für den Geschäftsbetrieb des Sicherungsgebers oder an Immobilien innezuhaben.

(5) Diese Richtlinie gilt für besitzgebundene Finanzsicherheiten, bei denen die Besitzverschaffung schriftlich nachgewiesen werden kann.

Der Nachweis der Besitzverschaffung muss die Identifizierung der betreffenden Finanzsicherheit ermöglichen. Hierfür gilt u. a. als ausreichend, wenn im Effektengiro übertragbare Wertpapiere dem maßgeblichen Konto gutgeschrieben wurden oder ein entsprechendes Guthaben in solchen Wertpapieren besteht oder wenn die Barsicherheit einem bezeichneten Konto gutgeschrieben wurde oder ein entsprechendes Barguthaben besteht.

Diese Richtlinie gilt für Finanzsicherheiten, deren Bestellung schriftlich oder in rechtlich gleichwertiger Form nachgewiesen werden kann.

Artikel 2

Begriffsbestimmungen

(1) Für die Zwecke dieser Richtlinie gelten folgende Begriffsbestimmungen:

a) "Finanzsicherheit" ist eine Sicherheit, die in Form der Vollrechtübertragung oder in Form eines beschränkten dinglichen Sicherungsrechts bestellt wird; hierbei ist unerheblich, ob diese Geschäfte einem Rahmenvertrag oder allgemeinen Geschäftsbedingungen unterliegen oder nicht.

b) "Finanzsicherheit in Form der Vollrechtsübertragung" ist die vollständige Übereignung bzw. Zession eines Finanzaktivums zum Zwecke der Besicherung oder anderweitigen Deckung von Verbindlichkeiten; hierzu gehören auch Wertpapierpensionsgeschäfte.

c) "Finanzsicherheit in Form eines beschränkten dinglichen Rechts" ist ein Sicherungsrecht an einem Finanzaktivum, wobei das Eigentum an der Sicherheit zum Zeitpunkt der Bestellung vollständig beim Sicherungsgeber verbleibt.

d) "Barsicherheit" ist ein in beliebiger Währung auf einem Konto gutgeschriebener Betrag oder vergleichbare Geldforderungen, beispielsweise Geldmarkt-Sichteinlagen.

e) "Finanzinstrumente" sind Aktien und andere, diesen gleichzustellende Wertpapiere, Schuldverschreibungen und sonstige verbriefte und unverbriefte Schuldtitel, die auf dem Kapitalmarkt gehandelt werden können, und alle anderen üblicherweise gehandelten Titel, die zum Erwerb solcher Aktien, Schuldverschreibungen oder anderer Wertpapiere durch Zeichnung, Kauf oder Austausch berechtigen oder zu einer Barzahlung führen, mit Ausnahme von Zahlungsmitteln, einschließlich Anteilen an Organismen für gemeinsame Anlagen, Geldmarktinstrumenten sowie jegliche Rechte oder Ansprüche im Zusammenhang mit irgendeinem der vorgenannten Aktiva.

f) "Maßgebliche Verbindlichkeiten" sind Verbindlichkeiten, die durch Finanzsicherheiten besichert sind und ein Recht auf Barzahlung und/oder Lieferung von Finanzinstrumenten begründen.

Maßgebliche Verbindlichkeiten können ganz oder teilweise bestehen aus

i) gegenwärtigen oder künftigen, bedingten oder unbedingten, fälligen oder betagten Verbindlichkeiten (einschließlich solcher, die aus einem Rahmenvertrag oder einer ähnlichen Vereinbarung erwachsen),

ii) Verbindlichkeiten einer anderen Person als der des Sicherungsgebers gegenüber dem Sicherungsnehmer oder

iii) Verbindlichkeiten, die lediglich allgemein oder ihrer Art nach bestimmt oder bestimmbar sind und gelegentlich entstehen.

g) "Im Effektengiro übertragbare Wertpapiere" sind Finanzsicherheiten in Form von Finanzinstrumenten, bei denen die Eigentumsverhältnisse durch einen Registereintrag oder eine Buchung auf einem von einem Intermediär oder für den Intermediär selbst geführten Depotkonto nachgewiesen werden.

h) "Maßgebliches Konto" ist in Bezug auf im Effektengiro übertragbare Wertpapiere, die als Finanzsicherheit gestellt werden, das Register oder Depotkonto - das auch vom Sicherungsnehmer selbst geführt werden kann -, in dem der maßgebliche Eintrag bzw.

auf dem die maßgebliche Buchung erfolgt, aufgrund deren der Sicherungsnehmer die Sicherheit erlangt.

i) "Sicherheit derselben Art" ist

i) in Bezug auf Barsicherheiten die Zahlung eines Betrags in gleicher Höhe und gleicher Währung;

ii) in Bezug auf Finanzinstrumente ein anderes Finanzinstrument desselben Emittenten oder Schuldners, das Bestandteil derselben Emission oder Serie ist, auf den gleichen Nennwert und die gleiche Währung lautet und das gleiche Recht verbrieft; hierzu zählen, sofern vereinbart, auch Vermögenswerte, die infolge eines Ereignisses, das die als Finanzsicherheit gestellten Finanzinstrumente betrifft, an die Stelle des Finanzinstruments treten.

j) "Liquidationsverfahren" ist ein Gesamtverfahren, bei dem das Vermögen verwertet und der Erlös in angemessener Weise unter den Gläubigern, Anteilseignern oder Mitgliedern verteilt wird, wozu das Tätigwerden einer Behörde oder eines Gerichts erforderlich ist; dazu zählen auch Gesamtverfahren, die durch einen Vergleich oder eine ähnliche Maßnahme abgeschlossen werden; es ist unerheblich, ob das Verfahren infolge Zahlungsunfähigkeit eröffnet wird oder nicht oder ob es freiwillig oder zwangsweise eingeleitet wird.

k) "Sanierungsmaßnahmen" sind Maßnahmen, die das Tätigwerden einer Behörde oder eines Gerichts mit dem Ziel beinhalten, die finanzielle Lage zu sichern oder wieder herzustellen, und die die bestehenden Rechte Dritter beeinträchtigen; dazu zählen unter anderem auch Maßnahmen, die die Aussetzung der Zahlungen, die Aussetzung der Vollstreckungsmaßnahmen oder eine Kürzung der Forderungen beinhalten.

l) "Verwertungs- bzw. Beendigungsfall" ist eine Vertragsverletzung oder jedes Ereignis, das die Vertragsparteien kraft Vereinbarung einer Vertragsverletzung gleichstellen, bei deren/dessen Eintreten der Sicherungsnehmer vertraglich oder kraft Gesetzes zur Verwertung bzw. Aneignung der Finanzsicherheit bzw. zur Aufrechnung infolge Beendigung ("close out netting") berechtigt ist.

m) "Verfügungsrecht" ist das Recht des Inhabers eines beschränkten dinglichen Sicherungsrechts an einem Finanzaktivum, über dieses Aktivum vereinbarungsgemäß als Eigentümer zu verfügen.

n) "Aufrechnung infolge Beendigung" ("close out netting") ist eine vertragliche Bestimmung im Rahmen der Bestellung einer Finanzsicherheit bzw. einer Vereinbarung, die die Bestellung einer Finanzsicherheit umfasst, oder - sofern nichts vereinbart wurde - eine Rechtsvorschrift, wonach der Eintritt eines Verwertungs- bzw. Beendigungsfalls (im Wege der Verrechnung, Aufrechnung oder auf andere Weise) Folgendes nach sich zieht:

i) die entsprechenden Verpflichtungen werden entweder sofort fällig und in eine Zahlungsverpflichtung in Höhe ihres geschätzten aktuellen Werts umgewandelt oder beendigt und durch einen entsprechenden Zahlungsanspruch ersetzt und/oder

ii) der Wert der beiderseits fälligen finanziellen Verpflichtungen wird ermittelt, wobei die Partei mit den höheren Verbindlichkeiten den errechneten Nettosaldo an die andere Partei zu zahlen hat.

(2) "Bestellung" bzw. "bestellt" im Sinne dieser Richtlinie bedeutet, dass dem Sicherungsnehmer oder seinem Vertreter eine Finanzsicherheit geliefert oder im Wege des Effektengiros gutgeschrieben wurde oder ihnen auf sonstige Weise der Besitz oder die Kontrolle daran verschafft wurde, sofern er den Besitz oder die Kontrolle nicht bereits innehatte. Der Besitzverschaffung gemäß dieser Richtlinie steht nicht entgegen, dass der Sicherungsgeber Anspruch auf Rückgewähr bestellter Sicherheiten im Austausch gegen andere Sicherheiten oder auf Rückgewähr überschüssiger Sicherheiten hat.

(3) "Schriftlich" im Sinne dieser Richtlinie bezeichnet auch die elektronische Aufzeichnung sowie jede andere Art der Aufzeichnung mittels eines dauerhaften Datenträgers.

Artikel 3

Formerfordernisse

(1) Die Mitgliedstaaten verlangen nicht, dass die Bestellung und die Wirksamkeit einer Finanzsicherheit sowie die prozessuale Beweisführung bei einer Finanzsicherheit oder die Besitzverschaffung an einer Finanzsicherheit von der Erfuellung von Formerfordernissen abhängen.

(2) Absatz 1 hindert nicht, dass diese Richtlinie für besitzgebundene Finanzsicherheiten gilt, bei denen die Besitzverschaffung schriftlich nachgewiesen werden kann, und sofern die Bestellung der Finanzsicherheit schriftlich oder in rechtlich gleichwertiger Form nachgewiesen werden kann.

Artikel 4

Verwertung der Sicherheit

(1) Die Mitgliedstaaten stellen sicher, dass im Verwertungs- bzw. Beendigungsfall der Sicherungsnehmer jede in Form eines beschränkten dinglichen Sicherungsrechts bestellrtgiete Finanzsicherheit vereinbarungsgemäß wie folgt verwerten kann:

a) bei Finanzinstrumenten durch Verkauf oder Aneignung und anschließende Verrechnung ihres Werts mit den maßgeblichen Verbindlichkeiten oder Verwendung an Zahlungs statt;

b) bei Barsicherheiten durch Aufrechnung des Betrags gegen die maßgeblichen Verbindlichkeiten oder durch Verwendung an Zahlungs statt.

(2) Eine Aneignung ist nur möglich, wenn

a) die Parteien dies bei der Bestellung des Sicherungsrechts vereinbart haben und

b) die Sicherungsvereinbarung eine Bewertung der Finanzinstrumente ermöglicht.

(3) Mitgliedstaaten, die am 27. Juni 2002 eine Aneignung nicht zulassen, sind nicht verpflichtet, die Aneignung anzuerkennen.

Wenn ein Mitgliedstaat von dieser Möglichkeit Gebrauch macht, teilt er dies der Kommission mit, welche ihrerseits die übrigen Mitgliedstaaten unterrichtet.

(4) Finanzsicherheiten können vorbehaltlich der Bedingungen der Sicherheitsvereinbarung in der vorgenannten Weise verwertet werden, ohne dass

a) eine Verwertungsandrohung erforderlich ist;

b) ein Gericht, ein Beauftragter einer öffentlichen Stelle oder eine andere Person den Verwertungsbedingungen zugestimmt haben muss;

c) die Verwertung mittels einer Auktion oder auf eine andere vorgeschriebene Art und Weise stattfinden muss oder

d) eine zusätzliche Wartefrist verstrichen sein muss.

(5) Die Mitgliedstaaten stellen sicher, dass eine Finanzsicherheit vereinbarungsgemäß wirksam werden kann, auch wenn gegenüber dem Sicherungsgeber oder -nehmer ein Liquidationsverfahren eröffnet wurde oder Sanierungsmaßnahmen eingeleitet wurden oder das Verfahren bzw. die Maßnahmen andauern.

(6) Etwaige Verpflichtungen nach einzelstaatlichem Recht, die Ver- oder Bewertung von Finanzsicherheiten und die Ermittlung der Höhe der maßgeblichen Verbindlichkeiten nach wirtschaftlichen Gesichtspunkten vorzunehmen, werden von diesem Artikel und den Artikeln 5, 6 und 7 nicht berührt.

Artikel 5

Verfügungsrecht über Finanzsicherheiten in Form eines beschränkten dinglichen Sicherungsrechts

(1) Die Mitgliedstaaten stellen sicher, dass der Sicherungsnehmer, soweit bei der Bestellung der Finanzsicherheit vorgesehen, ein Verfügungsrecht über Finanzsicherheiten in Form eines beschränkten dinglichen Sicherungsrechts ausüben kann.

(2) Übt ein Sicherungsnehmer ein Verfügungsrecht aus, geht er damit die Verpflichtung ein, eine Sicherheit derselben Art zu beschaffen, die spätestens zum Fälligkeitstermin der maßgeblichen Verbindlichkeiten an die Stelle der ursprünglichen Sicherheit tritt.

Wahlweise kann der Sicherungsnehmer zum Fälligkeitstermin der maßgeblichen Verbindlichkeiten entweder Sicherheiten derselben Art rückübereignen oder, soweit in der Sicherungsvereinbarung vorgesehen, den Wert der Sicherheiten derselben Art gegen die maßgeblichen Verbindlichkeiten aufrechnen oder die Sicherheiten an Zahlungs statt verwenden.

(3) Die in Erfuellung der Verpflichtung gemäß Absatz 2 Unterabsatz 1 beschaffte Sicherheit derselben Art ist Gegenstand derselben Vereinbarung über die Bestellung einer Finanzsicherheit in Form eines beschränkten dinglichen Rechts wie die ursprüngliche Sicherheit und wird so behandelt, als wäre sie zum selben Zeitpunkt wie diese bestellt worden.

(4) Die Mitgliedstaaten stellen sicher, dass die vereinbarungsgemäßen Rechte des Sicherungsnehmers in Bezug auf die von ihm in Erfuellung der Verpflichtung gemäß Absatz 2 Unterabsatz 1 beschaffte Finanzsicherheit nicht dadurch unwirksam oder nichtig werden, dass er gemäß diesem Artikel über die Finanzsicherheit verfügt.

(5) Tritt ein Verwertungs- bzw. Beendigungsfall ein, bevor eine in Absatz 2 Unterabsatz 1 beschriebene Verpflichtung erfüllt wurde, so kann diese Verpflichtung in die Aufrechnung infolge Beendigung einbezogen werden.

Artikel 6

Anerkennung von Finanzsicherheiten in Form der Vollrechtsübertragung

(1) Die Mitgliedstaaten stellen sicher, dass eine Finanzsicherheit in Form der Vollrechtsübertragung vereinbarungsgemäß wirksam werden kann.

(2) Tritt ein Verwertungs- bzw. Beendigungsfall ein, bevor der Sicherungsnehmer seine Verpflichtung zur Rückübereignung einer Sicherheit derselben Art gemäß einer Vereinbarung über die Bestellung einer Finanzsicherheit in Form der Vollrechtsübertragung

erfüllt hat, kann diese Verpflichtung in die Aufrechnung infolge Beendigung einbezogen werden.

Artikel 7

Anerkennung der Aufrechnung infolge Beendigung

(1) Die Mitgliedstaaten stellen sicher, dass die Aufrechnung infolge Beendigung vereinbarungsgemäß wirksam werden kann,

a) auch wenn gegenüber dem Sicherungsgeber oder -nehmer ein Liquidationsverfahren eröffnet wurde oder Sanierungsmaßnahmen eingeleitet wurden oder das Verfahren bzw. die Maßnahmen andauern, und/oder

b) ungeachtet behaupteter Zessionen, gerichtlicher oder sonstiger Pfändungen oder anderweitiger Verfügungen über jene Rechte.

(2) Die Mitgliedstaaten stellen sicher, dass die Erfordernisse gemäß Artikel 4 Absatz 4 für die Aufrechnung infolge Beendigung nicht gelten, sofern die Parteien nicht etwas anderes vereinbaren.

Artikel 8

Nichtanwendung bestimmter Insolvenzbestimmungen

(1) Die Mitgliedstaaten stellen sicher, dass die Bestellung einer Finanzsicherheit sowie die Besitzverschaffung daran nicht allein deshalb für unwirksam oder nichtig erklärt oder rückgängig gemacht werden dürfen, weil die Bestellung oder die Besitzverschaffung

a) am Tag der Eröffnung eines Liquidationsverfahrens oder der Einleitung von Sanierungsmaßnahmen, jedoch vor Erlass des hierfür erforderlichen Gerichtsbeschlusses oder Verwaltungsakts, oder

b) innerhalb eines bestimmten Zeitraums vor der Eröffnung eines Liquidationsverfahrens oder der Einleitung von Sanierungsmaßnahmen oder vor dem Erlass eines Gerichtsbeschlusses oder Verwaltungsakts oder vor sonstigen Maßnahmen oder Ereignissen im Laufe derartiger Verfahren bzw. Maßnahmen erfolgte.

(2) Die Mitgliedstaaten stellen sicher, dass die Bestellung einer Finanzsicherheit oder die Besicherung einer Verbindlichkeit oder die Besitzverschaffung an einer Finanzsicherheit, die am Tag der Eröffnung, jedoch nach der Eröffnung eines Liquidationsverfahrens oder der Einleitung von Sanierungsmaßnahmen erfolgt, rechtlich verbindlich und

absolut wirksam ist, wenn der Sicherungsnehmer nachweisen kann, dass er von der Eröffnung des Verfahrens bzw. der Einleitung der Maßnahmen keine Kenntnis hatte und auch nicht haben konnte.

(3) Enthält die Sicherungsvereinbarung entweder

a) die Verpflichtung, eine Finanzsicherheit bzw. eine zusätzliche Finanzsicherheit zu bestellen, um Änderungen im Wert der Finanzsicherheit oder im Betrag der maßgeblichen Verbindlichkeit Rechnung zu tragen, oder

b) das Recht, eine Finanzsicherheit zurückzuverlangen, wenn dafür als Ersatz oder im Austausch eine Finanzsicherheit gleichen Werts bestellt wird,

so stellen die Mitgliedstaaten sicher, dass die Bestellung einer Finanzsicherheit, einer zusätzlichen Finanzsicherheit oder einer Finanzsicherheit als Ersatz oder im Austausch gemäß einer solchen Verpflichtung bzw. einem solchen Recht nicht allein deswegen als unwirksam angesehen oder rückgängig gemacht oder für nichtig erklärt werden kann, weil

i) sie am Tag der Eröffnung eines Liquidationsverfahrens oder der Einleitung von Sanierungsmaßnahmen, jedoch vor dem Erlass des hierfür erforderlichen Gerichtsbeschlusses oder Verwaltungsakts oder innerhalb eines bestimmten Zeitraums vor der Eröffnung eines Liquidationsverfahrens oder der Einleitung von Sanierungsmaßnahmen oder vor dem Erlass eines Gerichtsbeschlusses oder Verwaltungsakts oder vor sonstigen Maßnahmen oder Ereignissen im Laufe derartiger Verfahren bzw. Maßnahmen erfolgte oder

ii) die maßgebliche Verbindlichkeit vor der Bestellung der Finanzsicherheit, der zusätzlichen Finanzsicherheit oder der Ersatz- bzw. Austauschsicherheit entstanden ist.

(4) Unbeschadet der Absätze 1 bis 3 berührt diese Richtlinie nicht die allgemeinen einzelstaatlichen Insolvenzvorschriften in Bezug auf die Anfechtbarkeit oder Nichtigkeit von Geschäften, die während des in Absatz 1 Buchstabe b) und Absatz 3 Ziffer i) genannten Zeitraums getätigt werden.

Artikel 9

Internationales Privatrecht

(1) Die in Absatz 2 genannten Regelungsgegenstände im Hinblick auf im Effektengiro übertragbare Wertpapiere unterliegen dem Recht des Landes, in dem das maßgebliche Konto geführt wird. Der Verweis auf das Recht eines Landes ist als Sachnormverwei-

sung zu verstehen, d. h. es wird jegliche Vorschrift ausgeschlossen, die für die jeweilige Rechtsfrage auf das Recht eines anderen Staates verweist.

(2) Die von Absatz 1 erfassten Regelungsgegenstände sind:

a) Rechtsnatur und dingliche Wirkung von im Effektengiro übertragbaren Wertpapieren;

b) Anforderungen an eine in jeder Hinsicht wirksame Bestellung eines Sicherungsrechts an im Effektengiro übertragbaren Wertpapieren und die Besitzverschaffung an solchen Wertpapieren sowie generell die für die absolute Wirksamkeit der Bestellung und Besitzverschaffung erforderlichen Rechtshandlungen;

c) die Frage, ob das Eigentum oder sonstige dingliche Rechte an im Effektengiro übertragbaren Wertpapieren durch das Eigentum oder sonstige dingliche Rechte eines Dritten verdrängt werden oder diesem gegenüber nachrangig sind oder ein gutgläubiger Erwerb eingetreten ist;

d) Schritte, die zur Verwertung von im Effektengiro übertragbaren Wertpapieren nach Eintritt des Verwertungs- bzw. Beendingungsfalls erforderlich sind.

Artikel 10

Bericht der Kommission

Spätestens am 27. Dezember 2006 legt die Kommission dem Europäischen Parlament und dem Rat einen Bericht über die Anwendung dieser Richtlinie, insbesondere der Artikel 1 Absatz 3, Artikel 4 Absatz 3 und Artikel 5 vor und unterbreitet gegebenenfalls Vorschläge für ihre Überprüfung.

Artikel 11

Umsetzung

Die Mitgliedstaaten setzen die Rechts- und Verwaltungsvorschriften in Kraft, die erforderlich sind, um dieser Richtlinie spätestens ab dem 27. Dezember 2003 nachzukommen. Sie setzen die Kommission unverzüglich davon in Kenntnis.

Wenn die Mitgliedstaaten diese Vorschriften erlassen, nehmen sie in den Vorschriften selbst oder durch einen Hinweis bei der amtlichen Veröffentlichung auf diese Richtlinie Bezug. Die Mitgliedstaaten regeln die Einzelheiten der Bezugnahme.

Artikel 12

Inkrafttreten

Diese Richtlinie tritt am Tag ihrer Veröffentlichung im Amtsblatt der Europäischen Gemeinschaften in Kraft.

Artikel 13

Adressaten

Diese Richtlinie ist an alle Mitgliedstaaten gerichtet.

Geschehen zu Brüssel am 6. Juni 2002.

Im Namen des Europäischen Parlaments

Der Präsident

P. Cox

Im Namen des Rates

Der Präsident

A. M. Birulés Y Bertrán

(1) ABl. C 180 E vom 26.6.2001, S. 312.

(2) ABl. C 196 vom 12.7.2001, S. 10.

(3) ABl. C 48 vom 21.2.2002, S. 1.

(4) Stellungnahme des Europäischen Parlaments vom 13. Dezember 2001 (noch nicht im Amtsblatt veröffentlicht), Gemeinsamer Standpunkt des Rates vom 5. März 2002 (noch nicht im Amtsblatt veröffentlicht) und Beschluss des Europäischen Parlaments vom 15. Mai 2002.

(5) ABl. L 166 vom 11.6.1998, S. 45.

(6) ABl. L 125 vom 5.5.2001, S. 15.

(7) ABl. L 110 vom 20.4.2001, S. 28.

(8) ABl. L 160 vom 30.6.2000, S. 1.

(9) ABl. L 126 vom 26.5.2000, S. 1. Richtlinie zuletzt geändert durch die Richtlinie 2000/28/EG (ABl. L 275 vom 27.10.2000, S. 37).

(10) ABl. L 141 vom 11.6.1993, S. 27. Richtlinie zuletzt geändert durch die Richtlinie 2000/64/EG des Europäischen Parlaments und des Rates (ABl. L 290 vom 17.11.2000, S. 27).

(11) ABl. L 228 vom 11.8.1992, S. 1. Richtlinie zuletzt geändert durch die Richtlinie 2000/64/EG des Europäischen Parlaments und des Rates.

(12) ABl. L 360 vom 9.12.1992, S. 1. Richtlinie zuletzt geändert durch die Richtlinie 2000/64/EG des Europäischen Parlaments und des Rates.

(13) ABl. L 375 vom 31.12.1985, S. 3. Richtlinie zuletzt geändert durch die Richtlinie 2001/108/EG des Europäischen Parlaments und des Rates (ABl. L 41 vom 13.2.2002, S. 35).

(14) ABl. L 193 vom 18.7.1983, S. 1. Richtlinie zuletzt geändert durch die Richtlinie 2001/65/EG des Europäischen Parlaments und des Rates (ABl. L 283 vom 27.10.2001, S. 28).

Literaturverzeichnis

Acker, Georg: Die Wertpapierleihe-Grundlagen, Abwicklung und Risiken, 2. Aufl. 1995

Balz, Manfred: Richtlinienentwurf zur Endgültigkeit von Abrechnungen in EU-Zahlungssystemen, ZIP 1995, S. 1639 f.

Bank für Internationalen Zahlungsausgleich, Grenzüberschreitende Abwicklung von Wertpapiergeschäften, Basel 1995
(zit.: BIZ, Grenzüberschreitende Abwicklung, S. ...)

Bar, Christian von/Mankowski, Peter: Internationales Privatrecht, Band. I, 2. Aufl. 2003

Bar, Christian von: Wertpapiere im deutschen Internationalen Privatrecht, in: Festschrift für Werner Lorenz zum 70. Geburtstag, 1991, S. 273 ff.

Bauer, Joachim: Ungleichbehandlung der Gläubiger im geltenden Insolvenzrecht, DZWIR 2007, S. 188 ff.

Baumbach, Adolf/Hopt, Klaus J./Merkt, Hanno: Kommentar zum Handelsgesetzbuch, 32. Aufl. 2006

Baumbach, Adolf/Hefermehl, Wolfgang: Wechselgesetz und Scheckgesetz - Kurzkommentar, 21. Aufl. 1999

Baur, Fritz/Stürner, Rolf: Sachenrecht, 17. Aufl. 1999

Baur, Fritz/Stürner, Rolf: Zwangsvollstreckungs-, Konkurs- und Vergleichsrecht, Bd. II - Insolvenzrecht, 12. Aufl. 1990

Becker, Christoph: Insolvenzrecht, 2005

Benjamin, Johanna/Yates, Madeleine: The Law of Global Custody - Legal Risk Management in Securities Investment and Collateral, 2. Aufl. 2002

Benzler, Marc: Nettingvereinbarungen im außerbörslichen Derivatehandel, 1999

Benzler, Marc: Das deutsche Nettinggesetz - § 104 Abs. 2, 3 InsO, ZInsO 2000, S. 1 ff.

Berger, Klaus Peter: Lösungsklauseln für den Insolvenzfall, in: Kölner Schrift zur Insolvenzordnung, 2. Aufl. 2000, S. 499 ff.

Berges, A. M.: Die rechtlichen Grundlagen der Gläubigergleichbehandlung im Konkurs, KTS 1957, S. 49 ff.

Bernasconi, Christophe: Indirectly held securities: A new Venture for the Hague Conference on Private International Law, Yearbook of Private International Law, Vol. 3 (2001), S. 63 ff.

Bernasconi, Christophe: Preliminary Document No 1: The law applicable to dispositions of securities held through Indirect Holding Systems, November 2000; zu finden unter: http://hcch.e-vision.nl/upload/sec_pd01e.pdf (Stand: 24.04.2006)

Blitz, Jürgen: Übergang zum Euro - Beginn des stückfreien Wertpapierverkehrs?, WM 1997, S. 2211

Boos, Karl-Heinz/Fischer, Reinfrid/Schulte-Mattler, Herrmann: Kommentar zum Kreditwesengesetz, 2. Aufl. 2004

Bosch, Ulrich: Differenz- und Termingeschäfte nach der Insolvenzordnung, in: Kölner Schrift zur Insolvenzordnung, 2. Aufl. 2000, S. 1009 ff.

Bosch, Ulrich: Finanztermingeschäfte in der Insolvenz - Zum „Netting" im Insolvenzverfahren -,Teil I, WM 1995, S. 365 ff.

Brandt, Sven: Kreditderivate - Zentrale Aspekte innovativer Kapitalmarktprodukte, BKR 2002, S. 243 ff.

Braun, Eberhard: Kommentar zur Insolvenzordnung (InsO), 2. Aufl. 2004

Braun, Eberhard/Uhlenbruck, Wilhelm: Unternehmensinsolvenz: Grundlagen, Gestaltungsmöglichkeiten, Sanierung mit der Insolvenzordnung, 1997

Bruni, Gian Bruno: Regular pledges and Security Financial Collateral Arrangements under legislative decree No. 170 of 21 May 2004 (EC Directive 2002/47 on Financial Collateral Arrangements), zu finden unter: www.britchamitaly.com/legaltax/download/Insolvency062005.pdf (Stand: 10.01.2006)

Burger, Benedikt/Wolf-Zimper, Gesine: Auswirkungen der Umsetzung der Finanzsicherheiten-Richtlinie der Europäischen Union auf das deutsche Insolvenzrecht, informaciones I/2004, S. 24 ff.

Bürge, Alfons: Das römische Recht und das Drama der Umsetzung der Richtlinie über die Finanzsicherheiten in das deutsche BGB, in: Festschrift für Peter Nobel zum 60. Geburtstag, Wirtschaftsrecht zu Beginn des 21. Jahrhunderts, 2005, S. 495 ff.

Christmann, Olaf: Entwurf einer UNIDROIT-Konvention zur Harmonisierung des materiellen Wertpapierrechts - Bericht über die erste Regierungskonferenz in Rom, BKR 2005, S. 249 ff.

Claussen, Carsten Peter: Bank- und Börsenrecht, 2. Aufl. 2000

Clouth, Peter: Rechtsfragen der außerbörslichen Finanz-derivate, 2001

Cranshaw, Friedrich L.: Einflüsse des Europäischen Rechts auf das Insolvenzverfahren, Das Europäische Recht, insbesondere das Beihilferecht, und seine Wirkungen auf das (mitgliedstaatliche) Insolvenzrecht in der Bundesrepublik Deutschland, 2006 (zit.: Cranshaw, Einflüsse des Europäischen Rechts, S…)

Dangel, Stefan: Die Entwicklung der Mobiliarkreditsicherheiten im italienischen Recht, in: Jahrbuch für italienisches Recht: Euro, Mobiliarkredit, Aufrechnung, Datenschutz, Werberecht, Band 12, 1999, S. 17 ff.

Derleder, Peter/Knops, Kai-Oliver/Bamberger, Heinz Georg: Handbuch zum deutschen und europäischen Bankrecht, 2004

Dittrich, Sabine: Effektengiroverkehr mit Auslandsberührung, 2002

Dörge, Andreas: Wertpapierleih- und Wertpapierpensionsgeschäfte, AG 1997, S. 396 ff.

Duursma-Kepplinger, Henriette-Christine/Duursma, Dieter/Chalupsky, Ernst: Europäische Insolvenzordnung-Kommentar, 2002

Ebenroth, Carsten Thomas/Boujong, Karlheinz/Joost, Detlev: HGB-Kommentar, Band 2, §§ 343 - 475 h, Transportrecht, Bank- und Börsenrecht, 2001

Ebenroth, Carsten Thomas/Bader, Tom O.: Rechtliche Qualifikation und aufsichtsrechtliche Behandlung grenzüberschreitender Wertpapierpensionsgeschäfte, ZBB 1990, S. 75 ff.

Ebenroth, Carsten Thomas/Benzler, Marc: Close-out Netting nach der neuen Insolvenzordnung, ZVglRWiss 95 (1996), S. 335 ff.

Eder, Stefan/Zwitter-Tehovnik, Jasna: Die Finanzsicherheitenrichtlinie und ihre Umsetzung, ÖBA 2003, S. 345 ff.

Ehricke, Ulrich: Die Umsetzung der Finanzsicherheitenrichtlinie (Richtlinie 2002/47/EG) im Rahmen des Diskussionsentwurfs zur Änderung der Insolvenzordnung, ZIP 2003, S. 1065 ff.

Ehricke, Ulrich: Nochmals: Zur Umsetzung der Finanzsicherheiten-Richtlinie in das deutsche Recht, ZIP 2003, S. 2141 ff.

Ehricke, Ulrich: Finanztermingeschäfte im Insolvenzverfahren; ZIP 2003, S. 273 ff.

Eidenmüller, Horst: Internationale Entwicklungen im Recht der Kreditsicherheiten, in: Schriftenreihe der bankrechtlichen Vereinigung, Internes und externes Rating, Aktuelle Entwicklungen im Recht der Kreditsicherheiten-national und international, Bd. 24, 2005, S. 117 ff.

Eilenberger, Guido/Beike, Rolf/Köhler, Andreas: Risk - Management mit Finanzderivaten: Studienbuch mit Aufgaben, 1997

Einsele, Dorothee: Bank- und Kapitalmarktrecht - Nationale und Internationale Bankgeschäfte, 2006
(zit.: Einsele, Bank- und Kapitalmarktrecht, S. ..., Rn. ...)

Einsele, Dorothee: Die internationalprivatrechtlichen Regelungen der Finalitätsrichtlinie und ihre Umsetzung in der europäischen Union, WM 2001, S. 2415 ff.

Einsele, Dorothee: Wertpapierrecht als Schuldrecht - Funktionsverlust von Effektenurkunden im internationalen Rechtsverkehr, 1995

Einsele, Dorothee: Das Haager Übereinkommen über das auf bestimmte Rechte im Zusammenhang mit zwischenverwahrten Wertpapieren anzuwendende Recht, WM 2003, S. 2349 ff.

Einsele, Dorothee: Modernising German Law: Can the UNIDROIT Project on Intermediated Securities Provide Guidance? Uniform Law Review/Revue de Droit Uniforme 2005, S. 251 ff.

Einsele, Dorothee: Das neue US-amerikanische Wertpapierrecht als Modell für einen funktionsfähigen Effektengiroverkehr, RIW 1997, S. 269 ff.

Einsele, Dorothee: Das UNIDROIT-Projekt zu intermediärverwahrten Wertpapieren als Konzept für eine Modernisierung des deutschen Depotrechts, WM 2005, S. 1109 ff.

Feingold, Benjamin/Lang, Roland: Handeln mit Futures und Optionen - Ein Leitfaden für den Privatanleger, 2004

Flöther, Lucas F./Bräuer, Gregor: Die Umsetzung der Finanzsicherheiten-Richtlinie (RL 2002/47/EG), DZWIR 2004, S. 89 ff.

Fragos, Nikolaos: OTC-Wertpapierdarlehensgeschäfte zwischen der Kapitalanlagegesellschaft und der Depotbank, ZBB 2005, S. 183 ff.

Frankfurter Kommentar zur Insolvenzordnung, hrsg. von Klaus Wimmer, 3. Aufl. 2002
(zit.: FK/Bearbeiter, § .....)

Franz, Alexander: Überregionale Effektentransaktionen und anwendbares Recht - Eine kollisionsrechtliche Untersuchung unter besonderer Berücksichtigung der Vorschrift des § 17a DepotG, 2005

Gebauer, Martin/Wiedmann, Thomas (Hrsg.): Zivilrecht unter europäischem Einfluss - Die richtlinienkonforme Auslegung des BGB und anderer Gesetzes-Erläuterungen der wichtigsten EG-Verordnungen, 2005

Gesell, Harald: Wertpapierleihe und Repurchase Agreement im deutschen Recht, Bankrechtliche Sonderveröffentlichungen des Instituts für Bankwirtschaft und Bankrecht an der Universität zu Köln, 49. Bd., 1995

Girsberger, Daniel: Rechte an entmaterialisierten Wertpapieren und Bucheffekten international im Wandel, S. 1 ff.; zu finden unter: www.wengerlaw.ch/downloads/publications/pdf/de/wvb-rechte_an_entmaterialisierten_wertpapieren.pdf
(Stand: 08.05.2006)

Girsberger, Daniel: Revolution des Internationalen Wertpapier-Sachenrechts? - Dynamik der Rechtsvereinheitlichung durch die Haager Konferenz, in: Festgabe für Anton K. Schnyder zum 50. Geburtstag, „nur, aber immerhin“: Beiträge zum nationalen und internationalen Wirtschaftsrecht, 2002, S. 77 ff.

Girsberger, Daniel/Hess, Martin: Das Haager Wertpapierübereinkommen, AJP/PJA 2006, S. 992 ff.

Goode, Roy: Legal Problems of Credit and Security, 3. Aufl. 2003

Goode, Roy/Kanda, Hideki/Karl Kreuzer/Bernasconi, Christophe: Explanatory Report on the Hague Convention on the law applicable to certain rights in respect of securities held with an intermediary, 2005; zu finden unter: http/://hcch.e-vision.nl/upload/expl36e.pdf (Stand: 14.04.2006)

Goode, Roy/Kronke, Herbert/McKendrick, Ewan/Wool, Jeffrey: Transnational commercial law: International Instruments and Commentary, 2004

Gottwald, Peter (Hrsg.): Insolvenzrechtshandbuch, 2. Aufl. 2001

Graham-Siegenthaler, Barbara: Kreditsicherungsrechte im internationalen Rechtsverkehr - Eine rechtsvergleichende und international-privatrechtliche Untersuchung, Bern 2005

Groeben, Hans von der/Thiesing, Jochen/Ehlermann, Claus-Dieter: Kommentar zum EU-/EG-Vertrag, Bd. 4, 5. Aufl. 1997, Art. 137-209a EGV

Gruson, Michael: Die Doppelnotierung von Aktien deutscher Gesellschaften an der New Yorker und Frankfurter Börse: die so genannte Globale Aktie, AG 2004, S. 358 ff.

Hague Conference on Private International Law: Prel. Doc. No 9 of March 2002, Chart summarising the comments received on the provisional version of the preliminary draft Convention on the law applicable to certain rights in respect of securities held with an intermediary, zu finden unter: http://hcch.e-vision.nl/upload/sec_ pd09.pdf (Stand: 24.04.2006)

Hartung, Werner: Wertpapierleihe und Bankbilanz - Ist § 340 b HGB richtlinienkonform?, BB 1993, S. 1175 ff.

Haubold, Jens: PRIMA - Kollisionsregel mit materiellrechtlichem Kern, RIW 2005, S. 656 ff.

Haunschild, Michael: Verwertungsrecht des Insolvenzverwalters und Kostenbeiträge der Gläubiger nach §§ 165 ff. InsO, DZWIR 1999, S. 60 ff.

Häsemeyer, Ludwig: Insolvenzrecht, 3. Aufl. 2003

Häsemeyer, Ludwig: Die Gleichbehandlung der Konkursgläubiger, KTS 1982, S. 507 ff.

Häuser, Franz: Außerbörsliche Optionsgeschäfte (OTC-Optionen) aus Sicht des novellierten Börsengesetzes, ZBB 1992, S. 250 ff.

Häuser, Karl/Rosenstock, Adolf: Börse und Kapitalmarkt, 5. Aufl. 1997

Heidelberger Kommentar zur Insolvenzordnung, hrsg. von Eickmann, Dieter; Irschlinger, Friedrich; Marotzke, Wolfgang; Flessner, Axel; Kirchhof, Hans-Peter; Landfermann, Hans Georg; Stephan, Guido; 4. Aufl. 2006
(zit.: Bearbeiter, in: HK-InsO, § … Rn. …)

Heinsius, Theodor/Horn, Arno/Than, Jürgen: Depotgesetz - Kommentar zum Gesetz über die Verwahrung und Anschaffung von Wertpapieren vom 4. Februar 1937, 1975

Hellner, Thorwald/ Steuer, Stephan: Bankrecht und Bankpraxis, Stand: 04/2005

Herring, Frank/Cristea, Sever: Die Umsetzung der Finanzsicherheiten-Richtlinie und ihre Folgen für Kapitalanlagegesellschaften, deutsche Single-Hedgefonds und Prime Broker, ZIP 2004, S. 1627 ff.

Hess, Harald/Weis, Michaela: Insolvenzrecht, Tipps und Taktik, 3. Aufl. 2005

Hess, Harald: Insolvenzrecht, Großkommentar in drei Bänden, Bd. II, §§ 113-359 InsO, 2007

Heß, Stefan: Die Umsetzung von Richtlinien im Privatrecht, 1999

Hopt, Klaus J.: Vertrags- und Formularhandbuch zum Handels-, Gesellschafts-, Bank- und Transportrecht, 2. Aufl. 2000

Horn, Norbert: Die Erfüllung von Wertpapiergeschäften unter Einbeziehung eines Zentralen Kontrahenten an der Börse - sachenrechtliche Aspekte -, WM 2002, Sonderbeilage Nr. 2/2002

Horn, Norbert: Sicherungsrechte an Geld- und Wertpapierguthaben im internationalen Finanzverkehr, in: Festschrift für Walther Hadding zum 70. Geburtstag am 8. Mai 2004, 2004, S. 893 ff.

Houtte, Hans van: The Law of Cross-Border Securities Transactions, 1999

Hölzle, Gerrit: Ein Ausblick auf die Folgen der geplanten Umsetzung der Finanzsicherheiten-Richtlinie aus Sicht der Insolvenzverwalter - Verrechnungs- und Anfechtungsfreiheit für Kreditinstitute?; ZIP 2003, S. 2144 ff.

Hüfer, Uwe: Kommentar zum Aktiengesetz, 5. Aufl. 2002

Jahn, Uwe: Das 1992 ISDA Master Agreement, Die Bank, 1994, S. 99 ff.

Jahn, Uwe: Internationale Rahmenverträge für Finanztermingeschäfte (I), Die Bank, 1992, S. 349 ff.

Jahn, Uwe: Internationale Rahmenverträge für Finanztermingeschäfte (II), Die Bank, 1993, S. 235 ff.

Jayme, Erik/Kohler, Christian: Europäisches Kollisionsrecht 2003: Der Verfassungskonvent und das Internationale Privat- und Verfahrensrecht, IPRax 2003, S. 485 ff.

Jergitsch, Friedrich: „Finalität" als Schutz vor systemischen Risiken in Zahlung- und Wertpapierliefersystemen - zur „Finalitätsrichtlinie" und zum Entwurf des „Finalitätsgesetzes", ÖBA 1999, S. 537 ff.

Johansson, Erica: Transfer and Settlement of Securities: The New Order, European Business Law Review 2005, S. 1093 ff.

Kathrein, Georg: Das Finanzsicherheiten - Gesetz, ÖBA 2004, S. 172 ff.

Kegel, Gerhard/Schurig, Klaus: Internationales Privatrecht, 9. Aufl. 2004

Keller, Christoph: Umsetzung der Richtlinie zu Finanzsicherheiten - BMJ-Entwurf eines Gesetzes zur Änderung der InsO und anderer Gesetze; BKR 2003, S. 481 ff.

Keller, Christoph: Das Wertpapierrecht im Gemeinschaftsrecht, BKR 2002, S. 347 ff.

Keller, Christoph: Die EG-Richtlinie 98/26 vom 19.05.1998 über die Wirksamkeit von Abrechnungen in Zahlungs- sowie Wertpapierliefer- und - abrechnungssystemen und ihre Umsetzung in Deutschland, WM 2000, S. 1269 ff.

Keller, Christoph/Langner, Julian: Überblick über EU-Gesetzgebungsvorhaben im Finanzbereich, BKR 2003, S. 616 ff.

Kieninger, Eva-Maria: Nationale, europäische und weltweite Reformen des Mobiliarsicherungsrechts - Teil I -, WM 2005, S. 2305 ff.

Kieper, Daniel: Abwicklungssysteme in der Insolvenz, 2003

Kieper, Daniel: Die Finanzsicherheiten-Richtlinie und ihre Umsetzung, ZInsO 2003, S. 1109 ff.

Kindermann, Elmar: Rechtliche Strukturen der Deutschen Terminbörse, WM 1989, Sonderbeilage Nr. 2, S. 3 ff.

Klawitter, Christian/Hombrecher, Lars: Gewerbliche Schutzrechte und Urheberrechte als Kreditsicherheiten, WM 2004, S. 1213 ff.

Koller, Ingo: Der gutgläubige Erwerb von Sammeldepotanteilen an Wertpapieren im Effektengiroverkehr (Teil 1), DB 1972, S. 1857 ff.

Kollmann, Katharina: Umsetzung der Finanzsicherheiten-Richtlinie in Deutschland, AG-Report 2003, S. 242 ff.; sowie S. 382

Kollmann, Katharina: Zur Umsetzung der Richtlinie 2002/47/EG vom 6. Juni 2002 über Finanzsicherheiten in das deutsche Recht, WM 2004, S. 1012 ff.

Köhler, Helmut: Wem stehen die Nutzungen aus einer Mietkaution zu?, ZMR 1971, S. 3 ff.

Köhler, Helmut: BGB-Allgemeiner Teil, 29. Aufl. 2005

Kölner Kommentar zum Aktiengesetz: hrsg. von Wolfgang Zöller, Band 1: §§ 1-147 AktG, 1985

Kronke, Herbert/Melis, Werner/Schnyder, Anton K.: Handbuch Internationales Wirtschaftsrecht, 2005
(zit.: Kronke/Bearbeiter, Handbuch Internationales Wirtschaftsrecht, Teil ...)

Kübler, Bruno/Prütting, Hanns (Hrsg.): Kommentar zur Insolvenzordnung, Band I: §§ 1-128 InsO, Loseblatt, Stand: März 2004

Kümpel, Siegfried: Bank- und Kapitalmarktrecht, 3. Aufl. 2004

Kümpel, Siegfried: Die Grundstruktur der Wertpapierleihe und ihre rechtlichen Aspekte, WM 1990, S. 909 ff.

Kümpel, Siegfried: Investmentfonds als Wertpapierverleiher im Rahmen des geltenden Rechts, in: WM-Festgabe für Theodor Heinsius zum 65. Geburtstag am 25. September 1991, WM Sonderheft 1991, S. 31 ff.

Kümpel, Siegfried: Sonderbedingungen für Börsentermingeschäfte - Kurzkommentar-, WM 1991, Sonderbeilage 1

Lastenouse, Pierre: France eases restrictions on collateral and netting, IFLR 2005, Vol. 24 (Juni), S. 43 ff.

Lenenbach, Markus: Kapitalmarkt- und Börsenrecht, 2002

Löber, Klaus M.: Der Entwurf einer Richtlinie für Finanzsicherheiten, BKR 2001, S. 118 ff.

Löber, Klaus M.: Die EG - Richtlinie über Finanzsicherheiten, BKR 2002, S. 601 f.

Lwowski, Hans-Jürgen/Wunderlich, Nils-Christian: Aktuelle Probleme des insolvenzrechtlichen Bargeschäfts, WM 2004, S. 1511 ff.

Mankowski, Peter: Anmerkungen zu Richard Potok, Cross Border Collateral: Legal Risk and the Conflict of Laws, ZBB 2003, S. 258 f.

Mankowski, Peter: Entwicklungen im Internationalen Privat- und Prozessrecht 2003/2004 (Teil 1), RIW 2004, S. 481 ff.

Marino, Roberta: Italy´s Implementation of Directive 2002/47/CE on Financial Collateral Arrangements: An Overview, European Business Law Review 2005, S. 1153 ff.

Marotzke, Wolfgang: Die dinglichen Sicherheiten im neuen Insolvenzrecht, ZZP 109 (1996), S. 429 ff.

Merkt, Hanno/Rossbach, Oliver: Das „Übereinkommen über das auf bestimmte Rechte in Bezug auf bei einem Zwischenverwahrer sammelverwahrte Effekten anzuwendende Recht" der Haager Konferenz für Internationales Privatrecht, ZVglRWiss 102 (2003) S. 33 ff.

Meyer, Peter/Rein, Christian: Das Ende der Gläubigergleichbehandlung im Insolvenzrecht? - Anmerkungen zur Umsetzung der Finanzsicherheitenrichtlinie, NZI 2004, S. 367 ff.

Meyer-Cording, Ulrich/Drygala, Tim: Wertpapierrecht, 3. Aufl. 1995

Münchener Kommentar zum Aktiengesetz: hrsg. von Bruno Kropff, Johannes Semler, Band 2: §§ 53a-75 AktG, 2. Aufl. 2003

Münchener Kommentar zum Bürgerlichen Gesetzbuch: hrsg. von Kurt Rebmann und Franz Jürgen Säcker, Roland Rixecker, Band 6: §§ 854-1296 BGB, 4. Aufl. 2004; Band 10: Artt. 1-38 EGBGB, 3. Aufl. 1998; Band 10: Artt. 1-46 EGBGB, 4. Aufl. 2006

Münchener Kommentar zum HGB: hrsg. von Karsten Schmidt, Band 4: §§ 238-342a HGB, 2001; Band 5: §§ 343-372 HGB, Recht des Zahlungsverkehrs, Effektengeschäft, Depotgeschäft, Ottawa Übereinkommen über Internationales Factoring, 2001

Münchener Kommentar zur Insolvenzordnung: hrsg. von Hans-Peter Kirchhof, Hans-Jürgen Lwowski, Rolf Stürner, Band 1: §§ 1-102 InsO, InsVV, Band 2: §§ 103-269 InsO, 2001

Münchener Vertragshandbuch, Band 3 - Wirtschaftsrecht - 2. Halbband: Internationales Wirtschaftsrecht, hrsg. von Rolf A. Schütze, 4. Aufl. 1997

Nerlich, Jörg/Römermann, Volker (Hrsg.): Kommentar zur Insolvenzordnung, Loseblatt, Stand: September 2005, 2006

Núnez, Gabriel/Perrotto, Juan Martin: Collateral becomes more lender-friendly in Spain, IFLR 2005, Vol. 24 (Juni), S. 41 f.

Obermüller, Manfred: Anglerlatein oder: Der Widerstand gegen die Umsetzung der Finanzsicherheitenrichtlinie, ZIP 2003, S. 2336 ff.

Obermüller, Manfred/Hartenfels, Holger: Finanzsicherheiten, BKR 2004, S. 440 ff.

Obermüller, Manfred: Die Umsetzung der Finanzsicherheiten-Richtlinie, ZInsO 2004, S. 187 ff.

Obermüller, Manfred: Insolvenzrecht in der Bankpraxis, 6. Aufl. 2002

Paech, Philipp: Grenzüberschreitende Wertpapierverfügungen - Rechtssicherheit und Effizienz durch Kompatibilität des Depotrechts, Erläuterungen zum UNIDROIT-Konventionsentwurf, WM 2005, S. 1101 ff.

Palandt, Otto: Kommentar zum Bürgerlichen Gesetzbuch, 66. Aufl. 2007

Pape, Gerhard/Uhlenbruck, Wilhelm: Insolvenzrecht, in: Schriftenreihe der NJW, Bd. 67, 2002

Peters, Klaus: Die Verwahrung und Verwaltung von Effekten, JuS 1976, S. 424 ff.

Pfeiffer, Thomas: Der Stand des Internationalen Sachenrechts nach seiner Kodifikation, IPRax 2000, S. 270 ff.

Pohl, Wolfgang: Neue Generation derivativer Finanzinstrumente - Anlaß zu juristischer Nachstellung ?, WM 1995, S. 957 ff.

Potok, Richard: Cross Border Collateral: Legal Risk and the Conflict of Laws, 2002

Pöch, Peter: Die Regelung des internationalen Wertpapierverkehrs ist in Bewegung - aber wohin? ÖBA 2004, S. 507 ff.

Priewasser, Erich: Bankbetriebslehre, 7. Aufl., 2001

Primozic, Frank R.: Finanzsicherheitsrichtlinie als getarnter Kompromiss, Börsen-Zeitung vom 14.04.2004, S. 4 f.

Primozic, Frank R./Voll, Judith: Zur Frage eines Verwertungsrechts des Insolvenzverwalters bei verpfändeten Unternehmensbeteiligungen - Unter besonderer Berücksichtigung des Gesetzes zur Umsetzung der Finanzsicherheiten-Richtlinie, NZI 2004, S. 363 ff.

Prütting, Hanns: Allgemeine Verfahrensgrundsätze der Insolvenzordnung, in: Kölner Schrift zur Insolvenzordnung, 2. Aufl. 2000, S. 221 ff.

Reiner, Günter: Derivative Finanzinstrumente im Recht, 2002

Reithmann, Christoph/Martiny, Dieter: Internationales Vertragsrecht, 6. Aufl. 2004

Reuschle, Fabian: Das neue IPR für Intermediär - verwahrte Wertpapiere, BKR 2003, S. 562 ff.

Reuschle, Fabian: Haager Übereinkommen über die auf bestimmte Rechte in Bezug auf Intermediär-verwahrte Wertpapiere anzuwendende Rechtsordnung, IPRax 2003, S. 495 ff.

Reuschle, Fabian: Grenzüberschreitender Effektengiroverkehr - Die Entwicklung des europäischen und internationalen Wertpapierkollisionsrechts, RabelsZ 68 (2004), S. 687 ff.

Rögner, Herbert: Inconsistencies between the Hague Securities Convention and German Law, ZBB 2006, S. 98 ff.

Saager, Stefan: Depotrecht im Umbruch, Die Bank 2005, S. 22 ff.

Sabel, Oliver: Änderungen des Insolvenzrechts im Diskussionsentwurf eines Gesetzes zur Änderung der InsO, des BGB und anderer Gesetze, ZIP 2003, S. 781 ff.

Schacherreiter, Judith: Das neue österreichische Kollisionsrecht des Effektengiroverkehrs, ÖBA 2005, S. 336 ff.

Schällig, Hagen: Insolvenzverwaltung in Deutschland und Frankreich, 2004

Schefold, Dietrich: Grenzüberschreitende Wertpapierübertragungen und Internationales Privatrecht - Zum kollisionsrechtlichen Anwendungsbereich von § 17 a DepotG, IPRax 2000, S. 468 ff.

Schefold, Dietrich: Intermediary Approach und Europäisches Kollisionsrecht, in: Festschrift für Siegfried Kümpel zum 70. Geburtstag, Bankrecht und Kapitalmarktrecht in der Entwicklung, 2003, S. 463 ff.

Schefold, Dietrich: Kollisionsrechtliche Lösungsansätze im Recht des grenzüberschreitenden Effektengiroverkehrs - die Anknüpfungsregelungen der Sicherheitenrichtlinie(EG) und der Haager Konvention über das auf zwischenverwahrte Wertpapiere anwendbare Recht, in: Festschrift für Erik Jayme, Band I, 2004, S. 805 ff.

Scherzberg, Arno: Mittelbare Rechtsetzung durch Gemeinschaftsrecht - Richtlinien als Instrument der europäischen Integration, Jura 1992, S. 572 ff.

Schima, Georg/Vogt-Majarek, Birgit: Entwurf für ein Finanzsicherheiten-Gesetz - quo vadis Insolvenzrecht ?, ÖRdW 2003, S. 486 ff.

Schimansky, Herbert/Bunte, Hermann-Josef/Lwowski, Hans-Jürgen:
Bankrechts-Handbuch, Band I – III, 2. Aufl., München 2001
(zit.: Schimansky/Bunte/Lwowski/Bearbeiter, Bankrechts-Handbuch § …Rn. …)

Schlüter, Uwe: Börsenhandelsrecht - Handbuch für Banken und Finanzdienstleistungsinstitute, 2. Aufl., 2002

Scholz, Hellmut: Konkursrechtliche Anfechtbarkeit einer in Erfüllung eines inhaltlich unbestimmten Anspruchs gewährten Sicherung, NJW 1961, S. 2006 f.

Scholz, Hellmut/Lwowski, Hans-Jürgen: Das Recht der Kreditsicherung, 7. Aufl. 1994

Schulte-Mattler, Hermann: Ausfallrisiko und bilaterales Netting von OTC-Finanzderivaten, Die Bank 1994, S. 302 ff.

Schütze, Rolf A.: Münchener Vertragshandbuch, Band 3. Wirtschaftsrecht, 2. Halbband: Internationales Wirtschaftsrecht, 1997

Schwark, Eberhard: Kapitalmarktrechtskommentar, 3. Aufl., 2004

Schwintowski, Hans-Peter/Schäfer, Frank A.: Bankrecht, Commercial Banking - Investment Banking, 2. Aufl. 2004

Smid, Stefan: Grundzüge des Insolvenzrechts, 4. Aufl. 2002

Smid, Stefan (Hrsg.): Kommentar zur Insolvenzordnung, 2. Aufl. 2001

Soergel, Hans Theodor: Kommentar zum Bürgerlichen Gesetzbuch, Bd. 16, Sachenrecht, 13. Aufl. 2001

Sonnenberg, Thomas: Rahmenvertrag für Wertpapierleihe, Die Bank 1994, S. 357 ff.

Staudingers Kommentar zum Bürgerlichen Gesetzbuch mit Einführungsgesetzen und Nebengesetzen, Buch 2: Recht der Schuldverhältnisse, §§ 362-396 BGB, Neubearb. 2000; §§ 598-610 BGB, 12. Aufl. 1989; Buch 3: Sachenrecht, §§ 1204-1296 BGB, Neubearb. 2002; EGBGB und IPR/Int. Sachenrecht, 13. Bearb. 1996

Stephan, Guido: Die Umgestaltung des Einigungsversuchs und weitere Änderungen im Insolvenzverfahren natürlicher Personen durch den Diskussionsentwurf InsO-Änderung 2003, ZVI 2003, S. 145 ff.

Steuer, Stephan: Europäische Wirtschafts- und Währungsunion - Kontinuität von Verträgen unter der Berücksichtigung der Besonderheiten der außerbörslichen Finanztermingeschäfte, in: Festschrift für Carsten Peter Claussen zum 70. Geburtstag, 1997, S. 527 ff.

Streinz, Rudolph: Kommentar über EUV/EGV, 2003

Tetzlaff, Christian: Verwertung von Pfandrechten an Unternehmensbeteiligungen durch die öffentliche Versteigerung und freihändige Veräußerung, ZInsO 2007, S. 478 ff.

Than, Jürgen: Kapitalmarkt und Globalurkunde, in: Festschrift für Theodor Heinsius zum 65. Geburtstag, 1991, S. 809 ff.

Than, Jürgen: Neue Rechtsentwicklungen für den grenzüberschreitenden Effektengiroverkehr, Festschrift für Siegfried Kümpel, 2003, S. 543 ff.

Than, Jürgen: The Preliminary Draft UNIDROIT Convention and Capital Market Practice in Germany, Uniform Law Review/Revue de Droit Uniforme 2005, S. 263 ff.

The Giovannini-Group: EU Repo Markets-Opportunities for Change, Oktober 1999; (veröffentlicht unter: http://ec.europa.eu/economy_finance/publications/euro_papers/2001/eup35en.pdf (Stand: 14.04.2006)

Uhlenbruck, Wilhelm: Insolvenzordnung, 12. Aufl. 2003

Uhlenbruck, Wilhelm: Bankrechtliche Aspekte der Insolvenzrechtsreform 1994, in: Festschrift für Ralf Vieregge zum 70. Geburtstag, 1995, S. 883 ff.

Vallender, Heinz: Reparatur- und Verschönerungsarbeiten auf der „Baustelle Insolvenzordnung" schreiten voran, NJW 2003, S. 3605 f.

Westrik, Roel: Die Finanzsicherheitenrichtlinie und die europäische Rechtskultur - Zur Umsetzung der Richtlinie in den Niederlanden, ZVglRWiss 105 (2006), S. 325 ff.

Wimmer, Klaus: Die Umsetzung der Finanzsicherheitenrichtlinie - eine Selbstbedienung für Banken in der Krise?, ZInsO 2004, S. 1 ff.

Wimmer, Klaus: Entwurf eines Gesetzes zur Umsetzung der Finanzsicherheiten-Richtlinie, ZIP 2003, S. 1563 ff.

Winkel, Klaus: Die Umsetzung von EG - Richtlinien in deutsches Recht unter besonderer Berücksichtigung der Erfahrungen in der Praxis, ZG 1997, S. 113 ff.

Wittig, Arne: Die Verwertung verpfändeter Aktien, in: Festschrift für Siegfried Kümpel zum 70. Geburtstag, Bankrecht und Kapitalmarktrecht in der Entwicklung, 2003, S. 587 ff.

Wittkämper, Gerhard W.: Das private Wirtschaftsrecht der Pensionsgeschäfte von Kreditinstituten, DB 1966, S. 1957 ff.

Witz, Claude: Die Entmaterialisierung des Effektenwesens in Frankreich, in: Karl Kreuzer (Hrsg.): Abschied vom Wertpapier? Dokumentelose Wertbewegungen im Effekten-, Gütertransport- und Zahlungsverkehr, 1988, S. 47 ff.

Wölk, Jonas: Die Umsetzung von Richtlinien der Europäischen Gemeinschaft - eine rechtsvergleichende Untersuchung zu Recht der Bundesrepublik Deutschland, der französischen Republik und des Vereinten Königreiches, 2001

Zahradnik, Thomas/Krumhuber, Andreas: Finanzsicherheiten-Gesetz, Kurzkommentar, Wien 2004

Zaß, Manfred: Die Wertpapierleihe-Möglichkeiten für institutionelle Anleger, in: Aktuelle Probleme des Wertpapiergeschäftes, 1993, S. 27 ff.

Zeitler, Franz-Christoph: Die Richtlinie über Finanzsicherheiten - eine Stärkung des Finanzplatzes Deutschland ?, ZfgK 2003, S. 1222 f.